비즈니스 미션

- 킹덤 비즈니스의 현장을 찾다 -

비즈니스 미션 - 킹덤 비즈니스의 현장을 찾다 -

초판 발행 2018년 4월 6일

글쓴이 · 한정화 외
발행인 · 이낙규
발행처 · ㈜샘앤북스
　　　　신고 제2013—000086호
　　　　서울시 영등포구 양평로 22길 16, 201호
　　　　Tel. 02—323—6763 / Fax. 02—323—6764
　　　　E—mail. wisdom6763@hanmail.net
ISBN 979-11-5626-171-1　　03320

이 도서의 국립중앙도서관 출판예정도서목록(CIP)은 서지정보유통지원시스템 홈페
이지(http://seoji.nl.go.kr)와 국가자료공동목록시스템(http://www.nl.go.kr/kolisnet)
에서 이용하실 수 있습니다. (CIP제어번호: CIP2018010496)

비즈니스 미션

B A M

Business As Mission

킹덤 비즈니스의 현장을 찾다

　　사업을 통해 하나님 나라를 확장하고자 하는 것은 모든 크리스천 기업가의 평생 소망이지만, 현실 세계는 만만치 않은 십자가의 길이다. 더구나 문화와 제도가 다른 외국에서의 기업선교는 고난의 길을 감내하는 믿음과 용기가 필요하다. 이 책에는 우리나라 비즈니스 미션의 역사가 길지는 않지만, 그간 척박한 현실에서 선구자적인 역할을 감당해 온 국내 최고 전문가들의 통찰력 있는 글과 함께, 기업의 선교적 사명을 실천하기 위해 현장에서 혼신의 힘을 다하는 기업인들의 이야기가 생생하게 담겨있어서, 그간 잘 알지 못했던 선교현장에 대한 새로운 눈을 뜨게 해준다. 비즈니스 미션의 중요성이 더욱 커지고 있는 현실에서 선교를 꿈꾸는 크리스천, 특히 기독실업인들이 관심을 가지고 일독하기를 권한다.

　　　　　　　　박 래 창 (기독경영연구원 이사장, 전 한국CBMC 중앙회 회장)

　　오늘날 크리스천 기업인들은 비즈니스를 통한 새로운 접근으로 선교의 영역을 확장해 나가고 있으며, 선교 역사의 새로운 페이지를 채워 나가고 있다. 기업이 새로운 문화권에 정착하고, 성장해 가는 전 과정 가운데 기업인들이 몸소 보여주는 선한 영향력은 현지인들로 하여금 예수 그리스도의 사랑을 더 깊이 체험할 수 있게 하고, 또한 체험으로만 그치지 않고 믿음을 계속적으로 유지하게 하는 힘이 되고 있다.

저자들은 다소 생소하게 느껴지는 비즈니스 선교를 사례집으로 엮어 복음 선포를 위해 분투하는 기업인들의 이야기를 현장감 있게 진달하며, 독자들에게 큰 도전과 감동을 주고 있다. 선교적 자료로 조금도 부족함이 없는 이 책을 통해 하나님의 영광을 높이는 크리스천 기업들이 더욱 많아지기를 바라며, 선교명령을 수행하기 위해 땅 끝까지 달려가는 비즈니스 선교의 비전을 함께 나눌 수 있기를 기대한다.

임 성 빈 (장로회신학대학교 총장)

21세기 선교가 비즈니스를 통해 복음과 함께 사회변혁을 추구하는 총체적 선교로 변화하고 있는 시점에서, 이번에 기독경영연구원에서 출판된 사례연구는 시의적절하고 의미가 크다. 그간 전통적 방식의 선교의 문이 닫혀가고 있는 지역이 늘어남에 따라, 현지에서 사업을 일으키는 방식을 통해 선교를 해야 할 필요성은 제기되어 왔지만, 현장에 대한 구체적인 지식과 정보는 매우 부족한 현실이었다. 이 책에는 비즈니스 미션의 본질적 의미와 함께 현장 경험에서 체득한 지혜가 담겨 있어서 기독실업인들과 크리스천 청년들이 합력하여 하나님 나라를 꿈꾸며, 열방을 향해 나아갈 때 꼭 읽어봐야 할 책으로서 적극 추천하는 바이다.

이 승 율 (한국CBMC 중앙회 회장)

우리나라의 크리스천 청년들이 한국이라는 지역적 한계 속에 갇혀있기보다, 하나님 나라의 비전을 가지고 해외 시장에 도전할 필요성이 높아지고 있는 상황에서, 이 책에 담겨있는 다양한 사례와 경험은 좋은 길잡이가 될 것이다. 불확실과 위험이 높은 외국에서의 비즈니스를 통하여 선교를 실천하는 과정에서, 사업의 초보였던 사람들이 믿음의 용사이며 전문경영자로 변해가는 모습은 하늘나라 기업가정신의 무한한 가능성을 보여주고 있다. 해외 선교를 꿈꾸고 계획하는 크리스천들은 필히 읽어 보기를 권한다.

이 병 구 (㈜네패스 회장)

기업은 사람들의 집단적인 창조 열망의 성취를 통해 인류사회의 필요한 조건을 제공함으로 하나님께서 세상을 유지시키시는 섭리에 동참하는 사회적 제도이다. 사례기업들의 성공 이야기는 한편으로는 사업의 논리에 기반하여 정체성을 정립하고, 사업과 경영에 대한 전문성을 확보하며, 실패 경험을 극복하면서 비즈니스에 집중하였고, 다른 한편으로는 하나님 나라의 가치와 성경적 원리에 기반하여 정직이라는 원칙을 지켰고, 사람을 키워 그 사람들과 함께 공동체를 이루어낸 결과임을 생생하게 보여준다. 이 사례들을 통해 BAM은 결국 현지인이 되어가면서 그들을 사랑하며 그들로부터 신뢰를 얻으면서 삶으로 보여주는 복음의 능력을 발휘하는 것이라는 점도 증거하고 있다.

이 책을 통해 한국에서의 BAM 사역이 새로운 지평을 열 것이며, 지금 우리 시대에 어떤 방법으로 하나님께서 창조와 재창조를 이루어 가시는 지를 배울 수 있는 좋은 기회가 될 것이다.

배 종 석 (고려대학교 경영학과 교수, 기독교윤리실천운동 공동대표)

1

왜 Business As Mission인가?

조 샘

상황 가운데 들어가지 않는 복음의 선포는 빛이 될 수 없다! 성육신은 선포에 우선한다. 선교는 다른 문화권으로서의 성육신의 작업이며, 동시에 그 안에서 삶으로서 복음을 선포하는 것이다.

■ 들어가며―가장 실용적인 것은?

BAM(Business As Mission; 이하 BAM) 운동은 복음이 적게 들어간 문화권에 들어가서 비즈니스를 하는 과정을 통해서 그 문화권에 있는 개인들과 사회에 하나님나라의 영향력을 미치기 위해서 전개되는 창업 운동이다. 이 운동은 현재 전세계적으로 가속도를 붙여가며 확산되고 있다.

지난 수년간 많은 BAM 기업들과 동역할 때, 많은 실무자들이 '실용적'인 도움을 원하는 것을 보곤 했다. 그 소위 실용적이라는 것들을 나열해보면 다음과 같다. 재정 펀딩, 성공적인 비즈니스 아이템, 산업에 관한 자료, 멘토링 등등. 그러나 내 개인적으로는 그런 것들보다 더 중요하면서도 실질적인 것을 놓치고 있는 것을 보곤 한다. 그것은 놀랍도록 기본적인 것, 즉 복음과 선교에 대한 바른 이해다.

집을 지음에 있어서 무엇이 가장 실용적인가? 문짝인가? 거실의 샹데리아인가? 방의 크기인가? 아니면 습도와 온도의 조절 능력인가? 답은 모두 실용적이다. 그러나 우선적으로 해야 할 작업이 있다. 그것은 튼튼한 기초공사다. 선교사들을 포함한 많은 이들이 복음과 선교에 대해서 이미 안다고 생각한다. 그러나 실제 현장에서 만났던 BAM 선교사들에게서 안타깝게 발견된 것은 이 기초공사가 허술하고 그것이 결국은 갖가지 문제로 이어진다는 점이었다.

이 주제로 글을 처음 쓴 것은 2009년, BAM 사역에 들어간 지 2년여의 시간이 지난 후였다. 최근 들어 이 주제를 보다 근본적인 방향에서 다시 정리하고 싶었다. 칸트는 "좋은 이론처럼 실용적인 것은 없다"고 했다. 나는 이렇게 얘기하고 싶다. BAM에 있어서 "바른 신학적 이해처럼 실용적인 것은 없다"라고.

왜 BAM 운동을 하려고 하는가?

먼저 현상부터 얘기를 해보자. 왜 BAM을 하려고 할까? 가장 큰 이유는 접근가능성(accessibility)의 이유라고 할 수 있다. 선교는 선교사와 피선교대상의 접촉을 전제한다. 그런데 적어도 선교사들의 경우, 창의적 접근 지역에서 피선교대상에 대한 접근 자체가 지난 수년간 아주 어려워지고 있다.

우선 당장은 장기 거주 비자 획득이 어려워지고 있다. NGO 단체를 세우고 거기서 비자를 발급하던 지난 20여년의 관행이 난관에 부딪혔다. 많은 국가들이 외국인들의 NGO 비자를 허락하지 않고 있다. 거주하자니 비자가 필요하고 그 방편으로 비즈니스를 생각하는 것이다. 사실 이 접근가능성의 이슈는 비자문제의 어려움 전에도 이미 존재해왔다. 남아있는 창의적 접근 지역의 경우, 문화적으로 집단주의(collectivism)가 강한 곳들이다. 그런 곳에서 갑자기 나타난 외국인이 현지인들을 따로 집으로 초대해서 만나고 교제하는 일은 곧 주목을 받게 되며 자연스러운 일이 아니다.

과거의 선교가 대개 가난한 소수민족들이나 피난민들이거나 고아들을 대상으로 해왔던 것에는 바로 이 이유가 있다. 이들은 NGO를 통해서 물질적 도움이 필요한 이들이다. 즉 복음을 현실적 도움과 함께 껴서 팔 수 있었다. 그러나 그런 도움이 필요하지 않은 주류 민족의 남성 어른들에게는 사실상 도무지 접근을 못해 왔었다. 접근가능성의 이슈는 비자문제 이전에도 과거 NGO 틀이 갖고 있는 근본적인 한계였던 것이다.

선교사들이 BAM에 관심을 갖는 또 다른 이유는 재정적인 필요 때문이다. 한국 선교는 지난 200년 동안 개신교의 선교모델이었던 재정 후원 중심의 선교를 따라해 왔다. 현재 해외에 나가있는 선교사의 숫자는 한국 교회가 재정적으로 감당할 수 있는 규모를 이미 오래전에 넘어섰다. 이 상황에서 한국 개신교는 감소하고 있다. 성장에 대한 전망으로 무리한 확장과 재정 운영을 해왔던 한국 교회는 이미 자신들의 빚도 감당하기가 쉽지 않다. 선교사들이 BAM에 관심을 가지는 것은 먹고 살기 위한 동기도 상당히 있다.

이러한 필요들을 이해하지 못하는 것은 아니지만, 이것이 BAM을 하는 이유라면 장기적으로 다양한 종류의 문제를 일으키게 된다. 잘못된 기초 위에 집을 짓고 있는 셈이다. 첫째는 비즈니스를 가짜로 하게 된다는 것이다. 이름만 걸어놓거나 또는 운영을 하더라도 재정적 유지는 여전히 후원에 의지하여 운영한다. 진짜 하고 싶은 일, 즉 목회 활동을 해야 하기 때문이다.

둘째는 비즈니스를 정상적으로 하더라도 항상 무엇인가 다른 사역을 해야겠다는 조바심에 사로잡히게 된다. 많은 BAMer들이 지나친 과로 가운데 있는 데에는 이런 이유가 있다고 하겠다.

셋째는 기업을 교회화하는 현상이다. 직원으로 붙잡아 놓은 현지인들이나 비즈니스 관계상 을에 해당되는 사람들에게 과도하게 복음을 전하게 된다. 이 일은 과거 NGO 선교가 가져온 폐해인 현지인들의 의존도(또는 거지 근성)의 문제를 더 악한 형태로 가중화시킬 수 있다. 월급과 일자리가 복음전도를 위한 인센티브가 되는 셈인데, 이는 복음을 상품화시켜 왜곡시킨다는 면에서 영적 혼합주의로 볼 수밖에 없다.

넷째, 미래의 생계준비를 위해서 비즈니스 미션을 생각한다면, 그 염려와 두려움이 결국 장기적으로 우리의 영혼을 망가뜨리게 될 것이다.

기본적인 진리들

BAM에 대한 바른 동기를 얘기하기 위해서 불가피하게 가장 기본적인 주제들을 정리할 필요가 있다. 즉, 복음과 전도와 선교가 무엇을 의미하는지를 먼저 되짚어보자. 마가복음은 나머지 공관복음의 기초가 되는 중요한 문서다. 그중에서도 1:14와 15절은 마가복음의 중심구절로 복음이 무엇인지를 간명하게 보여준다.

"예수께서 갈릴리에 오셔서 하나님의 복음을 전파하여 이르시되 때가 찼고 하나님의 나라가 가까이 왔으니 회개하고 복음을 믿으라 하시더라."

이 구절에 기초해서 먼저 복음을 정리해보자. 복음은 하나님의 통치에 관한 것이다. 그리고 그 통치는 바로 예수님의 삶을 통해서 가시적으로 나타나기 시작했다. 죽어서 가는 천국을 얘기하는 것이 아니다. 이미 때가 차서 예수님을 통해서 하나님의 나라는 이 땅에서 시작되었다. 그리고 그 천국은 회개하고 하나님의 통치 안에 기꺼이 들어오고자 하는 사람들의 삶을 통해서 누룩과 같이 이루어지고 확장된다.

이제 전도를 얘기해보자. 예수님은 이 복음을 전파하셨다. 복음전파는 무엇을 의미하는가? 이 구절의 '전파'에 해당되는 헬라어는 κηρύσσω '케이루쏘' 라는 단어다. 공관복음 모두에서 선교와 관련하여 등장하는 구절 "복음이 모든 민족에게 증거되어야 한다"에서 이 '증거'라는 표현도 바로 이 단어이다. 이 의미를 마가복음 1:38절을 중심으로 다시 살펴보자.

"이르시되 우리가 다른 가까운 마을들로 가자 거기서도 전도하리니 내가 이를 위하여 왔노라 하시고"

"내가 이를 위하여 왔노라!" 예수님의 사명이 바로 '케이루쏘' 즉 전도에 있다고 얘기하고 있다. 이 구절 전후 문맥에서 이 구절을 살펴볼 때 전도가 무엇인지를 정확히 이해할 수 있다. 먼저, 이 구절 전과 후에 있는 1:14~24절과 2:13~14절이 병렬을 이루며, 이 전도의 의미가 무엇인지를 보여준다. 이 구절들에서 예수님은 제자들을 부르셔서 전혀 다른 공동체를 시작하셨다. 둘째, 그 안으로 들어와 1:21~34절과 1:40~2:12절이 병렬구조를 이루고 있다. 이 구절들에서 예수님은 사람들의 병을 고치며 귀신을 쫓아내신다. 마지막으로 이제 1:38절이 이 병렬된 구절들의 한가운데 자리 잡고 있다.

예수님에게는 복음 전도는 그 분 안에 이뤄진 하나님의 통치에 대한 순종이 공동체적 삶을 사는 것으로 드러나는 것을 말하는 것이며, 남의 약함과 병을 고쳐주며, 가난과 어려움의 근본에 있는 악한 영들과 세계관과 제도를 변혁시키는 것을 말하며, 동시에 이 새로운 라이프스타일로 다른 이들을 초대하는 총체적인 것이었다. 바로 이 삶 자체가 어두움 가운데 빛으로 하나님나라의 '케이루쏘'가 되었던 것이다. 전도는 남에게 예수님을 영접하도록 유도하는 프로그램을 말하는 것이 아니다. 복음전도는 우리의 삶을 통한 선포이며, 영접은 성령님의 일이시다. 하나님의 백성으로 사는 사람들은 누구나 복음 선포의 삶을 이 어두운 세상에서 빛처럼 살게 된다. "너희는 세상의 빛이다. 산위의 마을이 숨겨질 수 없다"(마 5:14)는 말씀은 바로 이것이다.

왜 복음의 선포는 총체적일 수밖에 없을까? 말로만 전하는 복음은 제자도로 이어질 수 없으며 왜곡되고 뒤틀린 복음을 전달하게 된다. 진정한 학습은 삶을 공유함으로써 이루어진다. 실제 상황이나 실습이 없는 학습은 탁상공론에 머물게 된다. 아프리카 사하라 남쪽의 많은 국가들은 높은 기독교 개종률에도 불구하고 여전히 가난과 부패와 내전에 잠겨있다. 제자도가 없고 하나님나라의 통치가 없다면 도대체 개종이 무슨 의미를 가질까? 그러나 삶으로 전수되는 복음전도는 그 자체가 바로 제자도를 전수함이 된다. 복음이 요구하는 삶에서의 희생의 값을 보고나서 영접하는 것이기 때문이다.

이제 선교가 무엇인지를 얘기해보자. 마가복음 1:38절에서 예수님은 "다른 마을에 가서도 전해야한다"라고 말씀하신다. 그렇다. 상대적으로 이 빛이 없는 곳으로 의도적으로 들어가는 것, 바로 이것이 선교의 본질이라고 할 수 있다. 예수님은 처음부터 이런 삶을 보여주셨다. 천국을 떠나 이 어두운 땅 가운데 성육신하셨다. 그리고 이 빛을 드러내시기 전에 2,000년 로마제국의 압제 아래 있던 갈릴리 사람이 되셨다. 30년이라는 시간을 그들과 하나됨에 보내셨고, 당시의 문화와 언어와 상황 가운데서 하나님나라의 복음을 온몸을 통해 나타내셨다. 상황 가운데 들어가지 않는 복음의 선포는 빛이 될 수 없다! 성육신은 선포에 우선한다. 선교는 다른 문화권으로서의 성육신의 작업이며, 동시에 그 안에서 삶으로서 복음을 선포하는 것이다.

BAM 운동이 주는 시사점

왜 BAM을 하는가? 위에 되짚은 복음과 전도와 선교의 의미를 먼저 정리해본다. 우리 안에 임한 복음은 하나님나라의 통치에 관한 것이다. 그리고 우리가 하나님께 순종함으로 당신의 빛이 드러나는 복음의 선포는 세상이라는 상황 속에서 이뤄진다. 동시에 이런 삶을 통한 복음선포는 그 자체가 제자도라고 할 수 있다. 그리고 지금의 이 세상은 비즈니스 문화와 자본주의의 어두운 질서 가운데 움직이고 있다. BAM은 바로 이 비즈니스 문화 속에 들어가겠다는 성육신의 선택이며, 그 안에 빛으로 살겠다는 하나님나라 백성의 결심이며, 그중에서도 더욱 어두운 곳을 향해서 가겠다는 선교적 의도이다.

2000년 전 로마가 민족과 문화를 통합하고 연결했던 제국의 역할을 했던 것처럼, 지금의 비즈니스문화는 자본주의 글로벌화와 함께 민족과 문화를 뛰어넘어 개인들과 조직들과 국가의 질서를 조정하고 통합하고 연결한다. 이 가운데 복음이 선포되기 위해서 이 안으로 성육신할 이들이 필요하다. 그리고 동시에 하나님나라의 통치를 삶으로 살아낼 이들이 필요하다. 세상의 모든 사람들의 소비와 직업과 투자와 소유와 여가와 교육이 비즈니스의 논리로 움직이고 있는 이 때, 전혀 다른 하나님나라를 살아내는 빛의 공동체가 필요하다. 세상 속으로 들어가려는 성육신의 동기, 삶을 통한 복음선포와 제자도, 바로 이것이 BAM을 하려는 동기가 되어야 한다.

화두를 정리하며, BAM 운동의 두 가지 시사점을 나누려고 한다. 하나는 BAM 기업을 창업하거나 운영하는 사람들에게 주는 교훈이다. 큰 기업을 이뤄내지 못한다고 해도 좋다. 또 많은 이들을 전도하지 못하고 교회를 개척하지 못한다고 해도 좋다. 그러나 두 가지는 점검해보고 싶다. 첫째, 전보다 훨씬 더 깊이 현재 섬기는 문화권의 사람들을 사랑하고 이해하게 되었는가? 비즈니스 문화 안에서 먹고 산다는 것이 얼마나 만만치 않은 일인가를 같이 내부자로서 체험하고 있는가? 둘째, 비즈니스 세계에서의 다양한 관계와 활동 가운데, 나와 내 동료들은 어떻게든 어두움과 타협하지 않고 빛으로 살려고 노력하고 있는가? 이 두 가지가 진행 중이라면, 그것으로 당신이 할 일은 충분히 하고 있는 셈이다.

BAM 운동의 두 번째 시사점은 모든 크리스천들과 교회와 선교단체를 향한 것이다. BAM 창업에는 타고난 재능과 경험과 지식과 자원과 하나님의 은혜가 필요하다. 그러니 BAM은 모든 사람들에게 권할 것은 아니다. 그러나 BAM 운동이 주는 미래의 선교에 대한 시사점은 모든 크리스천들이 나눌만하다. 그것은 삶의 현장에 뿌리를 내리지 않고는 복음이 선포될 수 없고, 동시에 선교도 이뤄질 수 없다는 것이다. 이런 면에서 목회자나 선교사라는 타이틀을 가진 사람일수록 미래의 선교에는 오히려 무용해질 가능성이 높다.

바울이 2차 선교 여행과 3차 선교 여행 중, 밤낮으로 시장에서 일을 하면서 복음을 전했던 것은 왜였을까? 바울도 초대교회에 베드로나 디모데처럼 전문 목회자가 필요했음을 인정했고, 또한 본인도 그렇게 살 수도 있었다. 그러나 바울은 이런 전문 목회자나 직업 선교사가 초대교회의 복음전파의 일반모델이 될 수 없음을 인식했던 것 같다. 그는 스스로 텐트메이커가 되어 어려운 길을 걸었고, 거기에 기초하여 초대교회 성도들에게 나를 본받으라고(행 20:35, 빌 3:17) 권고하였다.

선교적 상황에서 현대사회는 초대교회가 자리 잡고 있던 로마제국과 유사하다. 다양한 민족과 문화들이 도시를 중심으로 해서 모여 살고, 다원적 가치 가운데 보수적 기독교에 대한 적대감은 갈수록 늘어나고 있다. 그리고 로마제국의 다양한 도시들 가운데 초대교회의 크리스천들이 살았던 것처럼 현대를 사는 크리스천들도 도시를 그 삶의 터로 하고 있다. 한국인들은 특별히 모든 세계와 문화 가운데 흩어져 살고 있고, 또 한국 자체도 이미 다문화 시대에 들어가고 있다. 더군다나, 다가올 통일의 시대는 전혀 다른 두 문화가 이질적으로 공존하며 갈등하게 될 것이다.

이 시대의 선교는 누구의 것이 되겠는가? 당연히 세상의 문화 속에 이미 살고 있는 평신도들이다. 이들이 이 어두운 비즈니스의 제국 가운데 예수님처럼 바울처럼 빛으로 살도록 돕기 위해서 교회와 선교단체들이 무엇을 해야 할까? 우리가 지난 200년 동안 지켜온 직업 선교사의 틀이 과연 이 새로운 시대에도 사용될 수 있을까? "나를 본받으라"라고 말할 수 있는 이들은 어디에서 자라날 수 있을까? 현재의 선교 상황이 더욱 성육신적 선교를 할 수 밖에 없는 상황으로 몰려감은 결코 우연히 아니다. 이는 선교의 주체되신 하나님께서 하시는 일이라고 할 수 있다. BAM운동의 확산은 바로 이 흐름을 보여주고 있다. 이 큰 흐름을 감지하고 기꺼이 순종하여, 평신도들을 세우고 비즈니스의 세상 가운데 빛으로 설 수 있도록 돕는 교회와 선교단체들이 지금 필요하다.

기독교인들이 모여서 이루는 기업이 필요 없다는 뜻은 아니다. 또 직장 내의 비기독교인들에 대한 전도가 필요 없다는 뜻도 아니다. 다만, 우리가 복음의 영향력을 우리의 지위나 권력이나 금권과 함께 행사할 때, 복음의 중심에 있는 십자가의 정신―약함과 고난 가운데 드러나는 강함―은 결국 훼손될 수밖에 없음을 늘 기억해야 한다는 것이다.

2

한국교회와 BAM 운동 10년, 그 회고와 전망

송 동 호

세상은 교회를 향하여 복음이 진리라면 그 진리임을 삶으로 증명하라 요구한다.
'말의 복음'이 아닌 '삶의 복음', 즉 복음의 가시성을 세상이 요구하고 있는 것이다.
그러므로 이제 우리 교회의 선교는 '들려주는 메시지'만이 아닌, '보여주는 메시지'
를 반드시 가져야 한다. 우리들의 신앙이 삶의 자리에서 증명되어야 한다.

로쟌 글로벌 씽크탱크(Global Think Tank)에서는 2004년 Business As Mission 보고서[1]를 발표한다. 그 이후 전 세계적으로 BAM 운동이 전개되었는데, 한국에서는 BAM의 기치아래에서 첫 모임은 2007년 상하이 한인연합교회에서 시작된다. IBA(International BAM Alliance)는 전신인 SKBF(Shanghai Korean Business Forum)가 시작된 2007년을 한국 BAM 운동의 역사적 기점으로 삼는다. 이미 그전에도 국내에는 이랜드의 사목이었던 방선기 목사의 '직장사역운동', 신갈렙 선교사의 'Businery운동', 파송단체들의 전문인선교(Tentmaker)운동을 비롯하여, CBMC 등과 같은 기독실업인들의 모임, 기독경영연구원과 같은 기독경영에 관한 연구모임 등이 이러한 흐름을 이어오고 있었다. 이런 흐름들과 더불어 선교지에는 초창기 UBF(University Bible Fellowship)와 같은 단체들로부터 파송 받은 직업적 전문성을 가진 선교사들이 활동하고 있었고, 숫자는 제한적이고 규모는 작지만 선교적 비즈니스들을 통한 사역들도 전개되고 있었다.

이 글은 2013년, 필자가 정리하여 로쟌 글로벌 씽크탱크에 제출한 라운드테이블 원고[2]를 기초삼고, 먼저 BAM 운동의 등장배경과 IBA의 지난 10년의 사역과 운동의 과정을 살펴보려고 한다. 또 그 과정에서 만나게 되는 장애물과 우려들, 그리고 최근 BAM운동의 방향과 그 과정에서 예견되는 과제들에 대해 나누려고 한다.

---

1) www.lausanne.org/docs/2004forum/LOP59_IG30.pdf
2) 송동호, 한국BAM운동의 현재, 그 과제와 전망(Round table: 한국 BAM의 현안정리), 2013, IBA

I. BAM 운동의 배경과 그 가능성

1. BAM 운동의 배경

전통적인 선교의 틀에서 볼 때에 BAM은 새로운 패러다임을 가진 선교전략이며, 선교운동이라고 할 수 있다. 그러나 이미 과거 선교역사 속에 존재하던 것임을 부인할 수 없다. 그러나 현재 이러한 괄목할 만한 선교운동의 등장 배경에는 몇 가지 역사적인 과정이 있다.

1) 문화명령과 대위임령이 통합된 결과이다.

선교역사 속에서 문화명령과 대위임령은 우리들의 중요한 두 가지 과업이었다. 이 두 과업의 수행과정에서 우선순위의 문제는 거듭 논의되었다. 그러나 하나님 나라 관점과 세계관 변혁 운동이 일어나면서, 두 과업을 함께 성취하는 과정 속에 남아있는 성속이원론의 문제가 더욱 심각한 것으로 제기되었다. 문화명령(Culture Mandate)의 수행은 그 사역의 결과로서 영혼을 구원하고, 제자를 삼고, 교회가 개척되는 등의 이른바 '선교적 열매'가 늘 부족하다고 지적되었다. 또 대위임령(Great Mandate)의 수행은 그 사역의 결과로서 세상의 변혁과 삶의 성숙을 도모하는 일의 약점들이 있음이 항상 지적되었다. 이 둘은 모두 그 사역과정에 늘 약점들이 노출된 것이다. 이 정직한 반추는 하나님의 나라와 그 영광의 충만을 위하여 더 이상 '둘 중 무엇이냐(either or)'가 아닌, 서로의 약점을 보완하는 '둘 다(both and)'라는 복음주의의 두 손을 모두 필요로 하게 된 것이다. BAM의 등장은 21세기 통합의 시대사조와 더불어, 문화명령과 지상명령을

함께 수행하는, 보다 총체적인 통합선교 전략이며, 선교운동이라 볼
수 있다.

2) 예배사역과 변혁운동이 열망한 결과이다.

하나님은 온 세상의 왕이시며, 모든 민족과 모든 영역 가운데서 영
광을 받으시기에 합당하신 분이시다. 그러나 세상은 그리스도께서
온 세상의 왕이신 사실을 부인하는 모든 왜곡된 환경과 현장들이다.
그러므로 그리스도의 주되심을 부인하는 모든 영역들을 사로잡은 정
사와 권세를 무너뜨리기 위하여 하나님 나라의 영적전쟁, 능력대결
이 절대적으로 요청되었다. 특별히 우리는 이런 관점에서 그동안 카
리스마틱 그룹들이 주도적으로 사역을 이끌어 온 예배 및 중보기도
사역, 신사도운동, 변혁운동(Transformation), 영역선교 등의 다양한 사
역들을 손꼽을 수 있을 것이다. 오늘날 BAM과 같은 총체적 변혁사
역은 하나님의 나라와 그의 통치에 대한 카리스마틱 그룹의 영적 열
망의 결과로 나타난 구체적인 전략중 하나라고 볼 수 있다.

3) 남은 과업을 위한 전략적 선택의 결과이다.

세계선교의 남은 과업은 그리스도의 지상대명을 온전히 성취하고
자 하는 우리 모두의 최우선순위과제이다. 특별히 이슬람권, 공산
권과 같은 선교제한 지역들은 전략적 재배치 및 창의적 접근전략을
요청하고 있다. 창의적 접근 지역을 위한 선교 전략으로서의 BAM
은 주목해야 할 대안으로 선교계에 새롭게 부각되었다. 우리가 남

은 과업을 위한 대안이 될 선교전략을 고민하면 할수록 BAM사역과
그 가능성은 남은 과업을 성취하는 일에 가장 확실한 결과를 가져
올 것이라 확신한다.

2. BAM 운동과 그 가능성

우리는 BAM이 등장한 역사적 흐름과 더불어 BAM운동이 가져다
주는 그 잠재적 가능성을 동시에 바라본다. BAM의 가능성은 구체
적으로 한국교회에 중요한 이슈를 제시하고 있으며, 새로운 고민과
대안모색을 함께 요청하고 있다.

1) 선교에 있어서 제자도의 재부각이다.

그리스도의 제자도(Discipleship)는 소수의 제자를 선택하고 집중하
여, 당신의 전인적 삶을 공유하며, 그 모범을 따라 살게 하신 대위
임령 완수를 위한 배가전략이었다. 그리스도는 제자들에게 하나님
과 세상, 그리고 사람을 향한 사랑을 당신의 삶으로 가르치셨다. 그
러므로 제자도의 본질은 하나님과 세상을 향한 교회의 소명과 책임
과 사랑이다. 그러므로 그리스도의 제자도는 "가서 모든 족속을 제
자 삼으라"는 대위임령의 본질적 내용이며, 예수님이 모범을 보여주
신 선교전략이다. 우리는 주님의 제자가 되고, 또 주님의 제자를 삼
는 일을 우리의 사역의 중심이 되게 해야 한다. 그러므로 우리는
지금까지 지역교회와 선교현장에서도 제자훈련 사역을 가장 중심된
사역으로 여겨왔다. 우리가 선교사역에서 제자도(Discipleship)를 강조

하지 않았던 것이 아니지만, 한국교회는 참된 제자도보다 성장 지향적 교회개척, 목회사역이 중심이 된 주객전도의 현실을 부인할 수 없다. 그 결과로서 오늘날 성장신화에 목을 맨 대형교회(Mega Church)지향의 한국교회의 현실과 조국교회를 향한 세상의 냉정한 평가에 달리 할 말이 없다.

우리가 가르쳐 온 지역교회의 제자도는 현장성과 적실성이 떨어진 프로그램이었다. 대부분 교회속의 제자도로서, 지역교회의 성장 프로그램의 하나로 교회의 교인훈련(Church Membership Training)에 그쳤다. 그 결과, 우리의 제자도는 세상속의 제자도를 가르치는 일에 분명한 한계를 드러내었다. 그러므로 BAM운동은 그렇게 그리스도의 참된 제자도를 재부각 시키고 있으며, 교회의 본질을 한국 교회와 선교계에 다시 생각하게 한다는 것은 중요한 시사점이 되고 있다. BAM은 그리스도의 제자도의 본질을 삶 속에서 구체화 시킬 수 있는 장을 제공한다. BAM은 불신자들과 초신자들, 그리고 그리스도인들을 삶의 현장에서 만나 함께 삶을 공유하고, 하나님 나라 가치를 전수하는 참된 제자도, 세상속의 제자도를 가능하게 한다.

2) 복음의 가시성 요구에 대한 응전이다.

포스트모던 가치가 판을 치는 다원주의 세상에서 절대적인 진리는 거부되고, 복음은 위협받고 있다. 세상은 이제 둘로 나뉜다. 하나는 복음진리를 절대적인 것으로 믿는 기독교이며, 하나는 복음진리를 전적으로 거부하는 반기독교이다. 마치 중간지대는 없는 듯하다. 절대 다수를 이루는 한국사회의 반기독교 세계는 더 이상 교회

비즈니스 미션 킹덤 비즈니스의 현장을 찾다

로부터 어떤 이야기도 듣지 않으려고 귀를 막았다. 우리가 이제 세상을 우리들의 말로 감동시키기에는 불가항력이다.

세상은 교회를 향하여 복음이 진리라면 그 진리임을 삶으로 증명하라 요구한다. '말의 복음'이 아닌 '삶의 복음', 즉 복음의 가시성을 세상이 요구하고 있는 것이다. 그러므로 이제 우리 교회의 선교는 '들려주는 메시지'만이 아닌, '보여주는 메시지'를 반드시 가져야 한다. 우리들의 신앙이 삶의 자리에서 증명되어야 한다. 이미 우리들의 삶을 보고 실망하여 마음을 닫고 복음을 듣지 않는 세상에게 그 무엇으로 다시 복음을 전할 기회를 얻을 수 있을지 생각해 볼 때에 삶을 담보하는 BAM은 복음의 가시성과 진정성을 확보하는 탁월한 전략이며 가능성이 된다.

3) 직업소명과 선교소명 통합의 대안이다.

세계선교에 헌신된 많은 청년들이 자신의 직업소명과 선교소명 사이에서 갈등하고 고민한다. 그 결과, 선교소명을 비켜서서 세상의 직업을 선택하게 되면 평생 세계선교를 위해 자신을 드리지 못한 빚진 마음으로 산다. 또한 소명자의 모범으로 아브라함과 제자들을 이야기한다. 하나님의 부르심 앞에 그의 본토, 친척, 아비 집을 떠나야 하듯이, 제자들이 예수를 따르기 위하여 배와 그물을 버려두고 따르듯이, 그리스도인들이 대위임령의 부르심 앞에 자신의 일과 직업을 버리며 주를 따를 때에 더욱 거룩하고 위대한 순종의 삶이라는 왜곡된 생각에 갇혀있다. 선교소명 이후에, 이제 내 일과 현장에서의 삶은 새로운 목적을 가진 소명의 삶이라는 가치를 깨닫지 못하고 있다.

직업소명과 선교소명의 통합을 가르치는 일은 아무리 강조해도 지나치지 않다. 교회는 영적인 삶과 비즈니스가 통합된 삶을 성도들에게 제시해야 할 필요에 직면했다. 모든 성도는 누구나 선교적인 삶을 살며, 자신이 서 있는 곳이 거룩한 곳이며, 하나님의 영광을 나타내는 영광스러운 사역 현장임을 발견해야 한다. 그리고 더 나아가 자신의 직업, 지식, 재능, 물질, 경험을 가지고 타국으로 가서 직접 드려져야 한다.

지역 교회에서 성도들에게 일과 직업에 대한 성경적 원리가 바르게 가르쳐지고, 이원론적 관점과 신앙패턴이 수정되고, 선교소명과 직업소명이 통합된다면 엄청난 사역적 시너지가 일어날 것이다. 또한 BAM 사역은 특별히 가난하고 소외된 선교현장에서 실업과 지역적 소외라는 절망에 사로잡혀 사는 이들에게 희망이 될 것이며, 배머(BAMer)들은 그 땅에서 복의 근원이 되고, 진정한 변혁, 부흥의 주도적 역할을 감당하게 될 것이다.

4) 선교적 교회의 구체적 방법론이다.

지난 반세기 동안 지구촌은 세계화(Globalization)라는 이름으로 진행된 시장 경제의 확산과 더불어 경제적 이유로 인한 이동은 범세계적인 디아스포라 현상을 초래하였다. 오늘날 교회는 선교사를 타문화로 파송하고, 그 선교사와 사역을 지원하던 모습에서, 이미 찾아와 우리의 이웃이 된 타민족들에게 직접 복음을 전하는 선교적 교회(Missional Church)의 변모를 요청받고 있다.

오늘날 모든 지역교회들은 이 비즈니스 제국 한 가운데서 이러한 선교상황의 변화에 주목해야 하며, 교회의 정체성 재정립의 기회로 삼아야 한다. 다문화, 다민족, 그리고 세속화 되어가는 도시의 한가운데서 교회는 선교적 교회로서의 정체성을, 성도들은 선교적 삶의 정체성을 갖고 있어야 한다. 오늘날 비즈니스 세계 한 가운데서, 한 신자의 움직임은 바로 선교와 직결된다. 그런 신자들을 제자와 증인이 되도록 돕는 교회가 바로 선교적 교회인 것이다.

BAM운동은 오늘날 도시 한 가운데 존재하는 모든 교회들이 선교적 교회로서 세상 속으로 구체적으로 들어가도록 도전하고 있다. 또한 이 비즈니스 세계 한 가운데서 교회가 어떤 이슈를 구체적으로 다루며 씨름해야 하는지 분명하게 시사하고 있기 때문에 BAM은 선교적 교회의 구체적 방법론이 된다.

5) 한국교회의 잠재적 가능성의 재인식이다.

한국교회는 BAM사역을 위해 준비된 교회이다. 한국교회 안에는 오랜 기간 비즈니스 영역에서 일하며 그 전문성을 겸비하고, 재정적인 자원을 가진 때이른 퇴직자원들이 넘치고 있다. 그런 면에서 한국교회는 BAM사역에 필요한 기본적인 인적, 지적, 재정적 자산을 가장 많이 보유한 공동체라고 할 수 있다.

현재 BAM운동은 한계상황을 만난 한국교회 안에 여전히 남아 있는 엄청난 잠재적 가능성에 대해 우리의 전략적 관심을 집중하게 한다. 한국 교회는 선교에 있어서 생각의 전환이 필요하다. 하나님의 나라와 지상명령 성취를 위하여 공동체 내에 축적되어 있는 엄청난 자산들을 깨워서 훈련하고, 어떻게 하나님의 나라 역사에 동원할 것인가에 대한 질문을 던지고 구체적 지혜를 모아야 한다.

6) 선교 제한지역에서 복음전도의 탁월한 통로이다.

선교제한 지역은 선교가 공식적으로 닫힌 지역이다. 그러나 BAM은 그곳에 비즈니스의 기회가 열려있다면 여전히 선교가 열린 것으로 이해한다. BAM은 무엇보다 선교제한 지역의 닫힌 문을 열고, 선교의 탁월한 접촉점을 만든다. 선교는 지식이나, 기술이나, 다른 어떤 특별한 것에 의하여 일어나기보다 관계에서 일어난다. 만약 선교지에서 같은 비즈니스, 같은 색깔을 가지고 있다면, 이것은 관계 맺기에 가장 좋은 조건이 된다. 사실 BAM은 선교의 기회로서의 접촉점만 아니라, 복음을 가시적인 삶으로 담아내고 보여주며 구체적으로 복음전도가 이루어지게 한다.

II. IBA와 한국 BAM운동

1. 한국 BAM운동의 시작

한국의 BAM운동의 시작은 다른 나라에서 일어난 BAM운동과는 차별됨과 독특함이 있다. 첫째, 한국 BAM운동은 타문화 선교지 상황에서 시작되었다. 둘째, 디아스포라 한인교회라는 한 지역교회에서 시작되었다. 그리고 셋째, 선교사 출신의 한 목회자의 목회적 고민에서 출발했다는 것이다. 이런 사실은 한국교회의 BAM운동의 가능성을 새롭게 인식하게 하는 중요한 틀이며, 이 운동의 출발점에 있어서 중요한 기초였다고 생각한다. 현재 한국교회와 한국선교가 처한 한계 속에서 위와 같은 사실들이 한국 교회 속으로 BAM운동이 확산되는 과정에서 얼마나 중요한 기회와 안정된 접점을 만들고 있는지 항상 경험하고 있다.

2. IBA의 조직과 비전과 사역들[3]

2007년 시작된 제1회 SKBF는 2011년 제5회 대회를 맞으면서 본격적으로 IBA를 위한 준비위원회가 결성되었다. 2012년 제6회 포럼부터는 IBA—Shanghai Forum으로 변경하였고, 2013년 제7회 대회는 국내에 들어와서 IBA—Seoul Forum이 열렸다. 그해 10월에 온누리 교회(양재)에서 BAM사역의 세 파트너 그룹인 지역교회, 선교단체, 기업의 발기인들이 모여서 창립예배를 드리고 공식적인 조직이 출범하였다. 그리고 아래와 같은 세 가지 비전을 선포했다.

첫째, BAM 기업 창업지원 — 선교지에 건강한 기업을 세운다.
둘째, BAMer Movement — 비즈니스 세계에 새로운 세대를 일으킨다.
셋째, Awakening—BAM의 건강한 생태시스템을 구축한다.

---

3) IBA, International BAM Alliance 비전과 조직, 2015 BAM 논문 자료집, 서울: IBA pp. 296~310

IBA는 이와 같은 세 가지 비전을 이루기 위하여 지속적으로 다양한 사업과 사역들을 진행해 왔다. 2013년부터 국내에 들어온 이후에, BAM운동의 확산과 다양한 세대의 BAMer들을 깨우기 위하여 매년 컨퍼런스를 개최하였고, 디아스포라 교회들과 선교지, 그리고 국내의 지역 순회세미나를 열고 BAM운동의 확산을 도모했다. BAM운동의 당면한 현안들을 논의하는 리더들의 모임인 리더스 포럼을 통하여 논의들과 그 결과를 자료화하고, 자료집을 만들어 공유하고 있다. 특별히 컨퍼런스의 시작과 더불어 일어난 영배머 네트워크를 지원하고 돕고 있으며, 또 이들을 격려하기 위하여 청년 창업경진대회를 열고 있다. 그리고 선교지에 일어나야 할 BAM기업들을 세우기 위하여 매년 7월에 한 달간 파송선교단체 연합으로 BAM School인 "Neo Moravian House"가 시작되어 벌써 3기를 모집하고 있다. 지역교회 안에서 일어나는 다양한 BAM사역을 격려하며, 그 필요들을 섬기며, BAM 생태계 형성을 위하여 노력해 왔다. 현재 IBA는 약 60여개의 지역교회, 선교단체, 기업들이 함께하며 다양한 BAM현안들을 모색하며 적극적으로 BAM운동의 확산을 위하여 힘쓰고 있다.

3. BAM운동과정에서 만나는 장애물들

한국교회의 BAM운동은 그 확산의 과정에서 다양한 벽과 장애물들을 만난다. 그 시작에서 예상한 것보다 좀 더 심각한 뿌리 깊은 문제들이 성도들의 삶에 깊이 내재되어 있는 것을 발견하게 되었다. 이를 정리하면 다음과 같은 네 가지로 요약할 수 있다.

1) 성속이원론적 신앙생활이다.

한국교회안의 성속이원론의 뿌리는 아주 깊다. 유교적 전통에서 부터 비롯된 반상 계급주의와 노동을 천한 것으로 여기고 있던 문화적인 요소들이 교회 깊숙이 자리 잡고 있다. 교회와 선교와 관련된 거룩한 일과, 자신의 직업과 일과 일터와 관련된 세속적인 일이 있다고 구분하는, 존재할 필요가 없는 벽이 존재한다. 많은 성도들이 노동은 저주로, 자신의 직업적 활동은 피할 수 없는 생존의 방편으로, 자신의 직업과 관련된 모든 일은 세속된 것으로 여기고 살고 있다. 그리고 신앙이 깊은 성도들조차도 '주업은 전도요, 직장은 부업이다'라는 식의 과거 교회가 가르쳐온 왜곡된 개념을 언급하며, 일터에서 자기가 하고 있는 일은 마치 어떤 가치도 없는 것으로 여기고 다만 영혼구령의 현장으로, 그 일은 선교에 필요한 재정을 얻기 위한 수단과 방편이상으로 의미를 부여하지 않고 있음을 보게 된다. 결국 성도들의 이러한 태도는 자신의 역할은 선교와 목회자를 위해 물질과 기도 등, 사역의 필요를 돕는 자로서 여기고, 자신의 사명을 제한해 버리는 결과를 가져왔다. 또한 자신들의 삶의 자리로 부르신 소명의 존귀와 영광을 알지 못한 채 간접적인 사역에 만족하고 있다.

2) 목회자중심의 사역이해이다.

한국교회는 세계 어떤 교회보다도 목회자 중심적인 교회일 것이다. 이는 어떤 의미에서는 계승해야 할 좋은 전통들임에는 분명하다. 그러나 그 의미가 목회자만 높은 소명을 받은 사역자이며, 소위 평신도는 낮은 자거나 사역을 하는 자가 아니라는 말은 아니다. 우리들은 만인제사장주의를 믿는다. 우리는 모든 이들이 동일한 자격으로 하나님 앞에 나아감과 동시에, 모든 이들이 하나님의 사역자임을 믿는다. 그러므로 사역을 성직자의 활동에만 제한할 것이 아니며, 교회 안에서만 적용할 것이 아니다. 그런데 우리 한국 교회 안에는 마치 목사가 하나님 앞에 나아갈 수 있는 유일한 제사장인 것처럼, 목사만 하나님의 사역자인 것처럼 여기고 있다. '평깨운동'4)으로 많은 부분이 개선된 것은 사실이나 여전히 한국교회의 신앙정서와 토양은 아직 근본적으로 개선되지 않고 있다. 이런 신앙적 전통의 결과, 성도들은 다만 목사와 목사선교사와 사역자들을 돕는 자들로만 여기고 사는 것이다. 그러므로 일반 성도들의 신앙생활이 독립적이지 않고 의존적이며, 또 사역적 이해 또한 간접적이고, 의존적이며, 이차적이다.

3) 주일중심의 신앙생활이다.

하나님중심, 성경중심, 교회중심은 개혁교회의 모토이다. 이것은 다만 모토만 아니라 한국교회의 신앙을 대변하는 중요한 가치라고 할 수 있다. 그런데 그중에 가장 왜곡된 것은 '교회중심'이라는 가치다. 그 의미가 건물 '예배당 중심'이라는 의미처럼 왜곡되고, 신앙생활은 예배당 중심, 주일중심의 교회활동으로 의식, 무의식적으로 한

---

4) 故 옥한흠 목사가 한국교회의 새로운 사역지평인 '제자훈련' 붐을 일으키며 쓴 책인 "평신도를 깨운다."를 줄여서 그의 제자훈련 운동을 칭하는 말이다.

정하고 있는 것을 보게 된다. 교회에서는 7일중 하루를 거룩하게 여기고, 그 안식일을 어떻게 살아야 하는지에 대해서는 다양한 방법으로 강조하여 가르쳐오고 있다. 그러나 그 7일중 6일의 삶에 대해서는 어떻게 살지에 대하여 구체적으로 배우지 못하고 있다. 이는 현저히 성도들이 이원론적 신앙의 영향을 받고 있으며, 주일중심의 신앙생활을 하고 있다는 사실이다. 결과적으로 6일 동안 자신의 가정과 일터와 삶의 현장에서 정말 구체적으로 하나님을 경험하며 살고 있는지 의심하지 않을 수 없다. 세상으로 보내심을 받은 흩어져 존재하는 교회로서, 살아계신 하나님을 자신의 삶을 통해 드러내고 있는지는 회의적일 수밖에 없으며, 각 개인들의 빛과 소금으로서의 삶의 영향력은 제한적일 수밖에 없는 것이다.

4) 선교와 창조명령의 분리된 이해이다.

한국 교회 안에는 선교명령과 창조명령을 완전히 구분하고 있다. 심지어 창조명령은 완전히 망각하고, 몰이해 상태에 있다는 말이 맞을 것이다. 대부분 구속신학의 선교명령에만 몰두하고 있다. 창조신학은 구속신학과 함께 이해되어야 한다. 우리의 구속과 회복이 본래 잃어버린 하나님의 형상을 회복하고, 깨어진 하나님과의 관계를 회복하고, 우리에게 주어진 창조언약과 사명을 회복하는 것이라면 더욱 그러하다. 우리의 지상명령은 창조명령을 버리고 수행하는 명령이 아니다. 근본적으로 창조명령의 수행하는 과정에서 감당해야하는 소명이며, 명령이다. 그러나 우리들은 창조명령의 망각 또는 몰이해와 더불어 선교명령(Mission Mandate)만을 수행하는 것만 전부로 여기고 있는 것이다. 이 모두 개종자의 숫자로 선교를 이해하여 교회의 물량적 성장 지향적 목회와 왜곡된 교회중심의 신앙생활만을 가르친 결과들로 보인다.

4. 한국교회의 위기 속의 지역교회에 일어나는 BAM운동

최근 들어 한국교회에는 깊은 위기감이 존재하고 있다. 한국 교회 안에 대두된 위기의식은 첫 번째는 한국교회의 지도자들의 윤리적 타락과 더불어 한국사회의 강력한 반기독교적 정서를 만나고 있기 때문이다. 두 번째로는 모두가 알고 있는 것처럼, 한국교회가 저성장시대에 진입했기 때문이다. 세 번째는 한국교회의 저성장과 맞물려 재정적 위기와 선교사후원과 파송의 한계가 예견되고 있기 때문이다. 한국교회에는 다양한 채널을 통해 위기 속에 있는 교회개혁과 갱신을 위한 목소리가 계속되었다. 새로운 교회운동들도 이곳저곳에서 일어나고 있다. 이러한 과정들과 더불어 한국교회에 새롭게 일어나고 있는 BAM운동은 다양한 측면에서 교회의 위기를 해결하는 새로운 대안으로 떠오르고 있는 것이 사실이다.

한국교회가 성장지향, 전도부흥과 성장의 방법론만 가르치지 않고, 참된 삶을 수반한 제자도와 이 땅위에 하나님의 나라의 복음을 전하는 자들로 살도록 가르친다면, 반기독교적 시대 속에서 다시 교회의 명예를 회복하는 기회를 얻게 될 것이다. 또 저성장시대의 한국교회가 선교사 파송과 후원의 한계를 극복하기 위하여 현실적으로 자비량 전문인 선교사, 평신도 선교사, 비즈니스 선교사의 파송이 현실적인 대안임을 모두가 실감하기 때문이다. 이런 문제들을 해결하기 위한 대안을 찾는 과정에서 BAM운동은 위에서 언급된 4 가지 한국교회의 뿌리 깊은 문제들에도 불구하고 교회 리더십으로 부터 BAM가치들의 적극적인 수용이 일어나고, 이와 함께 지역교회 들에는 BAM운동이 힘 있게 일어나고 있는 것을 보게 된다.

5. 한국 BAM 운동의 평가

IBA는 이제 한국 선교계에 주목할 만한 운동연합체로 성장해왔 다. 지난 10년을 평가해 본다면 한국 BAM 운동의 세 가지를 긍정 적 측면을 이야기 할 수 있다. 첫째, 2013년부터 매년 컨퍼런스를 열고 지역교회들의 동의를 구하며 BAM 운동의 확산을 시도한 것이 다. 둘째는 시작부터 지속적으로 매년 리더스 포럼을 열고 당면한 현 안논의와 자료화 작업을 지속하여 온 것이다. 셋째는 BAM의 다양하 고 구체적 사례를 지속적으로 발굴하여 세우고, 국내외의 BAM 네 트워크와 생태계를 구축하는 일에 노력하여 왔음이다.

IBA가 시작된 지 12년, 아쉬움은 있다. 그러나 한국의 BAM운동 은 아직도 각성(Awakening)상태에 있다는 것이다. 초기 6년 동안 중 국 상하이에서 포럼을 진행하고, 2013년부터 서울에서 컨퍼런스를 열게 됨으로 국내의 BAM운동이 늦어진 감이 있다. 생각건대, 조금 더 빨리 국내에 위와 같은 방식으로 BAM운동이 소개되었더라면 더 많은 교회와 단체와 기업들이 이 일에 관심을 가지고 일어나게 되 었을 것이며, 또 중고령 퇴직자들의 재헌신과 청년 선교 헌신자들 의 고민과 갈등에 해답을 던져줄 수 있었을 것이다. 이 또한 하나 님의 때를 따라 일어난 것이다. 앞으로 국내의 BAM Movement가 꾸준히 상향곡선을 그리는 것과 더불어 그리 어렵지 않게 배머(BAMer)들의 선교동원이 이루어질 것으로 보인다.

6. BAM 운동에 대한 다양한 염려들

한국 BAM 운동의 확산과정에는 긍정적인 전망과 함께 염려들이 있는 것이 사실이다. 예견되는 우려사안들에 대해 여기서 몇 가지 제안을 나눈다.

1) BAM에 대한 이해의 부족과 준비가 없는 시작이다.

BAM사역은 반드시 준비 되어야 한다. BAM에 대한 바른 선교신학적 이해와 비즈니스 준비 과정이 없는 무분별한 시작들이 많다. 철저한 준비 없는 시작은 곧 실패를 준비하고, 실패를 이미 시작한 것이다. 분명히 우려되는 실패들과 다양한 문제들이 재기되고, 앞으로 BAM동원에 큰 장애물이 될 가능성이 있음을 예단한다. BAM은 '비즈니스를 통해 선교하자는 것 아니냐'는 등의 피상적인 이해만으로는 불가능하다. 많은 분들이 피상적인 BAM 이해에 그친다. 최근 비즈니스 선교를 하겠다며 등장하는 반가운 인생이모작의 시니어들이 있다. 그러나 이들은 훈련 받기를 고사한다. 또한 교회의 리더십들은 교회성장과 목회적 필요가 아니면 관심을 가질 여유가 없다. 그리고 현장 선교사들은 현장의 필요에 반응하는 것만으로도 벅차고, 그리고 선교에 대해서는 늘 충분히 알고 있다는 선입견을 가지고 있다.

BAM은 전통적인 선교와는 완전히 새로운 패러다임이다. 그러므로 옛 패러다임으로 BAM을 이해하려고 하면 계속 모순과 충돌이 생긴다. 기존의 선교에 대한 이해를 가지고 비즈니스를 할 경우에 그는 자신이 선교사인지 사업가인지 정체성 혼란이 계속된다. 또한 파송교회들의 몰이해는 후에 큰 갈등을 만드는 결과를 낳는다. 파송교회는 선교사의 비즈니스는 재정적인 필요 채우기 위한 활동이나, 선교에 집중하지 못하게 하는 사역으로 이해하고 결국 후원이 중단되는 사태를 맞이하는 경우를 여럿 보았다. 그러므로 바른 신학적인 기초와 이해관계자들의 동의도 없이, 충분한 준비도 없이 BAM을 시작하는 것은 정말 어리석은 일이다.

BAM에 대한 교육은 절실하다. BAMer들만 아니라, 지역교회와 선교단체들이 모두 이해되고 알리는 장이 필요하다. 그리고 BAMer를 준비시키기 위한 훈련 프로그램이 필요하다. BAM의 신학적 기초부터 체계적으로 BAM을 배우고 훈련해야 한다. 먼저, 해외 창업을 준비하도록 돕는 체계적이고 장기적인 교육과 방향제시를 해주는 프로그램이며, 다른 하나는, 비즈니스 세계에 사는 직장인들과 기업인들의 선교적 눈을 열고 삶을 새롭게 하는 훈련이다.

2) 전통적 선교사들의 비즈니스로의 사역적 전향이다

선교현장의 전통적 선교사들이 다양한 동기와 필요들에 의해서 비즈니스 사역으로 전향하고 있는 경우가 많아지고 있다. 이런 사역적 전향에는 현장의 필요들과 후원 한계가 가장 큰 이유이며, 또 은퇴 후의 대안 등 다른 개인적인 동기들도 있음을 보게 된다.

그러나 근본적으로 동기와 목적이 BAM의 정신을 담고 있지 않을 경우, 그 비즈니스를 통해 수익창출과 그리고 또 다른 무엇인가를 성취하였다고 하더라도 그 사역의 성취와 결과는 우리가 기대하던 무엇과는 전혀 다른 모습으로 나타날 것이 분명하다. 그것은 근본 적으로 BAM의 모양을 흉내낼 뿐이다. BAM은 반드시 하나님 나라 의 목적과 비전과 가치와 영향력을 가진 비즈니스여야 하며, 그 가 치를 가지고 복음의 필요를 가진 영역과 민족들 가운데로 들어가서 그 일을 통하여 하나님의 나라를 드러내고 그 복음과 영광을 선포 하는 일이어야 한다.

3) 비즈니스과정에서 복음전도는 약해질 것이라는 오해이다.

BAM사역을 하게 되면, '비즈니스 하느라 복음을 전할 기회가 있 겠는가'라는 의심이다. 또한 '전하는 복음'보다는 '사는 복음'을 강조 하므로 마치 '전하는 복음'은 필요 없다고 여기는 것으로 보는 의심 도 있다. BAM사역을 하게 되면, 자신의 일과 직업, 비즈니스도 선 교라고 여기기 때문에 적극적 복음전도는 약화될 것이라 말한다. 일반은총 안에서 문화명령(Culture Mandate)을 수행하는 것을 '선교 (mission)'로 여기고, 그 비즈니스 활동에 선교적 의미를 부여하고, 선 교명령(Mission Mandate) 수행은 약화될 것이라고 보는 견해들이 있다.

우리들의 과거의 역사적 경험이[5] 말하듯이 분명히 그런 상황이

---

5) 과거 WCC의 이런 견해들로 인하여, WCC에 속한 교회들은 크게 쇠퇴하였고, 사회참 여는 극대화 되었지만 복음전도는 약화되었다는 역사적 전례가 있다.

있을 수 있다고 동의한다. '선교로서의 비즈니스(Business As Mission)'라는 용어 자체가 말하듯이 그의 일과 직업과 비즈니스 활동 자체가 선교라고 말하고 있는 것은 사실이다. 그래서 BAM은 선포하는 메시지와 복음전도가 필요 없다는 말을 하는 것이 아니다. 그리스도와 그의 십자가를 통하지 않고는 우리가 구속받을 길이 없다. BAM은 문화명령과 선교명령의 통합을 말하는 것이다. 우리에게 주어진 창조명령을 간과하고 선교명령을 수행하는 것이 아니라, 문화명령을 수행하는 과정을 통하여 선교명령을 이루는 것을 말한다. 그러므로 문화명령의 수행 과정 안에서 분명히 복음을 말하여 전할 뿐만 아니라 우리의 삶으로 증명하는 삶을 우리는 모든 그리스도인들에게 주신 선교적 삶이라고 믿는다.

그러므로 BAMer는 분명하게 십자가의 복음을 경험한 사람이자, 그 사랑을 전하는 사람이며, 그 십자가의 사랑이 그의 삶속에 흘러 넘치는 사람이어야 한다. 결코 십자가의 복음을 전하는 일은 간과될 수 없을뿐더러, 그런 십자가의 복음 앞에 선 BAMer들이 더욱 삶의 제자도를 수반하여 자신의 일터와 삶의 자리에서 온전한 복음을 전달하며, 진정한 제자 삼는 사역을 수행할 수 있을 것이다.

또한 성숙의 과정에서 개종을 한 그리스도인을 세우는 일에서도 BAM은 분명하다. 참된 제자도는 우리의 삶 속에서 하나님의 통치를 받고 순종하는 삶이라고 할 때, 그리스도를 개인의 주로 받은 이후에 제자훈련을 위한 최적의 환경은 바로 비즈니스 현장, 곧 일터다. 그러므로 비즈니스와 제자훈련은 함께 가야 한다. 만약 성경만 가르치게 될 때에 참된 제자도의 전수는 불가능하다. 종교적 개종으로 그치게 될 것이며, 그 복음은 삶과 분리된 왜곡된 복음이 될 가능성이 많다.

4) 해외 선교 헌신자들이 줄어들 것이라는 염려이다.

BAM의 강조점이 모든 이의 선교를 강조함으로 해외선교사 파송이 줄어들 것이라는 염려가 있다. 지난 2년간 KWMA가 발표하는 선교사 파송통계는 멈추어 있었다. 작년연말 통계는 213명 늘어난 것으로 보고되어 우리에게 큰 기쁨이 아닐 수 없었다[6]. 그럼에도 불구하고, 한국선교 변곡점이라는 위기의식이 완전히 해소된 것은 아니며, 동원숫자나 기타 여러 가지 한국선교가 안고 있는 문제들로 염려들이 많은 것은 사실이다.

그러나 필자의 생각은 다르다. 최근에 내가 만난 사람들 중에는 BAM사역을 하겠다고 하는 분들 중에는 도리어 자신을 수용해 줄 선교단체가 많지 않다고 말하면서 선교단체 허입과정도, 소속 선교단체도 없이 선교지로 나가는 분들이 많다. 어쩌면 선교단체에 소속되지 않고, 통계에 잡히지 않는 분들이 많이 있다는 사실을 우리가 간과하지 말아야 할 것이다. 앞으로도 이러한 사례들은 더욱 많아질 것임이 분명하다.

앞으로 우리는 전 세계로 흩어져 오가며 살게 될 것이다. 특별히 통일이 된다면, 북녘 땅을 통해 만주와 유라시아 대륙을 지나 유럽

---

6) KWMA연구개발원, 2017년 12월말 파송선교사 현황(통계)을 참고할 것.

지역까지 하나로 연결이 될 것이고, 우리는 전 세계로 흘러갈 것이며, 또 전 세계가 우리로 흘러들어오는 일이 현재와는 비교할 수 없이 자유로워 질 것이다. 그러므로 우리의 비즈니스와 더불어 해외로 나가는 일은 현재보다는 비교할 수 없을 정도로 더 자유로운 상황을 생각해 볼 때에 해외선교가 약해질 것이라는 생각은 도리어 기우다.

이런 상황을 인식할 때에 과제가 있음을 보게 된다. 그것은 BAMer들을 제대로 훈련하고, 정확한 책무를 부여하고, 교회의 파송을 받으며, 단체소속이 되어서 공동체로 사역하며, 지속적인 지휘를 받으며 사역적인 통제와 관리가 될 수 있도록 해야 한다. 이는 전략적으로 더욱 효과적인 선교를 가능케 하며, 또 과정의 혼란과 발생할 다양한 문제들을 줄이기 위해서 절실한 필요들이라고 여겨진다. 이를 막기 위해서 개인과 공동체가 BAM의 선교신학적 기초를 더욱 견고하게 하고, 또 다양하고 건강한 시각과 사례들을 정리하고, 각 공동체들의 공동체적 책임과 공동의 표준들을 세우는 일이 중요한 일이 될 것이다.

한국과 세계 선교계에서도 BAM 운동은 꾸준히 성장해 갈 것이라 낙관적으로 전망한다. 특별히 남은 과업으로서 선교제한 지역과 민족들을 위한 BAM 사역의 필요와 요청들은 더욱 쇄도할 것이다. 또 점점 늘어가는 세계 모든 나라의 이주민들, 현재 유럽의 난민들을 위한 전략적 사역으로서 BAM 사역은 더욱 주목을 받게 될 것이다. 그리고 분명 한국에서의 BAM은 한국교회의 위기감과 더불어 지금까지 해왔던 전통 선교의 대안으로 교회적 수용사례들이 더욱 늘어날 것이며, 다음세대 청년들의 선교적 헌신은 분명히 이와 같은 직업소명과 선교소명을 통합하는 BAM 동원의 장에서 더욱 많이 일어날 것이다.

III. 한국 BAM 운동의 최근 방향

지난 10년간의 BAM 운동을 주목하면서 최근 현재 한국에서 일어나고 있는 BAM운동의 모습은 처음 예상하던 것보다 다양한 방향으로 전개되고 있음을 보게 된다.

1. 복음의 구체적 실현으로서 BAM

한국교회에 절실하게 요구되는 화두는 선교적 삶이다. 즉 신앙과 삶의 일치이다. 우리의 믿는 바와 사는 바는 하나이기에 구체적인 삶으로, 또 삶의 현장에서 나타나야 한다. 진실로 우리의 복음은 구체적인 삶의 영역에서 이웃과 민족과 열방의 복이 되어야 할 것이다. 삶의 현장에서의 신앙적 삶의 구현은 곧 구체적인 메시지가 되는 것이다. 이제 우리의 선교는 다만 선포(Proclaimation), 즉 '전하는 것(Speak Out)'만 아니라 demonstration, 즉 '사는 것(Living Out)'이어야 한다.

복음의 절대성을 부정하고, 반기독교적인 정서가 팽배한 이 시대 속에서 복음의 가시성을 요구하는 시대를 향한 우리들의 응전은 우리들의 삶과 문화인 비즈니스 세계 속에서 하나님의 나라의 비전과 가치와 원리를 따라 일과 삶의 그 과정 속에서 복음을 구체적으로 실현하는 일이어야 하기 때문이다. 그러므로 우리시대의 선교와 소명에 관한 이야기는 우리들의 삶의 자리를 떠나서 이야기 할 수 없다. 이제 선교소명은 직업소명과 결코 무관할 수 없다는 사실을 선교동원의 장에서도 절감하게 된다.

삶의 현장에서 지금도 치열하게 살아내고 있는 모든 일터속의 그리스도의 제자들과 선한 증인들은 자신들의 삶의 가치가 외면되어진 오늘의 현실 속에서도 선교적 삶을 결단하고 도전하고 있다. 교회는 자신들의 일터에서의 평생의 헌신을 위한 구체적인 훈련과 이에 따른 목회적 돌봄과 지속적인 멘토링이 절실히 요구된다.

2. 선교자원 동원과 BAM

지역교회의 선교자원들은 결코 고갈되지 않았다. 한국교회의 저성장과 맞물려 한국선교의 위기론을 이야기 하지만, 아직도 한국교회 안에 선교의 자원은 충분하다. 다만 우리의 관점의 변화가 필요할 뿐이다. 선교단체와 지도자들과 동원가들의 관점의 변화가 필요하다. Target is Moving! 세계화와 비즈니스 활동의 결과는 지금 우리 모두를 이동하게 만들었다.

한국교회의 해외선교에 있어서 BAM운동의 가능성은 아주 크다. 한국인들의 외국 근무 및 거주가 늘어나고 있음은, 크리스천들의 선교적 동참이 비즈니스 현장에서 가능함을 보여주고 있다. 디아스포라 한인들의 대인관계가 한인교회를 통해서 이뤄진다는 점 역시 BAM 선교에 힘을 실어준다. 또 한국의 조기 은퇴로 인한 시니어 선교자원들도 대부분 비즈니스 배경을 갖고 있다. 이 그룹은 현지

문화 이해와 언어학습 능력은 다소 낮지만, 대신 재정 후원 의존도가 낮으며, 전문 분야의 전문성과 넓은 인맥에 강점이 있다.

우리는 이미 다문화 국가에 진입하였다. 작년 말, 우리나라에는 205개국 180만의 사람들이 국내에 들어와 있음이 보고되었다. 땅끝이 우리의 목전에 와 있다. 이제는 모든 성도들의 삶의 장에서 이러한 동일한 비전을 품고 사는 일에서부터 시작하여, 상대적으로 더 복음이 필요한 영역과 나라와 민족과 열방으로 기꺼이 나아가려고 하는 헌신된 사람들을 부르고 세우며, 훈련하고 파송하는 일이 필요하다.

3. 선교적 생태계와 BAM

한국교회는 세계의 어떤 교회보다도 선교적 DNA를 가진 교회임을 우리는 자부한다. 앞서 언급한 이러한 상황과 요구들을 생각할 때에, 이제는 무엇보다 이런 가치들을 실현하기 위한 생태계를 만드는 일이다. 우리 지역 교회 안에는 일터와 비즈니스 현장에서 평생 헌신하고 축적된 전문성과 경험 및 영성을 가진 준비된 자원들이 많이 남아있음을 주목하게 된다. 이러한 잠재적 자원들을 하나님의 나라와 복음을 위하여 깨워 일으켜 세우며, 서로 연대하여 섬길 일들도 무한하다는 사실에 주목해야 한다. 또한 BAM기업들과 하나님 나라의 비전을 품고 창업을 꿈꾸는 청년 BAMer들을 구체적으로 돕기 위한 생태시스템의 필요는 너무나 시급한 일이 아닐 수 없다.

BAM 기업의 창업과 운영은 개인적인 결정으로 추진하기가 쉽지

비즈니스 미션_ 킹덤 비즈니스의 현장을 찾다

않다. 특히 타문화 가운데서 비즈니스 활동을 하고 창업을 한다는 것은 상대적으로 불리한 게임을 하는 것이다. 게다가, 선교사들이 이런 일을 할 경우 비즈니스 경험이 취약한 때문에도 고전하지만, 관련된 다양한 이해관계자들의 오해가 생기곤 한다. 파송 교회나 파송 단체의 오해를 피할 수 없다. BAM 활동이 활성화되기 위해서는 BAM을 위한 생태 환경이 함께 개선될 필요가 있다. 교육, 펀딩, 멘토링, 가이드라인과 자료들, 지역교회와 선교단체의 이해 등등 이 모든 것들이 모여서 BAM 기업이 살 수 있는 생태 시스템을 이룬다.

다양한 나라들의 비즈니스 환경에 대한 자료들이 모여지고 나눌 필요가 있다. 선교단체들로서도 BAM 선교사들을 관리하는 프로세스가 필요하다. 기존의 일반 선교사들을 관리하던 프로세스와는 다른 틀이 필요한 것이다. 선교사 개인들에게 줄 수 있는 BAM 가이드라인도 필요하다. 기본적으로 지켜야하는 원칙과 배울 사례들이 정리되고 제시된다면 큰 도움이 될 것이다. 이 일은 개별적인 차원에서의 일이라기보다는 공동적인 대처가 필요한 영역이다. 선교사, 파송교회, 선교단체 등이 연합해서 선발, 파송, 관리 등에 대한 공동의 가이드라인과 사역매뉴얼 등이 필요하다. 또, BAM관련 자료들을 모으고 정리하는 연구소 또는 단체들이 필요하다.

4. 다음 세대와 BAM

한국에서의 IBA 포럼을 진행하면서 새로운 세대의 등장은 주목할 만한 사건이다. 중국 상하이에서 선교사들과 기업인들 즉, 장년중심이 되어 진행된 것과는 전혀 다른 결과가 나타났다. BAM의 장에 직업소명과 선교소명을 통합한 새로운 청년세대의 등장을 보았다. 한국에서 진행된 첫 포럼이었던, 7회 포럼의 목표그룹은 40~50대였다. 그러나 결과는 40~50대는 44%에 그친 반면, 20~30대가 51% 모였고, 8회 40~50대가 32%, 도리어 20~30대는 도리어 그 두 배인 62%, 그리고 제9~11회 대회들도 모두 20~30대가 62% 참여하였다. 이제 BAM사역에 있어서, 이 일을 계승할 진정한 주체로서의 다음세대를 세우는 일은 무엇보다 우리 선교계의 핵심역량을 집중해야 할 일임을 확인하게 되었다.

5. 선교적 교회와 BAM

BAM운동은 우리 모두로 선교적 삶을 살게 한다. 종교개혁자들은 성과 속에 대한 이원론을 철저하게 배격했을 뿐 아니라, 성직자와 평신도의 계급화에도 반대했다. 그러나 교회가 제도적으로 선교사를 파송하면서, 대부분의 성도들은 선교에 있어서 수동적이고 방관적인 태도를 가지게 되었다. 모두가 참여하는 선교를 위해 '가든지 보내든지 하라(go or send)'고 하지만, 결국 가는 사람과 보내는 사람으로 나누고, 후에는 가는 사람과 가지 않는 사람으로 고착화된 현상을 초래했다. BAM운동은 우리 삶의 현장이 바로 선교의 현장이며, 각자에게 주어진 선교적 소명과 삶을 재발견하게 한다.

BAM 운동은 해외선교에 국한되지 않는다. 시장경제의 확산과 비즈니스 세계 속에서 우리는 도시 한가운데서 다양한 문화와 민족들을 만나고 있다. 현대는 직업, 연령, 취미 등을 통해 형성되는 다양한 하위 문화권이 지역, 민족을 뛰어넘어 형성된다. 이런 면에서 선교의 범위를 해외만으로 제한할 수 없다. 우리는 모든 곳에서 선교가 가능한 시대에 살고 있다.

BAM 운동은 지역교회의 위상을 강조한다. 선교는 교회의 존재 이유다. 세상으로 보내심을 받은 공동체다. 그러므로 교회는 존재적으로 선교적이다. 비즈니스의 세계 속에서 성도들의 선교적 삶은 공동체적인 나눔과 격려가 필연적이다. 지역교회는 성도들을 세상으로 파송하는 공동체로서의 바른 정체성을 회복해야 한다. 그리고 성도들은 세상 속에서 파송 받은 데로 빛과 소금의 사명을 살며, 세상 속에서 복음의 능력을 경험하고, 또 다시 교회공동체로 모여서 함께 서로를 격려하는 건강한 선순환이 필요하다. 현재 대사회적 영향력에 있어서 무력해져 있는 한국 교회가 다시 교회됨을 본질적으로 회복시키는 일에 BAM운동은 사용되고 있음은 주목할 만한 일이다.

BAM은 선교적 교회의 구체적인 대안이다. 선교적 교회는 모토만이 아니다. 선교적 교회란, 온 성도들이 자신의 삶에서 선교적 삶을 인식하며, 교회 공동체의 존재론적 선교사명을 구체적으로 살아내게 하는 일이다. 작금 한국교회는 위기 속에서 교회의 정체성을 다시 확인하는 계기가 마련되고 있고, 같은 지평에서 새로운 돌파구를 찾고 있는 목회자들은 선교적 교회로의 전환을 위하여 BAM사역을 적극 수용하고 있다. 그동안 성장 일변도로 달려온 한국교회가 선교적 교회로의 전환을 위하여 극복해야 할 과제들로서 교회성장 신화, 개교회주의를 비롯하여 교회 안에 뿌리 깊은 이원론과 같은 신학적, 목회적 장애물 등이 존재하고 있는 것은 사실이다.

그러나 이러한 문제들에도 불구하고 위기감 속에서 변화를 모색하는 지역교회들은 BAM의 비전과 가치와 운동에 동의하고 새로운 변화를 위한 도전과 도움을 간절히 요청하고 있다. 현재 한국교회의 선교에 있어서 새로운 패러다임으로서 BAM운동은 많은 가능성을 내포 하고 있다. 그럼에도 불구하고 많은 현재적 과제들과 미래의 다양한 도전에 대한 대안모색이 절실히 요청된다.

BAM 운동이 갖고 있는 탁월한 선교적 가능성에도 불구하고, 이러한 도전들에 지혜롭게 준비하지 못할 때에 그 모든 가능성을 무너뜨릴 사탄의 전략으로 전락될 수도 있음을 유의해야 한다. BAM의 소중한 의미들과 가치들, 그리고 잠재적, 또한 미래적 가능성은 더욱 그리스도인들과 지역교회들과 공유되어야 한다는 당위성에는 더 이상 부언할 필요가 없다. 이제 이러한 가치를 어떻게 구체적 운동으로 한국교회 안에 확산할 것인가 하는 일은 중요한 미래의 과제이다.

지금 한반도에는 통일시대가 다가오고 있다. 그 통일시대의 다음 세대들이 준비되고 있다. 통일시대는 우리가 그간에 경험한 것과는 전혀 다른 상황들과 새로운 세계가 펼쳐질 것이다. 통일세대들에게는 남북이 하나된 만큼이나 복잡한 세계관과 사상의 충돌과 내적도 전들이 있을 것이며, 만주로 유라시아로 대륙으로 열린 세상만큼 많은 선교적 기회들이 주어질 것이다. 이때에 과연 한국교회의 선교는 무엇을 준비해야 할 것이며, 앞으로 또 다른 10년의 시간 속에서 BAM은 어떤 역할을 하게 될 것인가. 지금 한국 교회 안에 일어난 BAM 운동은 마치 이때를 위하여 준비하신 하나님의 섭리처럼 보인다. 한국교회는 이 시대 속에서 시력을 잃고, 머리 깎이고, 힘을 상실한 삼손 같다. 다시 한 번 하나님의 긍휼 속에서 선교적 소명을 회복하는 기회를 주셨다.

전 세계가 비즈니스로 하나가 된 세상 속에서 주님의 나라와 복음을 다시 한 번 순교적 각오로 살아내야 한다. 이제 한국교회는 복음과 본질을 가진 교회로 회복되고, 우리의 믿음을 증명하도록 부르심을 받고 있다. 이제 한국교회는 이웃과 열방의 필요를 섬기며, 우리의 이웃들에게 복이 되기를 요청받고 있다. 더욱 겸손하고 정직하게, 더욱 간절하고 진실하게!

3

BAM 사역의
실행 전략

한정화

21세기는 세계 선교를 위해 비즈니스를 전략적으로 활용할 때이다. 사회주의 국
가들이 자본주의적 성장모델을 채택하고 있다. 이슬람국가들도 자본주의적 발전
모델에 대해 개방적이 되고 있다.
사업을 통한 세계선교의 기회의 창이 열리고 있는 이때에, 크리스천 기업가들은
비즈니스를 통해 복음의 영향력이 낮은 문화권으로 나아가야 한다.

1. 영적 자본

BAM에 대해서는 여러 가지 정의가 있지만, 리빙스턴 재단의 켄 엘드레드는 '이윤을 추구하는 사업체를 매개로 하나님이 그 나라와 국민들을 변화시키도록 하는 운동'이라고 정의하고 있다. 이를 위하여 세 가지 목표를 추구해야 한다고 말한다. 1) 사업의 수익성과 안정성, 2) 현지인들을 위한 일자리와 부의 창출, 3) 현지교회 부흥과 영적 자본의 형성 등이다. BAM은 성공적인 사업경영, 일과 신앙의 연계와 통합, 경제 개발, 복음 전파, 나라와 국민의 실질적인 변화 등을 통하여 선교적 목적을 이루어 가는 것이다.

엘드레드는 BAM의 성공을 위해서 영적 자본(spiritual capital) 형성의 중요성을 강조한다. 그는 2차 세계 대전 후 지난 70여 년간 선진국이 개발도상국의 경제, 사회 개발을 위하여 수많은 원조를 했지만 여전히 빈곤을 벗어나지 못했던 것은 영적 자본이 없었기 때문이라고 말한다. 사회가 발전하기 위해 기술, 자본, 인력만이 아닌 제도나 문화 등의 사회적 자본(social capital)이 필요하다. 그러나 사회적 자본이 만들어지고 그것이 지속가능하기 위해서는 영적 자본이라는 기초가 필요한데, 이러한 영적 자본이 결여된 상태에서 사회적 자본을 만들려는 시도는 성과를 거두기 어렵다고 말한다.

영적 자본이란 신용, 정직, 사랑, 봉사, 우수한 품질, 성실 등의 가치관이 법이나 제도가 아닌 신앙의 기초위에 형성될 때 축적된다. 공동체내에 믿음으로 변화되어 이러한 가치관을 가지고 살고자 하는 사람들이 늘어나면 영적 자본이 증가하게 된다. 따라서 BAM 이란, 사업을 통해 일자리와 부의 창출을 이루면서 복음을 전하는 선교의 방식이지만, 이 과정에서 믿음으로 변화된 사람들을 얼마나 길러낼 수 있느냐가 사역의 열매이다. 예수님께서도 "하나님의 나라는 너희 안에 있다"라고 하셨는데, 믿음으로 변화된 우리의 공동체에 하나님의 나라가 임한다는 말이다. 기업은 사업을 하기 위해 모인 공동체이고, 그 공동체에 믿음으로 변화된 사람들이 많아지면 그만큼 하나님의 나라가 확장되는 것이라고 말할 수 있다.

2. 거래관계의 정직성

BAM 기업은 거래관계의 정직성을 실현함으로써 영적 자본의 축적을 통한 사회혁신의 도구가 된다. 개발도상국은 전반적으로 대정부관계에서 인허가나 기업 간 거래에서 부정부패가 많다. 많은 선교사들이 현지에서 부정부패로 인한 어려움을 겪고 있다. 현지의 관행을 무시하면 사업이 실패할 것이라는 두려움을 가지고 있는 경우가 많아서 윤리의 회색지대에서 분별력을 잃어버릴 위험이 있다. 이러한 문제에 대해 훈련을 받지 못하거나 준비가 되어 있지 않으면 현지 관행에 휩쓸려서 BAM의 정체성을 상실하게 될 위험이 있다. 따라서 BAM사역을 지원할 때 기업윤리에 대한 공식적인 지원 훈련 프로그램을 마련해야 하고, 책임을 물을 공동체에 속해야 한다.

B국의 K선교사의 경우 사업 초기 리베이트를 요구하는 거래선의 유혹을 뿌리친 경험이 있다. 창업 초기 기업의 생존을 좌우할 정도의 물량을 제공하는 기업의 부당한 요구를 거절했고, 이로 인한 상

당한 손실을 보았지만 하나님이 당신의 섭리로 사업의 길을 열어주셨다. 이제는 정직이라는 원칙을 가지고 공급자나 고객과 정직한 거래를 하고 있고, 오히려 이러한 방식이 기업 경쟁력의 원천이 되고 있다고 한다. 사장이 부정직한 방법으로 사업을 하면서 직원들에게 복음을 증거하고 제자훈련을 하려는 것은 앞뒤가 맞지 않는 모순된 일이라고 말한다.

T국의 S 선교사도 기업에 회사 경비처리의 정직성을 실현하고자 노력했다. 그는 개인비용과 회사비용을 철저하게 구분하여 회계의 투명성을 확보했다. 현지 기업의 관행상 사장은 법인 카드 사용에 있어서 개인 비용과 회사비용을 구분하지 않는 것이 일반적이었다. 그러나 S선교사는 이를 온전하게 지킴으로서 처음에는 현지인들에게 좀 별난 사람이라는 평을 얻었으나, 나중에는 큰 도전을 주었고, 그들이 복음에 관심을 갖게 하는 계기가 되었다고 한다.

3. 사람 세우기

사업성공을 위해서는 인력자원과 재정투자가 필요하나 인력자원이 더 중요한 요소이다. 견고하고 성숙하며 헌신적인 팀은 BAM사역에 필수적이다. 그러나 현지에서는 이러한 팀을 형성하는데 적합한 인력이 준비되어 있지 않기 때문에 사람을 키워서 팀을 만들어가야 한다. 가르치고 격려하며 사랑으로 섬겨야 한다. 그렇기에 가장 시간이 많이 걸리는 일이다. 쓸 만한 사람 하나 키우는데 최소 3~5년의 시간이 필요하다고 한다. 팀원을 채용할 때는 직업능력보다 인격이 중요하다. 인격에서 능력이 나오기 때문이다.

　BAM 기업을 경영하면서 사람을 키우기 위해서는 성경적인 인간관이 확실해야 한다. 사람은 하나님의 형상대로 지음 받은 자녀로서 많은 창의력과 잠재력이 있음을 믿어야 한다. 당장은 부족해 보일 지라도 가르치고 섬기면 하나님께서 그 사람의 가능성을 나타내보이실 것을 기대해야 한다. 이러한 사람들이 세워져야 진정한 팀워크가 형성된다.

　K 선교사 부부는 기술과 자본이 부족한 열악한 환경에서 사업을 시작했고, 현지에서 우수한 인력을 구하기는 불가능했다. 그들은 '행복한 회사 만들기'라는 목표를 가지고 사랑으로 직원들을 섬기고 교육을 통하여 역량을 개발시키자 사람들의 변화되고 잠재력이 발현되었다고 한다. 또한 그 가운데 복음을 받아들인 직원을 대상으로 제자 훈련을 했고 충성된 예수 그리스도의 제자들을 얻게 되었다. 관리인력이 안정되자 이들은 식품, 전자, 신발 사업으로의 진출을 추진 중이다. 향후 200명 정도의 헌신된 관리인력을 양성하여 학교, 병원, 유치원, 고아원 등을 설립할 계획을 가지고 있다.

　U국의 S 선교사 부부의 경우도 현지 진출 한국 기업에 대한 컨설팅과 무역업으로 사업을 하던 중 기독교 선교활동이 노출되어 추방을 당하게 되었다. 갑작스러운 추방으로 인하여 심혈을 기울였던 사업을 접게 되어 몹시 상심했지만, 현지에서 길러낸 직원들의 작별 인사에서 큰 위로를 받았다고 한다. "함께 했던 시간들을 잊지 않겠습니다. 이 땅에서 당신들이 했던 수고는 충분합니다. 염려하지 마시고 평안하게 하나님이 보내시는 곳으로 가십시오." 사업은

중단됐지만 사람을 세우는 데는 성공했다고 볼 수 있다.

4. 비즈니스에 대한 올바른 인식과 경쟁력 확보

우선, 비즈니스는 문화명령과 선교명령을 실천하는 하나님의 도구라는 인식이 분명해야 한다. 사업에 대한 소유권은 하나님께 있으며 자신은 대리인에 불과하다는 사실을 명심해야 한다. 선한 청지기로서 맡기신 분에게 최선을 다해 섬기겠다는 자세가 확실하지 않을 경우 많은 어려움이 발생하게 된다. 비즈니스는 삶 자체라는 일원론적 관점에서 사업을 잘 하는 것이 비즈니스 선교의 핵심이라는 것을 명확히 해야 한다. 비즈니스의 정당성에 대한 의심을 갖거나 이원론적 시각으로 바라보는 태도를 바꾸어야 한다. BAM을 통하여 현지인들의 생계를 뒷받침하고, 복지수준을 향상시켜 사회적 변화를 일으키고자 하는 목표의식을 가져야 한다. U국의 S선교사는 초기에는 입국비자를 얻기 위해 사업체를 운영했으며 비즈니스는 선교가 아니라는 편견이 있었다. 본국에 선교 보고를 할 때에도 직접적인 복음 전도의 성과만 보고했다고 한다. 그러나 나중에 BAM에 대해 알게 되자, 기업 자체가 선교의 장이라는 인식을 갖게 되었다고 한다.

둘째, 선교사의 전문성을 높여야 한다. 전문성에는 선교적 전문성, 직업적 전문성, 지역적 전문성, 사업적 전문성이 있다. 선교적 전문성을 위해서는 일정 기간 교육과 훈련을 받는다. 직업적 전문성은 상당 기간 특정 직업에 종사함으로써 얻어진다. 지역적 전문성은 유학이나 해외 주재원 등의 경험을 가진 경우 사전에 축적될 수 있지만, 대부분 현지에서 사업을 하면서 얻어지게 된다. BAM사역자에게 가장 필요한 것은 사업적 전문성인데, 직업적 전문성이 선교에 직접 활용되지 않는 경우가 많아서 대부분 준비가 부족한 상태에서 사업을 시작하게 된다. 현지에서 사업활동을 하면서 배워가는 경우가 많은데, 이 과정에서 많은 시행착오를 하게 되어 실패의 원인이 되기도 한다. 사업적 전문성이란, 사업계획 수립, 생산, 영업, 회계 기록, 직원관리 등의 역량을 의미한다. 그러나 한 개인이 이러한 역량을 다 갖추고 시작하는 경우는 드물기 때문에 현지에서 팀을 만들어 가면서 부족한 부분을 채워 나가게 된다.

셋째는 현지화이다. 이는 중소기업의 해외 진출시 공통적으로 중요한 사항이기도 하다. 우선 현지 법률, 제도, 관습을 잘 이해해야 한다. 상거래 관행이 다르고 계약문화가 다름으로 인한 어려움에 대응해야 한다. 이는 사전 학습을 통해서 배우는 데는 한계가 있기 때문에 현지에서 사업을 하게 되면서 배워가야 한다. 외국인 투자 제한 업종의 경우, 현지인의 명의를 빌려서 사업을 하는 경우가 많은데, 사기와 배신을 당한 사례들이 의외로 많다. 타인의 명의를 차용하는 경우 금전대차계약서 등을 통하여 상대방의 기회주의적 행동의 위험을 방지해야 한다. 또한 현지화를 제대로 하기 위해서는 언어장벽을 단기간 내에 극복해야 한다. 언어장벽을 비교적 조기에 극복한 선교사들의 사례를 보면 한국 선교사들이 없는 지역에서 현지인들의 삶에 깊이 뿌리를 내리는 경우가 많다.

넷째, BAM은 다양한 위험에 노출되기 쉽기 때문에 이에 대한 대비가 필요하다. 현지의 사정을 모름으로 인해 사기와 배신을 당할 수 있다. 기독교 선교에 대한 적대적 환경으로 인한 현지 정부의 감시와 방해, 심지어는 추방의 위험이 있다. 현지의 부정부패로 인한 유혹과 위험도 있다. 또한 외환거래나 환율 변동에 의한 위험도 있다.

다섯째, 제품과 서비스의 경쟁력 우위를 유지해야 한다. 사업이 지속가능하려면 사업 자체의 경쟁우위가 확보되어야 한다. BAM의 진출 대상국가가 대부분 소득 수준이 낮고 구매력이 부족한 상태에 있기 때문에 가격경쟁력이 중요한 요소가 되는 경우가 많다. 그러나 가격에 의존하여 경쟁을 하려다 보면 지역 토착 업체와 경쟁이 되어 여러 가지 부정적인 영향을 미치게 될 가능성이 높다. 따라서 토착 업체와 직접적 경쟁을 하지 않는 사업분야를 선택하고 품질 수준을 높여서 고객을 창출하도록 해야 한다. B국의 G 인쇄기업의 경우 철저한 품질관리와 정직한 고객 서비스로 경쟁우위를 유지하고 있으며, C국의 W사도 가구와 인테리어 디자인이나 품질 면에서 최고 수준을 유지하고자 노력하고 있다. 지속가능한 경쟁우위 확보를 위해 사업의 자원과 역량을 높이는 것이 성공적인 BAM 사역의 핵심이다.

5. 사업분야의 적절한 선택

모든 비즈니스는 업종 선택이 사업의 성패에 미치는 영향이 크기 때문에 신중한 접근이 필요하다. 그러나 현실에서는 현지 경험이 부족한 상태에서 사업 아이템도 급한 대로 쉬운 것부터 찾아서 하기 시작함으로 인한 실패가 많이 나타나고 있다. 따라서 시행착오가 불가피한 면이 있지만, 준비부족으로 인한 실패를 줄이기 위해서는 자신의 전문성이나 동원할 수 있는 자본의 규모 등을 고려해서 적합한 업종을 선택해야 한다.

첫째, 소규모 투자로 시작하는 방법이 있다. 초기 자본이 적게 들어가는 무역이나 여행업 등으로 시작하여 현지 사정에 익숙해진 뒤 현지에 진출하려는 본국인들을 위한 비즈니스 컨설팅, 물류 사업을 하는 경우 자본투자의 부담과 위험을 줄일 수 있다. 이 경우 한국과 연계해서 사업을 하게 되면 경쟁우위를 가질 수 있다. 현지 인력의 훈련을 통한 소규모 가공산업, 현지의 전통기술을 활용한 공예품 등을 생산하여 해외에 수출하는 방식 등을 적용할 수 있다.

C국의 G공동체는 의류 패션 소품, 생활소품, 침구류, 인형 등을 천연염색과 손베틀 직조를 통해 만들고 있다. 25명의 직원을 가지고 150개의 가정과 연계하여 실크와 면실을 직조하고 있으며, 독특한 문양을 활용하여 샤넬에도 판매할 정도로 성장했다. 이 사역은 지역사회의 소득증진과 복지향상에 긍정적인 영향을 미치고 있다.

둘째, 현지인의 창업을 지원하는 방식이다. 2만 달러가 넘지 않는 사업설비를 빌려주고, 4~5년에 원금과 이자를 상환하도록 하는 방식이다. 사업계획서를 검토한 뒤 융자 형식으로 하거나, 직접 장비를 사서 임대해 주는 방식이 좋다. 이 경우 사업의 성과를 높이기 위해 설비를 제공함과 함께 관리기법과 기술지원, 사업윤리 등에 대한 교육, 훈련의 기회를 제공해야 한다. 이보다 훨씬 작은 규모의 융자를 하는 MED(micro enterprise development) 방식도 효과적인 BAM 사역의 수단으로 활용되고 있다.

T국에서 무역과 물류사업을 하고 있는 S선교사의 경우는 현지인들이 사업을 하도록 지원하고 있다. 오랫동안 현지인들과의 사귐을 통해 서로 신뢰가 쌓임에 따라 상대방의 형편에 맞는 사업을 찾도록 하여 그들이 경제적으로 자립하고 삶의 질을 향상시키도록 돕고 있다. 반면에 깊은 사귐이 없는 상태에서 복음을 받아들였다는 것만으로 창업을 지원하였다가 상대방의 배신으로 돈과 사람을 잃는 실패의 경험도 가지고 있다.

셋째, 적정기술 개발이다. 저소득 국가에서도 활용할 수 있는 기술과 제품을 개발하여 사업을 일으키는 방식이다. 대표적 사례로 태양광 램프와 정수기 필터가 있다. 스탠포드 대학 디자인 연구소에서 개발한 것으로 태양광으로 충전해서 저녁에 조명을 하는 기구이다. 가격이 25달러~50달러 정도여서 전기가 들어오지 않는 지역이나 전기가 있는 지역에서도 전기료 부담 없이 조명을 쓸 수 있게 한 것이다. 정수기 필터도 저렴한 가격으로 판매함으로써 위생적인 식수를 먹을 수 있도록 한 것이다. 이러한 제품은 무료로 보급하기보다는 판매를 통해 현지 사업을 일으키는 수단으로 활용하는 것이 지속가능성을 높일 수 있다.

넷째, 기술 전문성을 기반으로 한 사업을 세우는 방식이다. 이 분야에 대한 전문기술을 가지 사업가가 현지에 상당한 투자를 통해 사업을 일으키는 방식이다. 자국에서 성공적으로 사업을 운영한 경험과 투자 자본을 바탕으로 현지에 생산시설을 설립하는 것이다.

이 경우 대부분 현지 시장이 부족하기 때문에 수출시장을 개척하게 된다. 현지 정부 입장에서는 고용을 창출하고 수출을 통해 외화를 벌어들이기 때문에 가장 환영받는 외국인 투자의 형태이다. 특히 수출사업을 하는 경우 지역경제 활성화를 통한 현지의 영향력을 높일 수 있고, 내수경쟁의 압박에서 벗어나고, 지속적인 기술혁신을 하면서 현지의 부패에서 보호를 받는 장점이 있다. 이러한 형태의 BAM이 많아지려면 이미 이러한 분야의 사업을 하고 있는 비즈니스맨들의 적극적인 참여가 필요하다.

6. BAM의 미래를 위하여

21세기는 세계 선교를 위해 비즈니스를 전략적으로 활용할 때이다. 구 소련해체 이후 소련 연방에 속해있던 사회주의 국가들이 자본주의적 성장모델을 채택하고 있다. 이슬람국가들도 자본주의적 발전 모델에 대해 개방적이 되고 있다. 개혁과 개방을 통해 해외 자본 유치를 통한 발전모델을 추구하는 국가들이 증가함에 따라 기업들의 접근성이 높아지고 있다. 사업을 통한 세계선교의 기회의 창(window of opportunity)이 열리고 있는 이때에 크리스천 기업가들은 복음의 영향력이 낮은 문화권으로 나아가야 한다.

한국 교회가 이러한 시대적 변화에 적극 동참해서 교회의 잠재력을 총동원해서 BAM을 지원하고 실천해야 한다. 크리스천 기업가, 경영자, 전문인 등은 누구나 자신의 재능과 경험을 살려서 복음을 전하고 열방을 축복하는 도구로 쓰일 수 있다. 청년들은 뜻이 있다

3. BAM 사역의 실행 전략

면 얼마든지 배우면서 길을 열어 갈 수 있다. 사업경력을 가지고 은퇴 후 제2의 인생을 준비하는 베이비붐 세대들이 급속히 늘어나고 있는데, 취업난을 겪고 있는 청년세대와 경력을 가진 선배 세대들이 협력하는 모델도 가능하다.

BAM사역을 준비할 수 있는 교육, 훈련 프로그램을 전문 선교단체와 협력하여 운영하는 방안과 초기 사업 자본을 융자나 투자 형태로 지원하고 멘토링을 하는 방식의 펀드 조성이 필요하다. 실행을 위해서는 우선 목회자의 관심과 지원이 있어야 하며, 초기에는 소규모의 스터디 모임에서 출발하여 어느 정도 방향이 설정되면 공식적인 위원회와 실행 팀으로 발전시켜 나가는 것이 바람직하다. BAM이 크리스천 기업가들의 선교적 소명을 일깨움과 동시에 한국 교회의 영적 각성의 디딤돌이 되기를 소망한다.

4

BAM 사역
활동 사례와 교훈,
그리고 가야할 길

신 이 철

앞으로 한국선교는 일반인들 중에 비즈니스 경험이 있는 선교사가 늘어날 것입니다. 비즈니스맨이 미션을 이루고자 전세계로 나가는 사람들이 더 많을 시대가 곧 올 것이라고 생각합니다. 크리스천 비즈니스 전문가들은 자기들이 받은 달란트를 나누기 위해서 헌신하고 준비해야 할 필요가 있다고 생각하고 이런 분야에 대한 교육을 해야 합니다.

저는 현재 평택대학교 교수이며 창업보육센터장으로 섬기고 있습니다. 대학에서 경제학을 전공했고, 79년 군 제대 후 직장생활을 했습니다. 80년대부터 한국 예수전도단에 속해서 여러 가지 훈련도 받았습니다. 제가 46살이 되는 해인 1996년에 그동안 저와 저희 가족이 기도하며 결정한 것은 '이제 더 이상 우리의 삶을 나와 우리 가족만을 위해 살지 말고 하나님을 위해 살자'라고 결정하고 96년도에 한국 예수전도단의 풀타임 사역자로 헌신하고 위탁해서 들어갔습니다. 예수전도단 이사를 지내고 현재는 제주 열방대학이사로 섬기고 있습니다.

I. 첫 번째 사역: FMB 공동대표

1996년에 FMB(frontier mission through business)라는 비즈니스를 통한 최전방사역을 시작했습니다. 당시 공동대표로 사역을 시작했는데, "도대체 비즈니스로 최전방사역을 어떻게 해야 하지?"라는 것을 우리 스스로가 자문할 수밖에 없었습니다. 그 당시에는 교회에서는 선교단체의 누구도 비즈니스가 선교를 위해서 어떤 직접적 연관을 맺는다는 것에 대한 이해가 없었습니다. 비즈니스란 단지 돈을 버는 하나의 수단이어서 비즈니스맨들이 일을 열심히 해서 돈을 많이 벌면 선교단체나 선교사님들을 후원하거나 교회헌금을 많이 하면 된다는 정도의 인식을 가졌던 시기입니다. 그런데 하나님께서 우리에게 그 당시 같이 사역을 시작했던 리더십들에게 "비즈니스가 하나님나라를 확장하는데 쓰일 것이다"라는 음성을 들려주셨습니다.

그래서 우리가 그곳에 헌신하고 들어간 겁니다.

도대체 한국에서는 모델을 찾을 수가 없어서 전 세계에서는 비즈니스를 가지고 선교를 하는 어떤 모델이 있는가를 찾아보았습니다. 벤치마킹을 하기 위해 해외 사례를 많이 찾아보았는데 그 당시 마땅한 모델이 없었습니다. 그래서 명색이 비즈니스 미션이니 비즈니스를 세워야 하지 않느냐라는 논의 끝에 사업체를 하나 만들었습니다. 상당히 많은 돈을 투자해서 조이코(Joyco)라는 여행사를 만들었습니다. Jesus Only You(JOY) Cooperation의 약자입니다. 우리는 "이 여행사는 엄청나게 성공할 거야"라고 생각했습니다. 왜냐하면 하나님께서 우리를 이곳으로 인도하시고 사업을 세우도록 하셨고, 또 예수전도단에서 영성이 아주 뛰어난 간사들을 선발해서 우리 여행사 직원으로 삼았거든요. 그래서 우리는 아주 자신만만했습니다. 그런데 결과가 어떻게 됐을까요? 그게 우리가 기대하는 것 같은 결과가 안 나타났었어요. 오히려 사업이 잘 되긴커녕 3억을 투자한 회사였는데 자본 다 까먹고 완전히 바닥까지 가는 상태가 되었죠. 그 당시 3억이면 작은 돈이 아니었습니다.

그 과정에서 저희는 많은 것들을 배웠죠. 하나님이 우리에게 대가를 치르면서 공부하게 하심을 깨닫게 되었습니다. 여행사니까 손님 응대를 잘해야겠죠? 여행하는 사람들이 문제가 생기면 스케줄도 바꿔야 하고 뭐 여러 가지 문제가 생기면 전화응대도 하고 친절하게 해야 되겠죠? 그런데 어떤 문제가 있느냐 하면, 예수전도단에 있는 각 지부조차도 조이코 여행사를 못 쓰겠다는 겁니다. 저희가 여름과 겨울에 전도여행 많이 다니잖아요. 그것만 해도 충분히 수익

4. BAM사역 활동 사례와 교훈, 그리고 가야할 길

이 남는다는 생각이 있었죠. 나중에 보니까 예수전도단 각 지부조차들도 전도여행 갈 때, 조이코 여행사를 이용하지 않겠다는 반응이 있었습니다. 왜 그러냐고 물어보니 "굉장히 불친절하고 실수가 많다"라는 겁니다. 그런 이야기를 들을 때 담당 간사님한테 가서 "자매님 일 좀 열심히 똑똑히 잘하세요. 자꾸 불만이 들어오니 사업이 어렵고 힘듭니다."라고 말했습니다. 그러면 어떤 반응이 있냐면 "대표님, 잠깐 기도 좀 해봐야 될 것 같습니다."라고 하면서 혼자 조용히 뒤로 가서 기도를 하고 돌아와서는 "여기는 제 부르심이 아닌 것 같아요. 저는 선교지로 가겠습니다."하고 떠나는 겁니다. 예수전도단 잘 아시잖아요? 하나님 음성을 듣는 거죠. 여행사에서 직원으로 일하는 것은 부르심이 아니고 거룩한 일이 아니라는 거죠. 선교지에 가서 선교하는 것이야말로 진정 거룩한 부르심이라는 생각이 예수전도단 간사의 머리에 있다는 거죠. 그런데 그 간사만의 생각이 아니라 거의 대부분의 사람들이 그런 생각이 있다는 것을 알게 되었습니다.

1. 첫 번째 교훈―이원론

우리가 큰 잘못을 하고 있구나. 소위 200년 전에 모라비안 사람들이 이미 극복했던 이원론적 사고방식, '어떤 일은 거룩한 일이고 어떤 것을 속된 일이라고 하는 이 고정관념에서 벗어나질 못하고 있구나'를 깨달았습니다. 그래서 "비즈니스는 비즈니스답게 정말 철저히 잘하는 것이 거룩한 것이고, 우리가 그 부르심을 제대로 수행해야 하는 것이다." 라는 것을 교육하기 시작했습니다. 제가 왜 이런 이야기를 처음에 시작하는 이유는 우리가 지금 함께 생각하는 BAM은 그런 기초가 있어야 하기 때문입니다.

2. 두 번째 교훈—탐심

초기에 엄청난 시행착오를 경험을 했습니다. 비즈니스 하다보니까 많은 문제들이 생기는데 사업이 잘되다 보니까 더 큰 문제가 생겼어요. 1996년에 사업을 시작했는데 1999년 말에 접었습니다. 자진해서 안하기로 했습니다. 조이코도 나중에 다 회복했습니다. 사업이 너무 잘되니까 문제가 생긴 겁니다. 사업이 잘 되니까 그 사업의 결과물에 대한 다른 생각들이 나오는 것을 발견했어요. 욕심이 생겨서 '이거는 내 건데'라는 생각을 하는 사람들이 나타나는 거예요. 그래서 심지어는 그 사업을 '자기에게 달라'라는 사람들이 나오기 시작했습니다. 우리가 그것을 보면서 '이 사역 자체를 접자'라고 결정하고 사업을 종결했습니다.

그 4년을 통해서 비즈니스 미션의 기본적이고 근본적인 스피릿에 대한 배움이 있었습니다. 비즈니스는 그만한 유익이 있고 강력한 도구임에는 분명하지만, 이 비즈니스라는 것을 미션을 위해 쓴다고 할 때에는 상당히 조심해야 할 것이 많습니다. 왜냐하면 우리는 근본적으로 죄인이기에 유혹에 들 수 있고, 항상 죄를 저지를 가능성이 있는 연약한 인간이기 때문입니다. 인간이 물질을 다루어야 되는 기업이라는 것을 통해서 하나님나라를 확장한다는 것은 그렇게 간단한 일이 아니에요. 그 일에 참여하는 모든 사람은 그것에 대한 완전한 이해와 철저한 훈련이 되지 않으면 그 비즈니스라는 도구가

69

하나님나라를 확장하는데 쓰이는 것이 아니라, 오히려 하나님나라를 훼손하고 하나님 이름을 욕되게 하는 일을 할 가능성이 있기 때문입니다. 이는 비즈니스 때문이 아니라 우리의 죄성과 우리의 연약함 때문에 일어나는 일입니다. 그래서 그 때부터 어떻게 하면 우리의 근본적인 죄성을 다루어 갈 수 있는 성숙한 인간이 될 수 있을까 하는 숙제를 가지게 되었습니다.

3. 세 번째 교훈—성경적 재정관의 부재

이 글을 읽는 분들이 BAM을 여러분의 부르심으로 갖고 있다면 제가 하는 이야기를 머릿속에 철저히 기억하시고 가슴에 새기셔야 합니다. 재정에 대한 온전한 이해 없이 돈을 만지고 물질을 다루기 시작할 때에는 다 시험에 들 가능성이 매우 높은 상황에 처하기 쉽다는 사실입니다. 어느 결정적 순간에 바른 행동과 바른 판단을 하지 못하면 여러분이 부르심을 이루기는커녕 안 하니만 못하는 그런 결과를 빚을 가능성이 높기 때문입니다.

Ⅱ. 두 번째 사역: 한국 크라운재정사역 대표

저는 현재 두 가지의 사역을 하고 있습니다. 첫 번째는 한국 크라운 재정사역이라는 사역단체입니다. 이 사역단체는 성경에 나오는 경제 원리, 재정 원리를 가르치는 단체입니다. 여러분들은 재정에 관한 지혜와 지식에 관한 성경적 관점이 필요합니다. 이는 자연의 이치를 이해하고 행동하는 것과 마찬가지입니다. 예를 들어 제가 핸드폰을 손에 들고 있다가 손을 놓으면 어떻게 되죠? 떨어집니다. 손에서 놓으면 떨어진다는 것을 어떻게 알 수 있죠? 이 지구상에는 중력에 법칙이라는 것이 작동된다는 것을 알고 있기 때문에 떨어지면 깨진다는 것을 알고 있죠. 그래서 이것을 안 놓는 겁니다.

하나님의 나라는 두 가지의 작동하는 힘(force)이 있습니다. 하나는 영적인 힘(spiritual force)입니다. 영적인 영역에서 우리가 기도를 이야기한다면, 어떤 기도의 주제를 놓고 우리가 하나님 앞에 나가서 간구함으로 하나님께서 우리의 기도에 응답하실 것이라는 믿음을 가지고 계속적으로 나아갔을 때, 하나님께서 우리의 기도에 응답하시고 이루어주시는 영역이 있습니다. 또 하나의 영역은 이 세상을 만드신 원리를 따라 운행하는 진리(truth)의 영역입니다. 예를 들면 만유인력의 법칙은 지구상의 하나의 보편적인 원리(principle)입니다.

마찬가지로 하나님의 경제, 하나님의 세상을 운행하는 방식에는 작동하는 원리가 있습니다. 비즈니스나 경제영역 안에서 진리를 알면 그 진리의 결과가 자동적으로 따라오는 것입니다. 그 진리에 어긋나면 그 대가를 치러야 하는 그런 진리들이 있는 것이에요. 그것이 성경 안에 가득하게 들어있습니다. 그래서 여러분들이 비즈니스를 하거나 BAM을 한다면 비즈니스가 작동되는 경제원리가 성경 안에 있다는 것을 여러분들이 먼저 배우셔야 하고 그 원리를 따라 사업을 했을 때, 하나님의 경제가 여러분들의 비즈니스 안에 작동되는 것을 체험하게 될 것입니다. 그래서 여러분들이 비즈니스를 할 때, 가장 밑에 두어야 하는 기초가 뭐냐 하면 경제에 관한 하나님의

4. BAM사역 활동 사례와 교훈, 그리고 가야할 길

원리 원칙입니다. 그런 기초를 갖추지 않고 자신만의 생각과 세상에서의 경험을 따라서 경제행위를 한다면 그것은 매우 무의미한 행동이 될 것이고, 여러분들이 더 힘들게 될 가능성이 높다는 것입니다.

Ⅲ. 세 번째 사역: 요셉 비즈니스 스쿨 학교장

그래서 저는 그런 성경에 나오는 경제 원리, 재정의 원리를 가르치는 사역을 지금 9년째 하고 있습니다. 비즈니스를 통해서 하나님 나라를 확장하는 일을 이 땅이나 해외에서 하기 원하는 청년들을 기업가로 훈련시키는 학교를 개설해서 운영하고 있습니다. 요셉 비즈니스 스쿨이라는 이름으로 6년째 하고 있습니다. 요셉 비지니스 스쿨은 한 주에 6시간씩 22주를 가르칩니다. 제가 경제학을 하고 경영대학원을 나오고 최고경영자 과정을 수료하였습니다. 기업을 경영하는데 필요한 지식을 배운 사람입니다. 나름대로 제대로 훈련 받은 사람입니다. 그러나 제가 하나님의 경제를 이해하고 나서부터는 내가 세상에서 배운 것이 대단히 불완전하다는 것을 알게 되었습니다. 세상의 불완전한 지식과 경험을 가지고 사업을 하기보다는 하나님의 원리를 따라 성경적으로 경영하는 것이 얼마나 강력한 것인지를 청년 시절에 배우고 사업을 할 필요가 있습니다. 처음부터 '우리 세대들이 하나님의 진리를 몰라서 경험했던 불필요한 시행착오들을 배제하고 처음부터 하나님이 기뻐하시는 방식으로 경영하는 것을 가르쳐 주겠다'라는 것을 가지고 학교를 디자인했습니다.

킹덤컴퍼니, 하나님나라 기업가정신, 성경적 경영, BAM이 키워드가 되는 학교를 만들어서 주로 두 가지를 가르칩니다. 하나는 성경에 나오는 방식대로 여러분들이 사업을 경영할 때, 사업에서 부딪히는 문제를 어떻게 해결할 것인가라는 영성을 훈련하는 파트와, 어떻게 아이디어를 사업화할 수 있는가 하는 방법론을 알려줍니다. 현재까지 100명의 학생이 수료를 하고 절반이 넘는 학생들이 창업을 했습니다.

Ⅳ. 네 번째 사역: ㈜글로벌창업네트워크 대표

또 하나는 5년 전에 '글로벌 창업네트워크'라는 이름으로 사단법인을 설립했습니다. 설립목적은 선교사님들을 대상으로 사업훈련을 하기 위한 것입니다. 자의반 타의반으로 선교지에서 사업을 하는 선교사님들이 많은데, 이 분들이 대부분 선교지에 가시기 전에 비즈니스 훈련을 받지 못했습니다. 그런 상태에서 선교지에서 선교사로서 사업을 하는 것이 매우 힘들고 서툴기 때문에 성공할 확률이 매우 낮습니다. 그리고 사업을 하는 방식을 알지를 못하다보니까 많은 개인적인 문제들을 일으키고 있고 어려움도 겪고 있는 것이 사실입니다. 저희들이 수년 전부터 비즈니스맨들과 전문가그룹들이 함께 모여서 기도하면서 어떻게 이것을 지원할 것인가를 고민하다가 5년 전에 사단법인 형태로 만들게 되었습니다. 선교사들을 대상으로 비즈니스 훈련을 시키고 컨설팅하면서, 그들에게 필요한 자원을 연결하고 공급하는 일들을 하는 단체를 만들게 된 것입니다.

돌이켜 보면, 96년도에 예수전도단에서 시작한 FMB 사역의 어떻게 보면 후속사역이라고 볼 수 있습니다. BAM을 활성화하는데 필요한 기본 모듈을 하나씩 하나씩 만들어가고 있다는 생각이 듭니다. 그 과정에서 이미 개발했고 보유했었던 여러 가지 교육프로그램들을 가동하고, 인적네트워크를 동원해서 지원하는 틀을 만들었다고 볼 수 있습니다.

1. 네 번째 교훈—Christianity의 이해와 실천

제가 이해하는 BAM에 관련된 이야기를 나눠보고자 합니다. 저는 먼저 기독교정신과 성장이라는 제목을 가지고 이야기를 하고자 합니다. 중국은 20C 말부터 오늘날까지 초강대국이 되고자 하는 열망을 품고 준비해오고 또 그 일을 위해서 전진해가고 있는 나라입니다. 그래서 중국 지도자들의 핵심과제는 자기가 지도자로 있는 그 시대에 중화민국을 20C 미국과 같은 초강대국으로 만드는 것이 그들의 지상 과제입니다. 20C말 중국 지도부를 구성하고 있었던 공산당 주석단 중 특별히 장택민이 주석으로 있었던 그 시기에 중국 최고의 학자들을 미국에 파송했습니다. 어떻게 미국이란 나라가 짧은 역사를 가지고 초강대국이 될 수 있었는지 그 비밀을 알기를 원했습니다.

중국 최고의 학자들이 미국에 파송되어 정치, 경제, 문화, 사회, 군사 모든 분야를 연구해서 결과를 취합해서 보고했습니다. 그런데 그 보고서에 놀라운 단어가 들어가 있었습니다. 미국이 초강대국이 될 수 있었던 것은 군사력이 막강하고 새로운 무기가 있고 경제력이 나아서 된 것이 아니라는 게 중국학자들의 연구의 결과였습니다. 그들이 보고한 결과의 비밀은 이 한 단어였습니다. 그것은 chris-tianity라는 단어였습니다.

미국이 초강대국이 된 이유가 주 예수 그리스도를 구주로 인정하고 예수님의 가르침을 따라 제자의 삶을 사는 christianity라는 것입니다. 한국 사회는 christianity가 풍부한 사회입니까? 한국사회는 예수님의 뜻을 따르고 가르침에 순종하는 것이 가득한 사회입니까? 아닌 것 같아요. 분명한 것은 중국학자들이 보고한 이 기독교 정신이라는 것은 우리가 교회에서 찬양하고 은혜 받고 하는 것을 넘어선 것이죠. 우리 사회의 모든 영역에 성경에서 가르치는 가르침, 원리, 진리가 스며져있고, 그것들이 작동될 수 있도록 사회 시스템을 만들고, 그것에 의해서 사회규범이 정해지는 그런 사회가 기독교정신이 풍부한 사회라는 것이죠.

그래서 중국공산당 주석단이 매우 곤란한 지경에 빠졌어요. 왜냐하면 그 학자들의 보고가 진실이라면 중국은 죽었다 깨어나도 초강대국이 될 수가 없기 때문에 그렇습니다. 공산당은 무신론자들입니다. 무신론자들이 어떻게 기독교신앙을 받아들일 수 있겠습니까? 절망스러운 거죠. 그래서 이들이 얼마나 초강대국이 되기를 원했는지 매우 심각하게 중국의 국교를 기독교로 바꾸는 것에 대해 고민했다고 해요. 국교를 기독교로 선포하진 않았지만 그러나 그들은 그 때부터 종교정책을 바꿨습니다. 자기들이 통제하는 하에서 기독교를 받아들이도록 종교정책을 바꾸고 그때부터 기독교가 중국으로 보급되는 힘을 받기 시작했어요. 한국에서 많은 선교사들을 파송하기도 했지만 중국 지도부에서도 정책변화가 있었던 것이에요. 오늘

4. BAM사역 활동 사례와 교훈, 그리고 가야할 길

날 중국 기독교인의 인구가 몇 명 인줄 아십니까? 통계로 보면 1억 2천만 명입니다. 한국 기독교인들의 인구는 800만 정도입니다. 1억 2천만 대 800만, 어느 나라가 기독교 정신이 더 충만할 것 같습니까?

분명한 것은 근세 역사를 분석해본 학자들이 동일하게 이야기하는 것인데 어느 시대나 기독교정신이 가장 충만했던 그 시대, 그 나라, 그 지역이 그 세계의 패권을 갖는 강대국의 역할을 감당했었다는 것이죠. 그래서 중국 CCTV가 그것을 다큐멘터리로 촬영해서 방영했습니다. 자기 국민들에게 교육시켜야 되니까 어떻게 살아야하는지 다큐멘터리 영화가 있습니다. SBS에서 수입해서 한국에서도 방영했습니다. '대국굴기'이라는 제목의 다큐멘터리 영화입니다. 근세의 역사에서 명멸했던 강대국들의 족적을 쭉 찾아가면서 만든 건데 그 안에서 기독교에 관한 이야기는 하나도 안 들어가 있어요. 그러나 그 내용은 기독교정신입니다.

그렇다면 BAM은 무엇입니까? 또 하나의 기업체를 외국에 가서 세우는 것입니까? 그것은 기독교정신과 무슨 관계가 있는 거죠? 우리가 사업을 하는 이유가 뭐죠? 근본적인 질문을 해야 합니다. 우리가 하는 그 일이 기독교정신이 그 속에 들어가 있고 성경에서 말하는 하나님나라의 가치관이 들어가 있지 않으면 그냥 또 하나의 비즈니스를 하는 겁니다. 그 결과가 어떻든지 우리가 이야기하는 BAM은 비즈니스 안에 명백한 성경적 가치관이 들어가 있는 기업이 되어야 합니다.

운영부터 모든 비즈니스 의사결정과 프로세스를 통해서 그곳에 하나님나라의 가치가 드러나도록 운영하는 것, 그것이 바로 BAM 또는 킹덤컴퍼니라고 부릅니다. 해외로 나가면 또 다른 이름으로 GCC(great commission company), 즉 지상명령을 수행하는 회사라고도 부릅니다. 그래서 BAM은 하나의 트렌드가 아닙니다. '여기에 있는 기업을 해외에 가서 세우자'라는 그런 트렌드로 생각하면 큰 착각입니다. 그냥 사업을 하는 경우 BAM이나 킹덤컴퍼니라고 이야기해서 안 되고 그냥 "저는 크리스천인데, 해외에서 사업해요"라고 말해야 합니다.

선교사가 사업을 해야 될 많은 이유가 있습니다. 특히 강조하고 싶은 것은 제가 BAM의 틀 안에서 사업을 할 수 있다면 비즈니스야 말로 가장 21세기에 복음을 전하는 가장 강력한 미션의 도구가 될 수 있다는 것입니다. 요즘에 많은 선교사님들이 한국에 들어와 계시고, 앞으로도 많이 들어오게 될 것입니다. 이제 비자가 매우 제한되어 있습니다. 학생비자도 제한되어 있어서 몇 년이 지나면 더 이상 학생으로 있을 수가 없는 것이죠. 그리고 NGO 비자도 매우 제한적이어서 사업을 하는 것 외에는 대안이 없다는 것입니다. 그래서 많은 선교사님들이 이미 추방되었고 추방을 대기하고 있는 선교사님들이 많이 계십니다. 이제 한국 선교가 갈림길에 온 것입니다. 제가 어느 선교사님에게 들은 이야기로는 작년의 한국 선교사 파송 숫자가 재작년과 비했을 때 엄청나게 줄었다는 것이에요. 그 전까지만 해도 일 년에 천 명 정도 선교사로 나갔는데, 작년통계를 보니까 500명 정도로 떨어졌다는 겁니다. 이런 식으로 축소된다면 한국이 선교대국이라는 이야기는 이제 몇 년 뒤가 되면 과거 이야기가

4. BAM사역 활동 사례와 교훈, 그리고 가야할 길

될 가능성이 높습니다. 선교전략 자체가 바뀌어야 될 시기에 와 있습니다. 따라서 비즈니스 선교라는 것은 선교에 대한 강력한 대안이 될 수밖에 없는 것입니다.

2. 새로 가야 할 길: BAM과 국제 개발 협력

개발협력과 BAM을 크게 생각해보면 밀접하게 연관될 수 있습니다. 제가 국제개발협력에 관심을 가진 이유도 바로 그런 것이죠. 오늘 날 선교의 현장에서 일어나고 있는 상황들을 바라볼 때, 이제는 과거의 방식보다는 보다 창의적인 방식의 선교로 비즈니스와 국제 개발협력이 통합적으로 같이 운영될 때, 하나님나라가 효과적으로 확산될 수 있다고 생각합니다.

오늘날 개발협력(ODA)은 우리 사회에서 활발한 토론의 주제가 되고 있습니다. 한국은 2010년 OECD DAC 회원국으로 가입하여 2013년 기준으로 GNI의 0.13% 인 17.5억 달러(2조 이상) 금액의 원조를 하고 있으며 유엔의 권고 금액인 GNI의 0.7%까지 확대해야만 하는 바 엄청난 규모의 개발협력자금을 무언가에 써야 되는 상태에 온 것입니다. 문제는 지난 100년 동안 선진국들이 후진국에 돈을 썼지만 별 효과가 없었다는 게 검증됐어요. 21C는 어떻게 그 돈을 써야 되는지에 대한 문제에 부딪혔습니다. 조금 더 창의적으로 생각한다면 소위 BAM과 ODA의 필요성을 연관시켰을 때, 어쩌면 하나님께서 새로운 방식의 선교의 툴을 제시하고 있지 않느냐라는 생각을 합니다. 지혜롭게 연합하고 통합적으로 했을 때 국가의 재정을 가지고 여러 나라를 축복하고, 궁극적으로는 복음을 전파할 수 있는 그런 일들을 행할 수 있는 가능성이 있다는 것입니다. 우리는 거기에 참여를 해야 합니다. 개발원조 따로 가고 BAM 따로 가는 것이 아니라 어떻게 통합적으로 묶을 수 있느냐, 그 만나는 지점에 우리가 어떻게 창의적으로 접근할 수 있는가가 매우 필요하다는 생각입니다.

3. 다섯 번째 교훈―사업은 선교의 수단이 아니라 목적

비즈니스 선교란 무엇인가를 볼 필요가 있을 것 같습니다. 사업이 선교의 기반이 되면서 선교의 목적이 되는 것입니다. 앞에서 제가 조이코 여행사를 예로 든 것과 마찬가지에요.

최근에 인도에서 선교를 마치고 들어온 선교사가 있었습니다. 우리 요셉스쿨에 들어와서 3기 훈련을 받은 분입니다. 그 형제가 '더 이상 전통적 방식으로는 선교의 한계가 있으니 사업을 해야겠다' 라는 마음을 먹고 있다가 학교를 들어와서 공부를 하고 나서 완전히 방향을 잡고 다시 인도에 지금 들어갔습니다. BAM은 사업이 수단이 아니라 선교 목적이라는 겁니다. 이 형제는 커피점을 경영하려고 하는데 커피점이 자기의 사역이라고 이야기를 하는 것이죠. 커피사업을 성공시켜서 인도 전역에 커피 전문점을 열고 그 커피점을 통해서 복음을 전하는 것이 본인의 사역이라고 말합니다.

제가 작년과 금년 2월 달에 인도 지역에 있는 선교사님들을 모아 BAM 워크숍을 했습니다. 선교사님들 중에 사업하시는 선교사님들을 모아 3박4일 미니 MBA 비즈니스 훈련을 시키는 과정에서 선교사님들이 나와서 자신의 사업계획을 발표하는 시간을 가졌습니다.

4. BAM사역 활동 사례와 교훈, 그리고 가야할 길

컨설팅 과정에서 발견한 것은 아직도 여전히 '내가 하는 사업들이 사람 모아서 성경을 가르치는 선교는 아니다'라고 생각하고 있다는 사실입니다. 그래서 갈등하는 거예요. 내가 선교사인데 이러한 사업을 해야 하나? 그런 죄책감을 가지고 있습니다. 내가 선교사로 파송 받았는데 이러한 사업을 한다는 것이 알려지면 어떡하지? 여전히 그분들은 사업이 선교의 수단이라고 생각한다는 것이죠.

그래서 사업의 성공이라는 것이 그분들에게는 부차적인 것이고 필수적이지 않습니다. 그러니 사업이 매우 허술합니다. 소홀하게 되다 보니 사업이 안 되고 망하게 됩니다. 집중을 안 하니까 잘 안 되고, 마음도 힘들고 몸도 힘든 상태에 빠지게 됩니다. 마음과 생각이 분리되면 개인적으로 얼마나 힘들겠어요. 그렇게 생각하면 안 되는 것입니다. 사업은 사업답게 성공해야 하는 것이죠. 성공하려면 철저한 준비와 치밀한 계획을 갖고, 그 사업을 사업답게 할 수 있는 지식이 있어야 하는 것이죠. 그래서 어떤 분이 난 뜻이 좋고 부르심이 있기 때문에 사업을 하겠다고 말하면 안 되는 것입니다. 사업은 거기에 필요한 적절한 전문성을 갖춰야 되는 것입니다.

사업은 그 지역 커뮤니티의 필요를 채우고 복음적 삶을 증거하고 복음을 증거하는 데 아주 유용한 것입니다. 작년에 캄보디아를 갔는데 캄보디아 선교사님이 사업을 하고 계시더라고요. 그 분이 왜 사업을 시작하셨는지 아십니까? 가난한 지역에 있는 복음을 전하다 보니 영양실조에 걸린 아이들의 필요를 채워줘야 했습니다. 한국에서 계속 펀딩을 받아서 쏟아 붓기가 어렵기 때문에 사업이라는 형태를 통해서 수익을 얻어서 그들이 스스로 그들의 필요를 채울 수 있도록 하는 것이죠. 그래서 공동체를 이루고 그 안에서 같이 살면서 하나님의 사랑이 무엇인지를 보여주는 것입니다.

성경공부를 하고 신학적으로 가르친다고 복음이 전파된다고 생각한다면 착각입니다. 복음은 그렇게 전해지는 게 아닙니다. 그런 면에서 기독교는 종교가 아니라 삶(life) 그 자체입니다. 현지인들은 기독교인들의 삶을 통해서, 그들의 라이프스타일을 통해서 보는 거죠. '저 사람은 나와 왜 다르지? 나는 그렇게 반응할 수 없는데 저 사람은 어떻게 저렇게 반응하지'를 느껴요. 복음적 삶을 보여주는 겁니다. BAM은 삶으로 증거하는 것입니다. 그리고 하나님의 때가 되면 자연스럽게 그들에게 복음을 제시한다는 것이죠.

4. 여섯 번째 교훈—전문성과 영성의 조화

사업의 전문성과 영성의 조화가 절대적으로 필요합니다. 그래서 BAM은 아무나 할 수 있는 것이 아니고, 또 아무나 해서도 안 됩니다. 전통적 의미의 선교사로서 자신의 영성을 지켜서 복음을 지키는 것도 어렵습니다. 하물며 거기다가 사업도 성공시켜야 되는 사명을 가지고 있습니다. 사업적 전문성을 어떻게 갖출 것인가는 굉장히 도전적인 과제입니다. 절대로 쉽지 않아요. 이미 필드에 나가 있는 많은 한국선교사들 중에 어쩔 수 없이 사업을 할 수 밖에 없는 선교사들이 있는데, 이들을 어떻게 지원할 것인가라는 첫 번째 과제가 있습니다. 두 번째는 앞으로 비즈니스 선교사로 나가고자 하는 사람들을 어떻게 선발하고 훈련시키고 지원할 것인가 입니다. 두 경우 다 영성과 전문성의 조화가 있어야 합니다.

4. BAM사역 활동 사례와 교훈, 그리고 가야할 길

5. 일곱 번째 교훈—장기사역과 팀 사역

장기사역과 팀사역이 필요합니다. 한국에서 사업해서 3년 내 성공할 확률이 몇 프로가 되시는 줄 아십니까? 5% 아래입니다. 하물며 해외는 어떨 것 같습니까? 준비가 안 되면 더 낮을 수 있고, 준비가 잘 되면 더 높을 수도 있습니다. 중요한 것은 장기적으로 사역을 하는 것입니다. 비즈니스를 법인을 만든다고 한다면 이것은 하나의 인격체이기 때문에 계속 성장할 것을 기대하고 성장하도록 해야 합니다. 그래서 BAM은 장기사역입니다.

그 다음에 비즈니스를 혼자 할 수 없기 때문에 팀으로 해야 합니다. 함께 일 할 사람들이 있어야 되는 것입니다. 그런데 팀으로 하는 것은 훨씬 더 높은 수준의 영성이 필요합니다. 혼자서는 내가 하고 싶은 대로 하면 되지만, 일단 팀이 되면 그렇게 하면 안 되죠, 팀 다이내믹은 개인적 다이내믹과 완전히 다르게 움직입니다. 그것을 잘 하지 못하면 훨씬 힘든 것입니다. 팀을 만들고 유지하고 성장시키는 리더십을 어떻게 가질 것인가? 나는 목회자이기 때문에 내 말을 들어야 한다는 것이 비즈니스 상황에서 통할 것 같습니까? 완전히 새로운 영성이 있어야 되요. 팀 안에서의 기능에 따라 자기가 어떤 태도와 지위를 가지고 있는지에 대해 완전히 이해가 있지 않고는 팀은 깨지게 돼 있어요. 굉장히 어려운 것이지만 이런 것들을 극복하지 않으면 BAM은 불가능합니다.

세계화와 통신의 혁신, 지역개발과 복음이 같이 들어가는 것은 누구나 다 이야기하는 것입니다. FMB 사역을 할 때 현존하는 세계적 모델이 없다면 역사적 모델은 뭐가 있나 찾아봤더니 모라비안 선교가 있었습니다. 모라비안들은 1732년에 선교의 프로그램을 시작해서 사업을 시작했습니다. 직물제조, 농장, 호텔양조, 백화점, 소금 등 다양한 회사들을 설립해서 200년 동안 선교를 하면서 비즈니스를 했습니다. 제가 1998년도에 남아공에 갔었는데 거기 가니까 모라비안이 세운 교회가 여전히 남아있더라고요. 오늘날 남미에 부흥이 있다고 하는데 남미의 부흥의 뒤에는 모라비안이 세운 교회성도들의 지원이 매우 강력했다고 해요. 이 사람들은 거의 300년 가까이 되면서 이미 이원론을 극복했어요. 하나의 부르심을 받아 일을 하는 모든 사람은 다 모두 거룩한 부르심을 받았다는 확고한 관점을 가지고 이원론을 극복했습니다.

그런데 한국교회에 아직도 교회지도자들 가운데 '나는 성직이고 너는 세속직이다'라고 생각하는 사람들이 많습니다. 하나님나라는 전진했는데 그들의 사고는 여전히 종교개혁 이전에 머물러 있는 것입니다. 모라비안들은 그들이 들어가는 나라에 대해 물질적 뿐만 아니라 영적인 부분에 대해서도 상당한 기여를 했습니다. 결국 크리스천들이 들어가는 나라와 지역마다 발전과 변화가 일어나는 것이에요. 하나님의 진리는 생명이 있기 때문에 이 진리가 들어가는 어떤 피조물도 그것이 개인이든 나라든 조직이든 어떤 커뮤니티든 그곳에 변화와 발전과 성장이 있는 것이에요. 이 사람들은 자립 자존의 원칙을 가르치고 열심히 일해서 자신의 소득을 얻고 사는 것이 굉장히 거룩한 삶이라는 것을 가르친 것이죠. 그리고 이방인들에 대한 사랑을 실천하고 삶의 본을 보인 것입니다. 그래서 그들은 자신을 예수 그리스도의 군병으로 여기고, 예수 그리스도를 위해

4. BAM사역 활동 사례와 교훈, 그리고 가야할 길

이익을 내는 것을 당연한 것으로 생각했습니다. 이것을 정리한 책이 있습니다.

윌리암 당커씨의 〈Profit for Lord〉, 한국에서는 〈역사 속에서 본 비즈니스와 선교〉라는 이름으로 출판을 했습니다. 저는 이 책을 1997년 미국에 U.S. Center for World Mission 의 Mission Perspective 과정을 공부하러 가서 발견했습니다. 어느 날 점심시간에 책방을 둘러보는데 profit이란 단어가 눈에 띄어서 살펴보니 모라비안 선교와 스위스 바젤선교단에 관한 책이었습니다. 오늘날 선교한국에서 보급하고 있는 MP(Mission Perspective) 과정도 원래는 저희 FMB 사역에서 한국으로 도입하여 교재를 번역하였고, 그 첫 번째 학교를 지금은 무너진 삼풍백화점 건너편에 공간을 얻어서 우리나라 최초로 첫 번째 MP 학교를 개설하고 초대 학교장을 제가 맡아서 진행했습니다. 그 이후 이 과정의 중요성에 비추어 전체 기독사회에 보급하기위해서는 예수전도단이 운영하는 것보다 선교한국에서 담당하는 것이 좋겠다는 판단 하에 이 과정을 선교한국에 이관한 것입니다.

V. 다섯 번째 사역: CEED Korea 대표

하와이 코나에 있는 열방대학에 CEED(Center for Entrepreneurship and Economic Development)라는 센터가 있습니다. 경제개발과 기업가 정신을 연구하는 센터가 되겠죠. 그 CEED가 중심이 되어서 전 세계의 비즈니스 선교를 성공시킨 모델들을 발굴하고 그것이 발굴되면 현지로 갑니다. 팀이 가고 거기서 CEED 세미나를 하면 전 세계 비즈니스 미션에 관심이 있는 사람들이 옵니다. 사람들이 오면 열흘간 그 선교사님을 세워놓고 모든 질문을 합니다. 당신은 언제 태어났는지, 어떻게 자랐는지, 어떻게 선교사가 됐고 사업을 하게 됐는지 등 모든 것을 시시콜콜히 다 물어서 케이스를 다 연구합니다. 그래서 그 선교사가 사업으로 선교지에서 성공할 수 있었던 핵심요인이 뭔지를 끄집어내서 정리하여 다른 그룹에 가르쳐서 배가하는 것이 세미나의 목적입니다. 저희가 그것을 하면서 전 세계를 다녔습니다. 저희가 그것을 이스라엘을 시작으로 여러 나라에서 진행했습니다. 저는 이 사역팀에 팀원으로 함께 활동하였고 나중에 명지대 크리스천 최고경영자과정인 C-LAMP의 Director역할을 맡기 위해서 CEED Korea 대표로 사역했습니다.

Ⅵ. 여섯 번째 사역: Galtronics Korea 사장

이스라엘에 세계적인 BAM모델 기업이 있었습니다. 이 회사의 이름이 Galtronics로서 갈릴리 호숫가에 있습니다. 이 회사의 창업자는 Ken Crowell이라는 미국인 선교사로서 몇 해 전 80세의 나이로 돌아가셨습니다. 이 분은 모토로라에 재직하던 엔지니어였습니다. 하나님의 부르심을 받아서 1970년 이스라엘에 들어가기로 결정하고 사업을 시작하셨습니다. 이 분은 처음부터 확고한 3가지 목표를 가지고 회사를 세웠습니다. support witness, support country, support church입니다. 이 세 가지를 이루기 위해서 기업체를 세웠다는 것입니다.

4. BAM사역 활동 사례와 교훈, 그리고 가야할 길

저희가 요셉스쿨에서 비즈니스 플랜을 가르치고 비즈니스 실천방법을 가르치는데 첫 과에서 하는 질문이 "여러분 비즈니스를 왜 하세요? 여러분 사업의 미션은 뭐죠? 여러분은 그 미션을 통해 어떤 비전을 이루고자 하죠? 사업을 하며 결코 포기하지 않는 가치가 뭐죠?"라는 것입니다. 이에 대해 확실하게 결정하기를 원하는 것이죠. 그것이 여러분들이 사업을 할 때 마주치는 많은 문제들의 돌파구를 제공하기 때문이죠. 그래서 비전, 미션이라는 것은 너무나 중요한 것입니다.

그분이 처음에 세웠던 비전이 뭐냐면 support witness입니다. 그 기업을 통해서 그 지역에 있는 하나님을 믿는 자들을 좀 돕고 싶다는 것인데, 당시에 그 지역에 하나님을 믿는 사람은 4명 있었습니다. 제가 1997년도에 이 분을 뵈었을 때, 300명이 넘는 유대인 크리스천이 모이는 교회가 개척됐어요. 이스라엘은 복음을 전하다가 발각되면 추방되는 창의적 접근 지역입니다. 이란하고 이라크와 똑같습니다. 그런데 놀랍게도 300명이 넘는 교인이 출석하는 교회를 개척하신 거죠.

두 번째는 support country, 이스라엘이라는 나라를 축복하고자 하는 목적으로 기업을 세웠다는 것이에요. 사업을 열심히 해서 수출을 열심히 해서 달러를 많이 벌어 이스라엘 경제를 축복하겠다는 것이에요. 여러분들이 어디를 가서서 사업을 할 때, 수출을 많이 해서 그 나라 사람들을 많이 고용하고 달러를 많이 벌어들여서 그 나라 경제에 기여하는 목표를 세워야 한다는 것이죠. 돈을 많이 벌어 한국으로 송금해서 한국교회에 헌금을 많이 하겠다는 쓸데없는 생각을 하지 마세요. 그 나라에서 원하는 것은 그 나라 제품을 가지고 수출해서 그 나라 경제를 발전시키는 기업을 원해요. 우리는 그들이 원하는 일에 복무해야합니다.

세 번째는 support church, 그 결과로 교회가 개척되면 그 교회를 지원하는 목적을 갖고 시작을 한 겁니다. 그래서 이분이 그 때 가보니까 회사가 20년이 지난 상태인데 300명이 출석하는 교회가 개척되고 회사도 상당규모로 커져있는 상태에요. 그래서 이러한 일들을 하는 것이에요. 기업과 학교도 운영하고 기업경영을 성경적 원칙으로 하고 계셨습니다. 제가 나중에 발견한 것이지만 요셉스쿨같은 학교를 이스라엘에서 했더라고요.

저희 CEED 센터가 성공사례를 찾아다니면서 정리한 내용은 이렇습니다. 첫 번째, 바른 목표를 설정해야합니다. 두 번째, 바른 태도를 가져야 합니다. 성경적인 원칙을 따라서 매우 철저하고 정직한 모델을 따라가야 합니다. 세 번째, 삶으로 증거하는 기업가의 삶을 살아야합니다.

저는 이 선교사님의 삶을 개인적으로 너무 존경했습니다. 이 선교사님이 한국에서 이 회사를 설립할 필요가 생겼어요. 저에게 요청이 왔습니다. 이 회사가 한국 시장에 진출해서 한국의 고객을 섬겼으면 하는데 좀 도와달라고 했습니다. 제가 이 회사 설립을 지원하고 10년간 섬기고 사장으로 일했습니다. 제가 이 회사를 간 이유는 기도할 때, 제 마음에 가장 강력히 와 닿은 것은 이 분의 삶 그 자체였습니다. 내가 이 분을 위해서라면 내가 가진 것을 가지고 기쁘게 섬길 수 있겠다고 생각하고 섬겼습니다. 그리고 이 분은 현지에

4. BAM사역 활동 사례와 교훈, 그리고 가야할 길

대한 사랑을 실천했죠. 그 지역에서 아주 유명한 분이 됐습니다. 이 분이 기독교 선교사인지 그 지역에서는 다 압니다. 매우 존경받는 사람이었습니다. 이 분은 사역과 선교를 구분했지만 분리하지 않았습니다.

책무성(accountability)이 매우 중요합니다. 책무성이라는 것을 예를 들어 설명하겠습니다. 어느 선교사님이 BAM기업을 캄보디아에 세웠습니다. 팀사역입니다. 어느 날 팀원들이 보니까 그 선교사님이 못 보던 양복과 넥타이를 매고 왔습니다. 그러면 같은 팀의 사람들이 의심을 할 수 있죠. 어떤 돈이 있어 저것들을 샀느냐, 사업을 같이 하는데 마음대로 돈 쓰는 것 아니냐 등, 그러면 어떤 분위기가 되겠습니까? 불신하는 분위기이겠죠? 선교사님이 "이것 선물 받은 거야"라고 이야기할 수도 있습니다. 그런데 만약 책무성 시스템(accountability system)이 만들어져 있으면 언제라도 장부나 통장이나 회계부분을 확인할 수 있습니다. 그런 관계를 책무성이라고 합니다.

비즈니스는 돈을 다루는 일입니다. 누가 어떻게 돈을 다루는지는 모든 사람의 관심사가 됩니다. 그런데 작은 의심이 들어가면 불신이 되고 팀이 깨지게 됩니다. 그러면서 책무성 시스템을 만들어서 최소한 한 명 이상의 책무성을 나눌 수 있는 사람을 정해야 여러분이 안전해집니다.

이 모든 것들이 성공하는 사업선교에 필요한 요소들입니다. 그런데 이런 것들은 BAM에만 필요한 것이 아니고 일반 사업에도 필요한 것입니다. 소위 속세에서도 장기적으로 성장하는 사업을 경영하는 사람은 이러한 태도를 가지고 있습니다. 제 경험에 의하면 이

원리는 변하지 않습니다. 어떻게 보면 사업만을 말하는 것이 아닐 수 있어요. 몸을 이룬다고 생각한다면 그것이 가정일 수도 있고, 공동체일 수도 있고, 네트워크 같은 커뮤니티일 수도 있고, NGO일 수도 있습니다. 다 동일하게 작동되는 원리들입니다. 그래서 이게 하나의 진리라고 할 수 있습니다. 그래서 이것이 작동됐을 때, 여러분들이 세우는 생명이 들어있는 몸은 성공할 수 있는데, 여기서 무언가 빠지면 실패할 수 있습니다.

그래서 여러분들이 잘 생각해야할 것은 '자신들의 기본소양들을 얼마나 충분히 잘 갖춰나갈 것인가'입니다. 급하게 나가기보다는 기초를 얼마나 더 단단하게 다질 수 있을까를 고민해야 합니다. 사람들은 빨리 달려 나가고 빨리 사다리를 올라가려고 합니다. 그러나 막 달려가서 보니까 내가 원하는 것이 아닌 경우가 많습니다. 속도가 중요한 것이 아니라 방향이 중요합니다.

BAM의 생태계 안에 있는 각 지체들은 무엇을 해야 합니까? 선교사는 현장 활동가로서 영성과 전문성개발에 노력해야 합니다. 각자의 달란트 개발이 필요한 것이죠. 현재 사회에서 여러분들이 처하고 있는 직장에서 배우는 모든 것들이 다 귀한 것입니다. 다 하나님나라 확장에 필요한 것이죠. 교회는 보내는 자로 비즈니스 선교사를 파송하고 지원하면서 비즈니스의 성경적 원리를 제시해야 합니다. 아직 우리 교회에 이러한 일들이 많이 일어나지 않는 것이 사실이지만, 많은 변화들이 일어나기 시작하는 것을 보고 있습니다. 선교단체에서도 이것에 대해 심각하게 생각하고 있음이 확인되고 있습니다. 비즈니스 선교사 훈련 프로그램을 개발하고 비즈니스 선

4. BAM사역 활동 사례와 교훈, 그리고 가야할 길

교사를 동원하는 것들이 필요합니다.

제 생각에는 앞으로 한국선교는 목회자가 주도하는 선교는 줄어들고 일반인들 중에 비즈니스 경험이 있는 선교사가 늘어날 것입니다. 비즈니스맨이 미션을 이루고자 나가는 사람들이 더 많을 시대가 곧 올 것이라고 생각합니다. 크리스천 비즈니스 전문가들은 자기들이 받은 달란트를 나누기 위해서 헌신하고 준비해야 할 필요가 있다고 생각하고 이런 분야에 대한 교육을 해야 합니다.

끝으로 BAM이 나아가야 할 전략적 지향은 3가지라고 생각합니다. 첫 번째, BAM운동은 지속하되 건강한 모델을 세우는데 필요한 교육, 컨설팅과 아울러 필요한 창업초기 자금을 투자하고 보육할 수 있는 액셀러레이터(accelerator)로 발전해야 합니다. 두 번째, 국제개발협력사업에 BAM모델을 접목하여 실행할 수 있는 전문단체의 탄생이 필요합니다. 세 번째, BAM에 투자 할 수 있는 투자조합 결성이 각 선교단체와 대형교회를 중심으로 이루어져야 합니다. 네 번째는 이 모든 활동들을 연결하고 소통하고 지원하는 플랫폼(platform)이 구축되어야 합니다. 저희가 설립하고 섬기고 있는 (사)글로벌창업네트워크는 이런 플랫폼이 되기 위해 노력하고 있습니다. 아직은 미약하지만 여러 동역자분들이 함께 힘을 모아주신다면 이 일을 완수할 수 있을 것이라고 믿습니다. 이 글을 읽고 공감하는 분들은 저희와 함께 해 주십시오. 21C는 협력과 연합의 시대입니다. 함께 주님나라를 확장해 나갑시다. 감사합니다.

5

선교사 부부,
인쇄업으로 끈질기게
정착하다

한 정 화

직원들의 생일을 챙기고 크리스마스 등의 기념일을 함께 하면서 G 인쇄만의 공동체 문화가 생겨났다.
어느 크리스마스에는 선교사 부부와 두 자녀가 직원들에게 선물을 하려고 시계 50개를 사서 밤을 새워 포장을 하기도 했다.

1. 마음의 서원과 준비

K 선교사 부부는 20년째 B국에 거주하면서 현재 직원 80명 규모
의 종합인쇄회사를 운영하고 있다. 이들 부부는 한국에서 교사로
생활하면서 선교단체 캠퍼스 사역 활동을 통해 청소년과 청년들을
훈련하며 생활하던 중, 소속 선교단체와 이랜드가 협력하여 선교훈
련과 직업훈련을 통해 스리랑카, B국으로 나갈 비즈니스 선교사를
모집한다는 소식을 듣게 된다. K선교사는 대학생 때 참석한 수련회
에서 선교사로 헌신하고자 결단한 이후, 졸업하면 복음이 전해지지
않은 나라에서 그들과 함께 살며 선교하고 싶다는 마음의 소원이
있었다.

아내 G 선교사 역시 이사야 43:1~7절 말씀을 통해 선교의 부르심
을 마음에 두고 있는 상태였다. 이러던 차에 두 사람은 1991년 안
정적인 교사직을 그만두고 훈련 프로그램에 자원하면서 이랜드에
입사하게 된다. 대학에서는 각각 기계공학과 영문학을 전공하였기
에 경영에 대한 학문적, 실무적 지식이 없던 상태였다. 게다가 타
문화권에 대한 경험도 전무했지만, 선교에 대한 강한 열정으로 이
랜드에서 경영학 수업과 기업의 문화를 익혀나가며 선교를 준비하
기 시작했다.

"저희는 경영에 대해 아무것도 몰랐습니다. 선교단체에서 사역하는
동안 신문도 보지 않고 오직 성경과 제자양육을 중심으로 살았었는
데, 이랜드를 통해 처음 회사생활을 경험했습니다. 기업인 선교사
파송 훈련을 통해 경영관련 서적을 읽고, 기업이라는 조직에서 생활
하며, 일을 배워나가는 것이 너무도 새롭고 재미있었습니다. 기업을

통해 현지인을 섬길 수 있다는 것은 예전에 생각해보지 못한 방식이 었습니다."

선교를 목적으로 한국에서 5년간의 교직생활을 마친 K 선교사 부부는 1996년에 B국으로 이주하였다. 이랜드 현지 공장에서 약 2년 정도 일을 하며 현지의 언어와 문화에 익숙해져 갈 즈음, 한국이 IMF를 맞게 되었다. 한국 본사의 상황이 점점 어려워지면서 급기야 B국에서 철수하라는 통보를 받았다. 당시 함께 일하던 동료 직원들은 본사로 귀환을 준비했지만, 이들은 한국에서의 모든 삶을 정리하고 선교할 목적으로 왔기에 그 지역을 떠나길 원치 않았다. 한국행이 아닌 현지에서 정착하기 위해 새로운 직업을 찾기 시작했다.

2. 인쇄업과의 만남

"이직을 위해 웨딩업을 배우면서 길을 찾던 중 지인을 통해 인쇄공장의 법인장으로 일을 해보겠냐는 제안을 받았습니다. 저는 의류공장에서의 경험이 전부였기에 인쇄업에 대한 지식이나 경험은 전무했지만, 법인장은 관리만 하고 영업, 기술 분야는 다른 한국 사람이 맡아서 한다기에 감사히 수락하고 이직을 결심했습니다. 그러나 기술인력을 구할 수 있는 여건이 되지 않아 결국 제가 그 일까지 다 맡게 되었습니다. 기계가 고장이 나도 수리할 정비인력이 없었고, 부품도 구하기 쉽지 않아 제가 직접 한국으로 전화를 하며 밤을 새워 수리하는 날이 많았습니다. 영업할 직원도 마땅치 않아 직접 발로 뛰며 현지 거래처 사람들을 만나기도 했습니다. 처음엔 무척 힘들었는데 돌이켜보니 하나님이 준비하신 과정이었다는 생각이 듭니다. 그 때의 경험이 지금의 회사를 경영하는데 큰 밑거름이 되어주었으니까요."

K 선교사는 인쇄 공장의 법인장이 되어 B국에 남아 5년을 더 근무하게 된다. 그러던 중 한국의 섬기던 교회의 목회자로부터 직접 회사를 운영해보는 것이 어떻겠냐는 권유를 받고 지금의 인쇄회사를 창업하였다. 초기의 창업자금은 이전 직장의 퇴직금 3천 5백만 원과 목사님께 빌린 7천만 원이 전부였다. 창업을 위해서는 가장 먼저 투자허가를 받아야 했는데, B국은 공산주의 국가였기 때문에 100% 외국인 소유의 회사가 투자 허가를 받기란 여간 쉬운 일이 아니었다. 아무리 애를 써도 속도가 나지 않던 허가과정에서 기적과도 같은 일이 일어났다. 허가가 나기만을 기다리던 중 당시 김대중 대통령이 B국을 방문하는 일이 있었는데, 6개월 째 진척이 없던 투자허가 승인이 대통령 방문 다음날 바로 이루어진 것이다. 덕분에 창업에 속도를 낼 수 있었다.

투자 허가를 받은 이후, 도심 공항 근처 한국인이 많이 사는 거주지역에 가건물 형태의 공장을 세우기로 하고 세를 얻었다. 허가를 받고 공장부지를 얻는 과정에서 일부 자금을 사용하고, 한국에서 중고인쇄기계를 들여오는데 4천만 원, 기타 다른 설비를 구입하는데 3천만 원을 사용하였다. 비록 80년대 수준의 중고 인쇄기계였지만 당시의 자금형편과 B국의 인쇄수준을 고려했을 때 경쟁력이 있다고 판단하였다. 가까스로 공장부지와 기계구입을 마치고 나니 새로운 문제가 나타났다. 수입해 온 중고 인쇄기기를 설치한 후에 시험 작동을 해보니 B국의 전압과 맞지 않는 것이었다. 예상치 않게 전기설비 공사가 추가적으로 진행되면서 약 천만 원의 추가비용이 발생하였다. 이로 인해 이미 초기자금이 소진된 상태로 공장 가동을 시작했다.

3. 초기의 고난과 시험

창업 초기에 G 인쇄는 종이인쇄 중에서도 의류에 제품정보를 표시하는 행텍과 바코드를 중심으로 한 제품을 생산하였다. 영업은 이전 인쇄공장의 법인장으로 근무했을 때 알고 지내던 거래처 사람들을 중심으로 찾아다니면서 하기 시작했다. 당시 B국에 진출한 글로벌 스포츠용품기업의 신발공장이 5개가 있었는데 현지에서 그 기업과 영업하는 회사는 2곳에 불과해 신발 상자를 납품해볼만한 좋은 기회가 있었다. 그러나 허가 문제로 창업이 늦어지면서 큰 거래처를 놓치고 말았다. 창업 초기에는 영업에 대한 어려움이 있었는데, 원칙을 지키느라 거래하던 거래처를 잃기도 하였다.

"프랑스 언더웨어 회사와 거래하던 적이 있었습니다. 언더웨어의 특성 상 포장이 크고 화려하기에 저희에게는 좋은 거래처였지요. 그러나 이 업체가 거래에 있어 리베이트를 요구하더군요. 창업초기에 만났던 두 곳의 거래처 중 한 곳이라서 저희에게는 생명줄과도 같았지만, 그 요구를 들어줄 수가 없었습니다. 결국 거래는 끊어졌지만, 그 때의 시험을 통과하지 않았다면 비슷한 요구가 있었을 때 계속해서 고민을 했을 겁니다."

사업 초기에 겪었던 이러한 경험은 G 인쇄의 미션을 분명히 세우게 된 배경으로 작용하였다. 당시 B국에서는 기업이 거래처에게 리베이트를 주고받는 것은 일종의 관행이었다. K 선교사는 현지의 관례를 따라 이러한 요구에 응할 것인가, 아니면 어떠한 상황에서도 하나님 나라 원칙을 적용할 것인가를 결정해야 하는 정체성의 위기를 맞았다. 이 상황에서 말씀에 순종하며 리베이트를 주지 않기로 결단하면서 기존의 거래처가 끊어졌다. 거래가 없어 공장이 어려움에 처하게 된 시기에, 지인이 상자 샘플을 주며 제작할 수 있겠냐는 제안을 해왔다. 전 직장에서는 라벨 인쇄를 중심으로 했던 터라 종이 상자의 인쇄와 생산 경험은 전무했지만, 벼랑 끝에 선 심정으로 밤새 종이 상자의 샘플을 만들어냈고, 그것으로 새로운 거래처를 확보하는데 성공하였다. 상자 인쇄는 처음이었지만 과거 5년 간 인쇄법인장으로 영업, 생산관리 등을 담당하며 밤새 기계를 고쳤던 경험이 바탕이 되었다. 제품분야는 달랐지만 인쇄기계의 특성을 쉽게 이해할 수 있었던 덕분에 상자 인쇄에 도전하여 샘플을 만드는데 성공하였다. 또한 상자는 인쇄 후 3겹으로 붙여야 하는 특징이 있었는데, 비교적 까다로운 품질을 요구하지 않는 분야였기에 품질관리 면에서 어려움 없이 적용할 수 있었다.

초기의 고난과 시험은 정직한 경영을 하는데 밑바탕이 되었다. 올해로 창업한지 12년이 되었는데 지금까지 세무 조사를 받은 적이 한 번도 없다고 한다.

"주변에서는 저희 회사를 매출에 비해 세금을 많이 내는 회사로 알고 있습니다. 다른 회사는 세무감사가 나오면 5천~1만 불까지 벌금이 나오는데, 저희는 외국인 회사임에도 불구하고 아직까지 조사를 받은 적이 한 번도 없습니다. 거래처와 '커미션은 안주고 안 받는다' 라는 원칙을 세우고 나니 거래할 수 있는 회사의 폭이 좁아지며 제한적이게 되더군요. 이 원칙대로 경영하다 보니 지금은 상호간에 신뢰가 생겨 정말 좋은 거래처만 남게 되었습니다."

4. 사업의 확장

행텍, 바코드, 상자 등 점차 인쇄할 수 있는 분야를 넓혀가면서 새로운 거래처를 탐색하기 시작했다. 그러던 중 직전회사에서 이탈리아 신발브랜드의 신발을 생산해서 수출하는 회사와 영업을 했던 기억이 떠올랐다. 그 회사는 신발 카탈로그를 매번 이탈리아에서 가져와 B국에서 생산한 신발과 함께 포장하여 수출하고 있었다. 때로 이탈리아에서 카탈로그가 늦게 오기라도 하면 전체적으로 수출 일정에 차질이 발생하여 불편이 이만저만이 아니었다. 수출 과정에 있어 이러한 현상이 종종 반복되는 것을 발견한 K 선교사는 해당 브랜드의 신발 카탈로그 책자를 하나 얻어와서 직접 디자인 한 샘플을 만들어냈다. 이를 들고 담당자에게 찾아가 앞으로는 수출일정에 차질이 없도록 신발 카탈로그까지 B국에서 생산하자고 제안하였으나 번번이 거절당했다. 그러나 끈기 있게 찾아가 카탈로그가 늦게 도착해서 수출 일정이 늦어지는 경우만이라도 우리 것을 써보자라고 제안하였고, 결국 카탈로그를 B국에서 생산하는 것으로 바꾸게 되었다.

설립 후 5년 정도가 지나면서 비로소 손익분기점을 넘어설 수 있었다. 인쇄 분야를 늘리면서 새로운 기계도 들였다. 그동안 공장부지는 세를 얻어 사용하고 있었는데, B국에 진출한 대만 기업이 10년을 내다보고 사 둔 땅이 5~6년 후에 중심지가 되는 것을 보면서 자신들도 땅을 사서 렌트비를 절약하기로 하였다. 인터넷으로 자리를 알아보던 중, 1㎡당 19불 정도로 저렴한 지역을 발견하였다. 비록 허허벌판이었으나 도심과의 접근성을 감안할 때 향후 성장가능성이 있었고, 지대는 회사를 운영하며 감당할 수 있다고 판단되었다. 한국에서 1억 원 정도를 지원받아 그 곳에 회사를 짓기 시작했다. 지대가 비교적 저렴해서 이익금으로 충당하면서 계약한 후 공장을 지었고, 중간에 대금을 상환하면서 2014년에 다 갚을 수 있었다.

G 인쇄는 성장하는 과정에서 회사의 경영역량을 키우기 위한 방편으로 ISO 인증제도를 활용하였다. ISO인증을 받기 위해 직원 평가 시스템을 도입하고 그에 따른 교육을 성실히 이수하였다. 다른 기업은 인증 자체가 목표였지만, G 인쇄는 실제적인 회사의 역량강화가 목표였기에 적당히 할 수가 없었다. 당시 인증을 받기위해 훈련하던 교육 강사가 다른 회사들은 인증을 받기위해 형식적으로 교육을 받는데, 이 회사는 실제적으로 직원들을 교육하고 훈련시키고자 노력하는 모습이 인상 깊다고 평가하기도 하였다. 이후 다른 곳에 가서 교육할 때도 G사처럼 하라고 교육한다는 말을 들었다고 한다. ISO 인증과정을 실제적으로 조직 성장에 활용한 본보기라 할 수 있다.

5. 직원관리

회사 설립 후 3년간은 월급을 제때에 주지 못하는 일이 다반사였다. 이로 인해 초기 인력이 이탈하기도 했으나 기업 활동을 통해 매출이 안정적으로 확보되면서 점차적으로 고용이 안정되기 시작했다. 그 이후로 급여문제로 회사를 떠난 직원은 없었다. 직원들의 임금 수준은 최저임금에서 20% 이상 지급하고, 초과근무 수당도 성실히 지급하고 있다. 일반적으로 B국에 진출한 많은 외국 기업들은 초과근무시간을 속이거나 근무수당을 축소하여 지급하는 경우가 비일비재하다. 그러나 G 인쇄는 일요일에 근무하는 경우에는 200%, 공휴일에 근무하는 경우에는 300%를 철저히 지급한다는 원칙을 고수하고 있다. 사회보험 역시 축소하여 신고하기도 하는데, 이 회사는 100% 부담하고 있다.

직원 선발 기준도 마련하였는데, 인쇄 공정이 그리 복잡한 것이 아니므로 특별한 기술을 보유한 직원보다는 주로 인성을 보고 직원을 채용했다. 인터뷰 시 인사, 복장, 대답하는 태도를 보고 판단한다. 두 달 정도의 인턴기간을 두고 신입사원 교육을 통해 회사의 가치와 내규 등을 가르친다. 11가지 항목을 기준으로 8점 이상인 직원에 한해 채용을 하고 있다. 채용한 직원은 1년마다 재계약을 하는데, 3년 재계약 시 정규직으로 전환한다. 해고는 45일 전에 통보하고 평가 제도를 통해 직원들을 관리하고 있다.

한번은 회사의 경리를 맡은 여직원을 교육하며 도와줄 사람이 필요했다. 창업 초기에 부인인 G 선교사는 사업과는 별개로 한국 학교의 교사를 하고 있었는데, 직원들이 늘어가면서 업무 뿐 아니라 복음으로 이들에게 영향을 줄 수 있는 중간관리자가 필요해졌다. 이에 G 선교사도 경영에 합류하여 직원들을 관리하며 회사 일을 함께 하기로 했다. 부인은 한국에 있을 때 선교단체에서 제자훈련 사역을 담당했었기에 경영자라기보다는 선교사의 입장에서 직원들을 대했다. 아침에 직원들보다 먼저 출근하여 인사하며 맞아주었고, 오후에는 간식으로 고구마, 계란 등을 삶아 나눠먹으며 휴식시간을 함께 가졌다.

이러한 과정을 거치면서 자연스럽게 직원들과 인간적인 유대감과 친밀감이 생기기 시작했다. 창업 3년 후 새로 지은 공장으로 회사를 이전하게 되었을 때 70명 중에서 35명이 함께 하겠다는 의사를 밝혔다. 여건상 함께 옮기지 못한 직원들과는 헤어질 때 식당을 빌려서 송별식을 했다. 직원들이 어깨동무하고 노래를 부르며 아쉬워하면서 아름답고 행복한 분위기로 헤어졌다. 퇴직하는 직원들도 함께 기계를 분해하며 이사준비를 도와주었다. 공장 이전 후 직원들 숙소가 마땅치 않아서 회사 근처의 한 건물에 방을 7칸을 만들고 5명씩 한 방을 쓰면서 지내야 하는 열악한 환경 가운데서도 누구하나 불평이나 다툼이 없었다.

직원들의 생일을 챙기고 크리스마스 등의 기념일을 함께 하면서 G 인쇄만의 공동체 문화가 생겨났다. 어느 크리스마스에는 선교사 부부와 두 자녀가 직원들에게 선물을 하려고 시계 50개를 사서 밤을 새워 포장을 하기도 했다.

"저희는 직원들의 생일을 기억했다가 작은 선물이지만 손수 포장해서 생일파티를 하곤 합니다. 가난한 사람들에게 문화적, 정서적인 경험이 드물다는 것을 발견했어요. 그래서 직원들 중에는 입사하고 나서 생일파티, 영화보기, 피자집 가보기 등 처음 해보는 것이 많다고 합니다. 이러한 활동을 통해 회사가 직원들을 소중히 여기고 있다는 것을 느끼게 해줍니다. 아픈 직원에게는 병원비를 지원해주기도 합니다. 또한 두 달에 한 번씩 부서별로 회식하며 어울릴 수 있도록 재정을 지원하고 있습니다."

K 선교사 부부는 직원들에게 월급의 일부를 저축하도록 권장하고 있다. B국은 돈이 생기면 은행에 예금하기보다 집에 금고를 두고 돈을 보관하는 문화가 있어 모아둔 돈을 언제든 도둑맞을 위험이 있다. 그래서 두 선교사는 계좌를 개설하고 일정 금액 이상을 저축한 직원들에게 회사에서 금액의 5%를 이자로 지급해 줄 테니 1년 동안 찾지 못하는 규칙을 만들어 저축을 장려하였다. 2년 후에는 7%, 3년 후에는 10%를 지급하겠다고 하자 직원들 사이에 은행에 계좌를 개설하고 저축하는 움직임이 일어나기 시작했다.

직장을 단순히 일을 하고 돈을 벌어가는 곳이 아니라, 직원들이 자립하고 신앙생활을 할 수 있는 곳으로 만들고자 했다. 성실히 생활하는 직원이 집이나 땅을 사고자 하는 경우에는 비공식적으로 월급의 20배 정도를 빌려주어, 가능하면 세를 내지 않고 초기에 집을 살 수 있도록 지원하기도 했다. 그러자 장기 근속하는 직원들 가운데 오토바이, 집, 땅 등을 사며 삶의 질이 높아지는 혜택을 입은 사례들이 나오게 되었다.

5. 선교사 부부, 인쇄업으로 끈질기게 정착하다

6. 언어훈련과 계약의 중요성

비즈니스 선교의 현장에서 현지 언어를 구사할 줄 아는 능력은 매우 중요하다. 언어와 문화가 익숙지 않은 상태에서 비즈니스를 하는 경우, 의사소통의 문제로 인해 서로간의 오해를 불러일으킬 소지가 다분하기 때문이다. K선교사 부부는 초기정착 시기에 지역의 대학교에서 6개월 동안 언어를 배우는 시간을 가졌다. 그 후에는 직장에 투입되어 일을 하며 현지 직원들 사이에서 언어를 습득하였다. B국에 적응해 나갈수록 현지어 구사의 중요성을 깊이 자각하였다. 이후 또 다른 대학에서 1년 집중코스로 언어를 배우는 수고를 통해 언어에 대한 감각을 익혔더니 현지인과 수월하게 의사소통을 할 수 있는 실력을 쌓았다. 이러한 경험을 통해 현지에서 사업을 하기 위해서는 현지 언어를 익히는 것이 중요하다고 강조한다.

"언어문제를 극복하고 나니 현지인과 친밀감이 높아지는 것을 경험했습니다. 현지 언어를 구사하니 어디를 가든 사람들이 협조적으로 잘 대해주더군요. 바이어를 만나서도 쉽게 호감을 얻거나 세밀한 협상이 가능했고, 직원들 간의 농담이나 고충을 이해하며 커뮤니케이션 오류를 줄일 수 있었습니다. 사업 상 다양한 이해관계자들에게 신뢰를 얻기 위해서는 현지 언어 구사능력이 매우 중요합니다. 많은 경우 B국에 진출한 많은 한국인들이 통역을 통해 비즈니스 활동을 합니다. 이러한 경우 통역이 사장보다 파워가 더 세지는 문제가 발생하기도 합니다."

기업인 선교사로 현지에서 기업을 운영하는데 있어 계약의 중요성을 소홀히 하기가 쉬운데, K선교사 부부는 현지에서 사업을 하는데 있어서 계약의 중요성을 강조한다. 본인들이 잘못된 계약으로 인한 사업의 어려움을 겪었고, 또 주변에 그런 사례들이 많기 때문이다. 특히 비즈니스 문화가 덜 발달된 개발도상국일수록 계약에 대한 문화나 법적 기반이 취약하다.

"계약서의 중요성을 알게 된 것은 공장을 건축할 때였습니다. 계약서를 작성할 때 무슨 공사를 언제까지 마치도록 명확하게 기재하고, 제대로 정해진 기간 내에 공사를 마쳤을 때, 그 기간에 해당하는 공사대금을 지불하도록 했습니다. 공사자재도 건설회사에 맡기지 않고 직접 구매해서 좋은 자재를 사용할 수 있었죠. 한국 사람들은 계약서를 꼼꼼하게 따지지 않는 경향이 있어서 공사 후 하자보수 등에 어려움을 겪습니다. 계약을 까다롭게 하면 공사를 맡은 사람이 좋아하지 않을 수 있지만 건물같이 오래 사용해야 하는 경우 나중에 후회하지 않습니다."

계약은 고객과의 관계에서도 중요하다. 처음에 계약서를 작성하지 않았을 때에는 여러 가지 무리한 요구와 결재 지연이 많았다. 그러나 계약서상에 서로의 책임과 권한을 명확히 하자 많은 어려움이 줄어들었다. 고객과의 계약에서는 주로 배달 문제나 결재 방법 등이 문제가 된다. 불필요한 내용들은 없애고 꼭 필요한 내용을 서로 의논해서 기재한 뒤 계약서대로 이행할 것을 요구했다. 고객들에게 대금을 계약대로 지불하도록 하여 현금운영에 있어 차질을 최소화했다.

5. 선교사 부부, 인쇄업으로 끈질기게 정착하다

거래처와의 관계에서도 배달시기, 결재방법, 품질 문제 등을 해결하기 위해서 사전에 명확한 계약이 중요하다. B국은 거래하려면 30~50% 선금을 줘야 하고 3~6개월 실적을 평가해보고 나서야 겨우 외상거래를 시작할 수 있다. 인쇄업에서는 종이가 중요한데, 사업 초기 배달된 종이의 두께가 다르거나 배달시기가 늦는 경우가 종종 발생하곤 했다. 그래서 계약 시 "품질이 안 되면 돌려보낸다. 종이가 제때 배달되지 않아서 제품생산에 차질을 빚으면 배상해야 한다." 등의 조항을 명시했다.

직원들과의 관계에서도 권리와 의무를 계약서에 명시하고 있다. 초기에는 월급을 받고 나서 자기의 기대와 다르면 심각하게 항의하거나 아니면 회사를 그만두는 직원도 있었다. 계약이 만료되지 않았는데 일을 제대로 하지 않고 그만둘 경우, 배상을 하도록 계약서를 작성했다. 초기에 직원관리에 많은 어려움을 겪고 나서, 계약서에 아주 구체적으로 어떤 경우에 해고의 사유가 되는지, 어떤 경우 배상을 해야 하는지, 배상금액은 얼마인지 상세히 기록하였다. 이렇게 하고 나서 직원관리의 문제가 많이 줄어들어 장기 근무자의 비율이 높아졌다. 이러한 경험을 통해 K 선교사 부부는 거래관계나 직원채용과 해고에서 꼼꼼하게 계약서 작성의 필요성을 강조한다.

"계약서 없이 믿고 사는 세상이 가장 좋은 세상입니다. 그러나 현실에서는 그렇지 못한 경우가 많아서 계약서를 제대로 작성하고 활용하는 지혜가 필요합니다. 차후에 문제의 소지가 있으리라 생각하는 요소들을 계약서에 명시하면 큰 도움이 됩니다. 계약서는 법적 책임을 물을 수 있는 근거가 됩니다. 대부분 안하고 싶어서가 아니라 몰라서 못하는 분들이 많습니다."

7. 선교활동과 지역사회 봉사

공산주의 국가인 B국 정부는 기독교에 대해 적대적인 편이다. 선교를 하는 것에 대한 부담이 크고, 사업을 할 때도 늘 조심하고 신경을 써야 한다. 국민들도 공산주의 교육을 통해 종교는 마약이고, 종교를 가진 사람들은 의지가 약한 사람들이라고 인식하고 있다. 종교를 가지면 사실상 가족과 사회의 커뮤니티에서 제외를 당한다. 그래서 지난 15년 동안 무수히 복음을 전했지만, 영접한 인원은 소수에 불과했다. 이러한 지역에서는 오랜 시간 알고 지낸 지인들에게 삶을 통해 기독교적 가치와 복음을 전하는 것이 더욱 효과적이다. G인쇄도 그들의 기업문화 속에 녹아있는 기독교적 가치를 따르고 실천하는 가운데, 믿지 않던 직원들이 영접하는 일들이 일어났다. 이렇게 결신하고 복음을 받아들인 직원들을 중심으로 성경공부를 하며 제자훈련을 하고 있다.

초기 공장이 위치한 도시에서는 현지 교회가 있어 출석하며 신앙생활을 했는데, 이전한 공장이 위치한 지역은 공산주의가 강해서 외국인이 오면 활동을 감시한다. 과거에 현지의 상황을 잘 모르고 직원들과 함께 7명이 전도하러 나갔다가 전원이 다 잡혀서 조사받고 회사까지 감찰을 당했던 적이 있었다. 그래서 지금은 예배도 은밀하고 조심스럽게 드리고 있다. 주일이면 공장에서 커튼을 치고 예배를 드린다. 이러한 것을 직원들이 고발하기라도 하면 적발될 위험이 있는데 아직까지 그런 적은 한 번도 없다고 한다. 외부로는 선교사임을 드러내지 않고 있기에 현재 이전한 공장 근처에 있는 현지교회에서도 이 부부를 사업가로만 인식하고 있다. 신앙을 갖게 된 직원들이 하나님을 알아가면서 용서받은 경험이 또 다른 사랑을 낳게 되어 서로를 이해하고 배려하는 기업의 조직문화가 자연스럽게 형성되었다.

K 선교사 부부는 BAM 사역을 세 마리 토끼를 잡는 것에 비유한다.

"첫째로 선교사 자신의 경제적 자립을 통해 선교의 지속성을 확보할 수 있습니다. 후원을 받지 않는 것을 넘어 경영활동을 통해 선교본부에 헌금도 할 수 있습니다. 둘째로는 직장을 통해 직원들에게 월급을 줌으로써 그들의 삶이 안정되는데 실제적인 도움을 줄 수 있습니다. 특히 여성이나 장애인과 같은 사회적 약자에게도 단순한 도움이 아닌 자립할 수 있는 수단을 제공함으로써 삶의 구원이 가능하도록 도울 수 있다는 것에 큰 기쁨을 느낍니다. 마지막으로 BAM사역은 직원들이 하나님을 알고 구원을 받게끔 돕는 사역을 가능케 합니다. 직원들은 매일 직장에서 긴 시간을 보내는데 이 과정에서 자연스럽게 하나님나라 가치관을 전하고, 실제 삶에서 적용할 수 있게끔 현장을 제공할 수 있습니다."

한편으로, 크리스마스와 같은 특별한 날을 통해 지역사회와도 교류를 하고 있다. 주변 학교에서 추천을 받아 가난한 학생에게 입학금, 책값, 가방값 등을 지원하고, 고아원과 양로원 등에 찾아가 봉사활동과 기부활동을 하고 있다. B국에는 아직 기부 문화가 형성되어 있지 않아 직원들에게 기부에 대한 개념을 교육하고 문화를 만들어나가는 중이다. 회사에 바구니 4개를 두고, 누구든지 자기의 헌 옷을 넣으면 고아원에서 이를 수거해갈 수 있도록 상시 비치해두고 있다. 고아원이나 양로원을 방문할 때도 직원들의 모금액을 30%라고 했을 때, 회사가 70%를 더해 함께하는 기부활동을 하고 있다. 기부를 회사의 관리자나 대표 일부만 하는 것이 아니고, 모두가 함께 돕고 나눌 수 있는 문화를 만들어나가고 있다.

8. 향후계획

K 선교사 부부는 회사가 더 발전하기 위해서는 두 사람이 경영자로서의 역량을 더 키워야 한다고 말한다. G 인쇄를 창업하기 전 두 부부는 경영학을 전공한 전공자도 아니었고, 이전의 사업경험도 없었다. 창업 전의 경험은 이랜드에서 받았던 직업훈련과 B국에 와서 일했던 의류업, 인쇄업 분야의 직장경험이 전부였다. 지금보다 회사를 더 키워보고 싶은 마음도 있지만, 경영에 대한 지식이 부족함을 느낀다. 회사를 키우기 위해 자문이나 컨설팅을 받아보고 싶은데, 현지 사정에 밝은 조언자나 기관을 찾기가 어렵다고 말한다.

"지금까지의 시행착오를 통해 우리 회사는 비교적 안정된 상태에 접어들었지만, 향후 성장에 대해서는 한계를 느낍니다. 또한 훈련된 직원들을 중심으로 새로운 회사를 설립할 계획을 가지고 있습니다만, 직원들이 영적으로는 훈련이 잘 되어있는데 반해 직업적으로 교육을 시켜줄 프로그램이나 콘텐츠가 없어 전문성은 다소 미흡한 편입니다. 이 부분에 대한 역량강화가 필요합니다. 현재도 선교훈련을 받고 창업에 관심 있는 제자가 우리 공장에 여럿 있습니다. 당장 시작할 수 있는 아이템이 서너 가지나 있음에도 불구하고 제자들의 사업역량이 부족해 섣불리 시작할 수가 없는 상황입니다."

K 선교사 부부는 G 인쇄를 통해 기업선교의 가능성과 직원들이 변화하는 것을 경험하면서 향후 다른 지역과 나라에도 해당 상황에 맞는 새로운 사업아이템을 통해 지역 주민의 삶을 세우고 싶은 소망을 갖게 되었다. 특별한 기술이 없어도 현지에 있는 원료로 수출이 가능한 식품가공기술을 전수해 기업을 통한 복지를 실현하고자 한다. 한 예로, 과일을 재배하기에 좋은 환경을 가지고 있어 풍부한 과일과 채소수확량에도 불구하고 가공기술이 열악해 제철이 아니면 상품을 유통하지 못하는 한계를 가지고 있는 나라들이 있다. 이러한 곳에 간단한 설비와 기술만 결합한다면 얼마든지 과일주스, 빙수, 말린 과일 등으로 부가가치를 높일 수 있다. 또한 선진국에서 개발하는 천연원료를 이용한 건강식품, 화장품 등의 원료를 가공하여 수출하는 것도 하나의 사업기회가 될 것이라 생각하고 있다. 두 사람은 G 인쇄를 설립하고 운영한 경험을 바탕으로 하여 다른 지역에서도 비즈니스 선교 사역을 확장시키고자 오늘도 기도하며 제자들을 훈련하고 있다.

6

아내 따라 시작한 선교, 현지기업으로 뿌리내리다

한정화

"현지 민족과 문화에 대한 깊은 이해가 있어야 합니다. 사랑하고 섬기는 수준이 아니라 현지인이 되어야 합니다. 현지 민족을 향한 긍휼의 마음과 전문성이 함께 겸비되었을 때 비즈니스 선교의 참 의미가 있습니다."

S 선교사는 T국에서 국제 물류 운송업을 하고 있는 24년차 배머 (BAMer)이다. 선교로의 부르심을 확인하고 한국에서부터 4년여의 준비과정을 거쳐 진출하였지만, 그에게도 수많은 시행착오와 우여곡절이 있었다. 그는 직접적인 복음을 전하기보다 일터와 현지인과의 사귐을 통해 이슬람 문화권에서 삶으로 복음을 살아내는 것으로 선교적 사명을 감당하고 있으며, 일자리 제공, 창업 초기자금 지원을 통해 그들의 삶과 신앙을 세워가는 중이다.

1. 선교준비 과정

S 선교사는 기계공학을 졸업하고 자동차 회사의 엔지니어로 일을 하던 직장인이었다. 그는 선교단체 출신인 아내를 통해 예수를 믿었지만 행위로써의 믿음만 가지고 있던 명목상 그리스도인에 불과했다. 그러던 중 아내가 있던 선교단체의 프로그램을 통해 인격적으로 예수님을 만난 것이 계기가 되어 부부가 함께 선교에 대한 마음을 품게 되었다. 당시 월급의 반을 선교헌금으로 드릴 정도로 물질로 선교에 헌신하는 사람으로 변화되었다.

이 후 직장을 그만두고 개인 사업으로 전환하였는데, 엔지니어였던 경험을 살려 자동차 부품을 금형으로 찍어내 납품하는 회사를 창업하였다. 선교훈련을 받으러 간다는 아내를 데려다 주려고 갔다가 그 길로 함께 훈련을 받게 되었고, 그 곳에서 새벽에 창세기 12장 1~4절 말씀을 통해 하나님께서 선교로 부르신다는 것을 확신했다. 그동안 해오던 물질 선교를 넘어 직접 선교지에 나가서 헌신할 것을 결단하고 본격적으로 신학을 배우며 선교사로서의 준비를 하였다.

S 선교사는 선교를 준비하며 자신의 선교 모델을 텐트 메이커였던 사도바울로 삼았다. 하나님께서 그에게 주신 직업을 통해 현지인과 교제하며 그들의 필요를 채우고자 하는 소망이 있었다. 선교는 관계에서 시작된다고 보았기에 비즈니스를 통해 관계를 맺어 복음을 전하는 것이 자신이 할 수 있는 일이라고 생각했다. 선교단체에서 4년간 공동생활을 통해 준비기간을 가진 후 한 민족을 품게되면서 나갈 선교지가 정해졌다. 신림동의 2층짜리 집을 팔아 초기 선교자금을 마련했다. 돌아오지 않을 생각으로 1993년 한국에서의 모든 것을 정리하고 T국으로 갔다.

2. 선교지에서의 첫 어려움과 시행착오

S 선교사는 낯선 타국생활에 적응하는 것을 우선으로 삼고, 사업을 시작하기에 앞서 언어부터 배우기로 했다. 한국에서부터 나름의 준비기간을 거쳐 T국에 왔건만, 도착한지 얼마 지나지 않아 예상치 못한 문제를 만났다. 한국에서 같이 온 친구를 믿고 가져간 자금을 모두 맡겼는데, 믿었던 친구에게 사기를 당한 것이다. 선교하며 섬기겠다고 왔는데 집 값을 다 날리고 빵 하나 사먹을 돈도 없는 신세가 되었다. 돈을 잃고 나니 한국에 돌아올 엄두도, 같이 간 딸의 교육도 막막했고, 계획했던 비즈니스는 꿈도 못 꾸는 상황이 되었다. 먼 타국에서 남편의 친구에게 돈을 떼였으니 아내에게 남편으

6. 아내 따라 시작한 선교, 현지기업으로 뿌리내리다

로써의 신뢰마저 잃은 상황이었다. 어떻게든 만회하고자 아내 몰래 신용카드를 쓰며 생활비로 거래처 샘플을 만들다가 큰 싸움이 나기도 했다. 한국에서 광야와 같은 준비과정이 있었음에도 불구하고 현지에는 또 다른 어려움이 기다리고 있었다. 절박한 심정으로 이렇게 된 이상 빠르게 언어부터 배워야겠다고 생각했다. 체계적으로 배울 수 있는 환경이 아닌지라 길거리에서 듣고 말하면서 익혔다. 나중에 이 때 배운 언어가 사투리였다는 걸 알았다. 후에 사업을 시작하고 만나는 거래처 사람들이 이러한 말투에서 그를 더 친근하게 느끼고 마음을 여는 것을 보면서 그 순간에도 하나님이 함께하셨음에 뒤늦게 감사하였다.

그럼에도 불구하고 당시 생활은 여전히 어려웠다. 비가 올 때면 구멍 난 구두에 물이 들어오는 바람에 비닐위에 양말을 신고 구두를 신어야만 했다. 여행가이드도 하면서 현지의 사역을 위해 노력했지만, 무거운 생활고로 인해 8년 차에 피치 못할 사정으로 죄를 짓고 사역을 포기하기에 이르렀다. 낙심된 마음으로 선교본부에 보고를 마치고 한국으로 귀국하였다. 그러나 감사하게도 선교단체에서는 그가 철저히 회개하고 돌이켜 다시 나갈 수 있도록 지원해주었다. 여러 차례 상담과 회복할 수 있는 기회를 통해 1년 만에 재파송 받아 다시 T국으로 돌아갔다.

3. 사역의 문이 열리다

이번에는 항구도시에 자리를 잡고 교회를 개척하였다. 7시간을 가야 한국 사람을 만날 수 있을 정도로 외진 곳이었다. 그곳에서 미처 계획치 못한 방식으로 사업의 기회를 맞이하는데, 당시 T국의 인접국에는 한국에서 파병한 군부대가 주둔하고 있었다. 시기적, 지역적으로 특수한 전시상황을 맞이하여, 이 부대에게 군수물자를 전달할 현지의 수송업체가 필요했다. 군수물자를 실은 배가 T국의 항구에 도착하면 이를 트럭에 옮겨 싣고 국경선을 통과해 군부대에 게 전달하는 일이었다. 이러한 상황에서 선교사 부부는 그 곳에 거 주하는 유일한 한국인이었다. S 선교사는 그 때의 경험을 이렇게 회고한다.

"당시 한국인이 저희밖에 없었기에 이 일은 하고 안하고의 문제가 아니라 무조건 해야 하는 상황이었습니다. 물류 수송에 대한 경험이 전무했음에도 불구하고, 저희에게 독점적 혜택이 주어진 것이지요. 군수물자 수송은 매 번 앞뒤로 무장한 군인들과 군용트럭의 호위를 받으며 삼엄한 경계 속에 이루어졌습니다. 양측이 대치하는 상황에 서 물자를 전달하는 위험한 일이었기에 운송비는 부르는 게 값일 정 도였습니다. 감수해야 하는 위험부담만큼 보상도 컸습니다. 이 시기 의 경험과 소득은 이후 T국에서 국제물류 운송업을 업으로 삼는 중 요한 계기가 되었습니다."

지금은 한국의 군부대가 철수하여, 일반 공산품을 실은 배가 항구 로 들어오면 세관을 통과시키고 트럭에 옮겨 실어 인근 나라까지 운송하는 일을 맡아서 하고 있다. 운송업은 프로젝트 기반으로 일 이 주어지기 때문에 직원을 항상 고용하고 있지는 않다. 일이 많을 때는 직원을 추가로 채용하지만, 없으면 해고하기도 한다. 다만 해고

6. 아내 따라 시작한 선교, 현지기업으로 뿌리내리다

시에는 3개월 전에 미리 알려주고 퇴직금도 정확히 지급하고 있다.

선교를 하기 위해 T국에 갔지만, 그는 복음을 전하기 위한 목적으로 창업이나 투자를 하지 않는다. 기업 활동 그 자체를 통해 삶으로 예수를 증거하고 일자리를 창출하여 지역사회에 기여하고자 한다. 사업 초기에 교회 청년들 중 몇 사람을 채용했더니, 일터와 교회를 구분하지 못하고 월급만 받아가려는 태도를 보면서 일터에서 자신의 역할을 명확히 할 필요를 느꼈다. 이후로는 성도를 채용하기 보다는 믿지 않는 사람을 채용하고 그에게 선한 영향력을 끼침으로 자연스럽게 복음이 전파될 수 있는 기회로 삼고자 하였다.

4. 현지 문화에 대한 이해를 통한 인력관리

선교지에서 사업을 하려면 현지 문화를 깊이 이해해야 한다. T국의 사람들은 아침을 집에서 먹지 않는다. 출근하는 길에 빵을 사와서 오전 근무시간에 일은 안하고 아침을 먹고 차를 마시며 담소를 나누곤 한다. 일반적인 상식으로는 회사에 아침을 싸오는 경우에 근무시간 전에 식사를 해결하고 오전 업무에 지장이 없도록 해야 하는데, 이러한 근무태도를 현지인들은 그 누구도 이의를 제기하지 않는다. 그들의 문화인 것이다. 문화를 이해하지 못하면 오해와 갈등이 생긴다. 불성실한 태도에 대해 스트레스를 받을 것이 아니라, 그들을 깊이 이해해야겠다고 생각했다.

알고 보니 이 민족은 유목민으로 지내다가 600년 전에 정착한 민족이었다. 유목민은 야간문화가 발달되어 있다. 결혼식도 주로 밤에 한다. 그래서 이들은 아침 일찍부터 서둘러 일을 하지 않는다. 오전 느즈막이 짐승을 데리고 들판으로 나간다. 가능한 한 넓은 초원을 확보하기 위해 서로 멀리 떨어져 말도 안 통하는 짐승과 함께 낮 시간을 홀로 보낸다. 그들에게 서로 안부를 묻고 교제할 시간은 오직 밤에 주어지는 것이다. 새벽부터 부지런히 일하고, 협동심이 강하며 공동체를 강조하는 농경문화의 배경을 가진 한국과 비교하면, 이들은 협동심, 공동체의식, 부지런함이 상대적으로 뒤처진다. 처음에는 성실하지 못하고 게으르다고 생각했는데, 문화적 차이를 알게 되면서 이들을 깊이 이해하기 시작했다. 직원을 채용하거나 평가할 때 개인적 기대수준이 아니라 가능성을 보고 평가하기로 결심했다. 당장은 부족해도 그 속에 가능성이 보이면 성장하기까지 기다리며 교육하기 시작했다.

5. 교회 개척과 현지인의 자립을 돕다

정착기를 지내며 목회에 대한 계속적인 부담이 있었지만, 비즈니스와 목회를 양립하는 것이 부담이 되어 선뜻 순종하지 못하고 있던 때가 있었다. 그래서 어느 날은 한 달 내내 매주 새로운 사람을 보내주시면 개척하겠다고 기드온 양털 시험을 했더니, 4주 만에 12명이 모이는 일이 일어났다. 이것을 응답으로 알고 T국의 동남부 지역에 교회를 개척했다. 개척 초기와 마찬가지로 지금도 이 지역에 한국교민은 거의 없어서 교인은 전부 현지인이다.

교회를 개척하고 현지인들의 삶을 들여다볼수록 조금만 도와주면 자립할 수 있을 것 같은 사람들이 눈에 들어오기 시작했다. 개척 초기에 현지교인 중, 똑똑한데 마땅한 일자리가 없어 빈둥거리는 청년이 있었다. 그는 컴퓨터를 배운 적이 없음에도 혼자서 컴퓨터를 다루고 고치는 능력이 뛰어나 마을 사람들의 컴퓨터에 문제가 생기면 고쳐주러 다니곤 했다. 그것을 보면서 그에게 당시에 한국에서 유행하던 PC방 사업을 적용해서 창업해보면 좋겠다고 생각했다. 청년에게 신앙적 다짐을 받고 일만 달러를 들여서 건물에 세를 얻고 컴퓨터를 들여와 가게를 차려주었다. 젊고 똑똑하고 성실하니 금방 자리를 잡고 돈을 모을 수 있을 것이라 생각했다. 그러나 그 예상은 완전히 빗나갔다. 개업예배를 드리고 오픈한지 채 한 달이 지나지 않아 가게를 팔고 도망간 것이다. 이후로는 절대 돈으로 지원하면 안 되겠다고 생각했다. 이러한 실패 경험을 통해 돈으로 지원하면 돈도 잃고 사람도 잃는다는 사실을 깊이 배웠다.

돕는 방법을 바꾸기로 했다. 한번은 지인을 만나러 간 동네에서 심장병으로 일을 하지 못하고, 모스크 회당 앞에서 구걸로 먹고 사는 사람을 사귀게 되었다. 그와 교제할수록 그를 돕고 싶은 마음이 들었다. 보증인을 세워 돈을 받을 수 있도록 약속을 받고, 소 두 마리를 사주며 키우게 했다. 목동 일을 통해 성취감을 맛보면서 삶의 목적을 되찾았고, 부지런히 키워 이제는 소 열두 마리의 목장주인이 되었다. 지금도 가끔 S 선교사의 사무실로 직접 만든 치즈와 요거트를 가져와 그에게 기쁨을 주곤 한다.

이렇게 초기 창업자금을 지원하며 현지인의 자립을 돕는 것이 효과를 내며 좋은 결과를 보이기 시작했다. 그의 동네 주변에 명문대를 졸업한 우수한 인재임에도 불구하고, 교통사고로 장애를 가지면서 경제활동을 못하게 된 친구가 있었다. 한 가정의 가장이 사고로 인해 일을 못하게 되자 가정은 무너질 위기에 처했다. 이슬람 문화권에서는 여자가 일을 할 수 없기 때문이다. 그를 도와줄 방법을 고민하다가, 똑똑하고 주변에 아는 친구도 많은 것을 보고 사무실 개업을 도와줄 테니 공인중개사에 도전해볼 것을 권유했다. 그의 강한 자립의지로 얼마 지나지 않아 곧 자격증을 따왔다는 소식을 듣고, S 선교사는 약속한대로 세를 얻어 사무실 자리를 마련해주었다. 단, 약속어음을 받고 보증인을 세워서 나중에 회수하는 것으로 조건을 걸었다. 장애가 있는 친구를 외국인이 적극적으로 도와주는 것을 주변에서 보면서 그의 현지 친구들이 전화기, 소파 등 사무집기를 하나씩 마련해주며 힘을 보태었다.

건강을 잃고 소망이 없는 자, 낙망되어 삶을 포기한 자에게 2천 달러의 초기자금을 지원해 주었더니 단 6개월 만에 모든 금액을 상환하고 점차 삶이 나아지는 것을 보며, 하나님이 주셨던 처음 비전을 다시 한 번 회상했다. 그 친구에게는 직접적으로 복음을 언급한 적이 없는데, 친구의 사무실에서 예배드리는 것을 흔쾌히 수락하기도 하고, 예배를 드릴 때면 자기의 친구를 초청하기도 한다.

6. 원칙을 고수하며 삶으로 전도하라

T국은 법적으로는 종교에 대한 자유가 있지만, 이슬람 문화권이라 현실적, 문화적으로 선교에 한계가 있는 나라이다. 기독교로 개

종을 하면 이슬람 공동체에서 추방당하고 일자리를 잃게 되어 생계에 직접적인 곤란을 겪기 때문이다. S 선교사는 오랜 친구에게도 직접적인 복음을 전하기보다 삶으로 보여주며 교제하는 과정을 통해 하나님을 드러낸다. 믿지 않는 사람들에게 직접적으로 복음을 전하는 것도 중요하지만, 먼저 믿은 자신을 통해 한 영혼의 삶의 질이 높아지도록 도우며 행동으로 복음을 전하는 것이 진정한 선교라 여긴다. 그의 이웃에 대한 연민과 본연의 비즈니스 활동에 이러한 말과 행동, 비전이 녹아있다. 10년에 가까운 시간이 걸려 맺힌 열매들은 쉽게 무너지지 않는다.

앞의 두 사례는 직접적으로 복음을 전한 것은 아니지만 어렵게 사는 이웃들이 일을 할 수 있도록 초기자금을 대주고 자립할 수 있는 기회를 제공하는데 의미가 있다고 할 수 있다. 현지에서 사역한 지 10년 정도 지나니 인맥도 쌓이고 현지인들이 그를 '너도 우리다' 라고 이웃으로 인정하기 시작했다. 관계를 통해 현지인의 영과 육의 필요를 채워주면서 자연스럽게 교회 사역에도 기름 부으심이 일어났다.

한번은 거래처에서 거래 매출을 축소해달라는 요청이 있었다. 작은 규모의 거래처라 매출이 늘어날수록 세금도 같이 늘어나 운영에 부담이 되었기 때문이다. 딱한 사정에 안타까운 마음이 들었지만, 이에 응할 수 없었다. 과거 한 번의 실수로 사역이 흔들렸던 경험은 어떠한 경우에도 하늘나라 원칙을 무너뜨리지 않는 바탕이 되었다.

비용을 지출하는 것에 있어서도 원칙을 세웠다. 사업의 규모가 커지면서 개인계좌와 법인계좌를 분리하여 관리하기 시작했다. 같은 날 시간차를 두고 친구와의 약속과 입찰을 위한 거래처 미팅을 잡은 날이 있었는데, 친구가 늦는 바람에 거래처 대표와 다함께 점심식사를 같이하게 되었다. 식사 후 계산을 하기 위해 개인카드와 법인카드 두 장을 내밀었더니 거래처 사람들과 친구, 식당주인 모두가 의아한 눈빛으로 S 선교사를 쳐다보았다. 보통은 사업하면서 개인 비용까지 회사 돈으로 지불하려고 안달인데, 당신은 왜 그리 유별나냐고 도리어 그에게 되물었다. 친구와의 식사는 개인카드로, 거래처와의 식사는 법인카드로 결제하는 것이 당연한 것이고, 그렇지 않은 것이 도둑질이라고 하니 이해가 안 간다는 듯 바라보면서도 그를 인상 깊게 바라보는 눈치였다.

때로는 원칙을 고수하는 것이 융통성이 없고 답답해 보이나, 이것이 상대방에게 영향력을 끼치는 하나의 방법이 된다. 주변에서 이러한 행동을 주목하여 보며 그를 다르다고 인정하는 것이다. 창의적 접근지역에서는 이런 식으로 복음을 전해야 한다.

7. 비즈니스 선교사로서의 딜레마

그가 비즈니스 선교 사역을 하면서 철저하게 깨닫게 된 것이 있다. 비즈니스 사역과 목회 사역에서 강조해야 할 부분을 혼동하지 않는 것이다. 많은 경우 비즈니스에서 일의 실수가 생기더라도 나는 선교사로 왔으니 선교사적 입장에서 무조건 상대를 용납하고 용서하려 한다. 대부분의 선교사들이 후원을 받기 때문에 재정에 대해서는 관대한 편이다. 그러나 그는 '만약 내 돈을 가지고 하는 일이라도 이렇게 할 수 있을까?'라며 되묻는다. S 선교사는 업무에 관해서는 전문성을 발휘할 수 있도록 사전에 충분히 설명하고 최선을 다해 돕지만, 문제가 생겼을 때에는 원칙대로 대응하는 편이다. 비즈니스를 통해 얻는 이윤은 성실함에 대한 보상이자 하나님이 주시는 몫이기 때문이다. 비즈니스는 성장해야 한다. 성공을 통해 다음 단계에 진입해야 영향력을 지속할 수 있다. 희생과 긍휼이 언제나 바람직한 것은 아니다.

많은 경우 이익을 남기는 것, 즉 축적의 문제에 있어서 갈등을 겪는다. 그도 초기에 군수물자를 수송할 때 이러한 고민을 겪었다. 수송료를 원하는 대로 받을 수 있는 상황에서 적정한 수준이 어디까지인지 가늠하기 어려웠다. 회사의 미래와 청지기로써의 양심에 근거하여 결정을 내리기까지 스스로에게 수없는 질문을 거듭했다. 기업은 NGO가 아니기 때문에 위험감수와 기회실현의 타당한 대가를 정당하게 누리는 것은 당연하다. 그러나 과도한 이윤을 취하는 것도 정당하지 않다는 생각을 했고 그렇게 실행에 옮겼다.

8. 또 다른 사업을 준비하며

그는 자신의 시행착오를 밑거름삼아 현지인의 창업을 돕고자 하는 열망이 있다. 현지인들에게 일자리를 제공하기 위한 사업 아이템 중에서 전문적인 지식을 필요로 하는 영역은 진입하기가 어렵다. 초기 자본이 많이 들어가는 사업도 힘들다. T국에는 부양가족은 많은데 직업이 없는 가장들이 많다. 높게는 실업률이 70%까지 올라간다. 그래서 구상하고 있는 사업이 세차장 사업이다. 어려운 기술을 요하는 분야도 아니고, 초기자본도 많이 들지 않아 간단한 기술만 익히면 가족이 같이 일할 수 있다. 단, 사정이 아무리 딱해도 돈으로 도와주는 일은 하지 않는다. 대신 땀 흘려 노력하는 노동의 소중함을 가르쳐주려 한다. 현재는 후배 선교사 한 가정이 일을 배우고 있어, 그를 양육해서 창업을 시킬 계획을 가지고 준비 중이다. 또한 물류회사 직원들이 일을 배워 인근 나라에 진출해서 물류 운송을 담당하는 일을 하도록 도울 계획이다.

9. 배머로서의 사명

BAMer는 또 다른 BAMer를 만들어야 한다. 축적된 경험이 멘토링, 인큐베이팅으로 이어져야 한다. 선교생활 중, 다른 선교지에 방문했던 경험이 그에게 큰 도전이 되었다. 현지의 선교사들의 자립과 지역사회를 돕기 위해 비즈니스 선교를 가르치기로 결심했다. 이후 그가 속한 선교단체와 주변에 도움을 요청하여 선교사 창업학교를 만들었고, 4회 째 운영 중이다. 교육을 필요로 하는 모든 선교지역을 직접 갈 수가 없기에, 온라인으로 교육받을 수 있는 프로그램을 만들었다.

한국의 어려운 경제사정으로 충분한 일자리가 없어 청년들과 은퇴한 시니어들의 걱정이 크다. 그는 이러한 어려움을 하나님이 허락하신 기근으로 여기고 해외로 눈을 돌려볼 것을 제안한다. 시니어와 주니어가 비즈니스 선교에 뜻을 품고 그들이 가지고 있는 역

6. 아내 따라 시작한 선교, 현지기업으로 뿌리내리다

량들이 시너지 효과를 낸다면 선교지에 선한 영향력을 끼칠 수 있는 기회가 될 것이기 때문이다.

그는 앞으로 비즈니스 선교를 하려는 사역자에게 다음과 같이 조언한다.

"비즈니스 선교를 하기 위해 초기 창업자금을 헌금으로 마련하려는 것은 대단히 위험한 생각입니다. 대부분의 선교사들이 후원금으로 사역하다보니 일단 한번 해보자라는 마음으로 시작하는데, 자기자본이 50% 이상이 되면 이렇게 쉽게 뛰어들지 못할 겁니다. 또한 선택한 분야에 대해 충분한 준비기간이 필요합니다. 업종과 현지 민족과 문화에 대한 깊은 이해가 있어야 합니다. 나의 비즈니스 상대가 처한 문화와 입장을 이해하고 그들과 동화될 수 있어야 합니다. 사랑하고 섬기는 수준이 아니라 현지인이 되어야 합니다. 현지 민족을 향한 긍휼의 마음과 전문성이 함께 겸비되었을 때 비즈니스 선교의 참 의미가 있습니다."

7

팜슈거로 달콤하게 현지에 녹아든 H사 이야기

박 철

성급하게 비즈니스를 시작한 것이 아니라, KOTRA사업을 통해 C국 현지경험을 쌓고, 또 팜슈거 기업인 G사를 인수하여 차근차근 준비하였다. 현지 팜슈거 생산의 문제점을 해결하기 위해 공동생산조합 설립을 통한 생산프로세스의 혁신을 이룩하였고, 가난한 농민들의 공동생산조합은 신앙공동체의 단위가 될 수 있는 터전을 마련하였다.

1. 준비된 비즈니스맨 김다윗(가명) 대표

H사는 현재 C국 수도에 소재한 사회적기업(social enterprise)이다. H사는 김다윗 대표가 설립하였다. 김 대표는 원래 증권회사에 근무하면서 M&A 업무를 하다가 기업의 CRC(구조조정) 관련된 업무를 하였다. 그리고 창업투자회사를 창립하여 승승장구 하던 무렵, 예수 그리스도를 만나게 되었다. 갑자기 부러울 것 없는 인생에서 사랑하는 딸이 난치병에 걸렸다. 딸을 위해 간절히 기도하다가 정말 진하게 예수를 믿게 되었다. 딸은 완치되었고, 그 이후로 그의 삶은 완전히 바뀌었다. 그는 공동으로 경영하던 창업투자회사를 완전히 정리하고 하나님의 일을 하기로 결심하였다.

김 대표는 교회를 출석하면서 전 재산을 다 털어 '복지재단'을 설립하였다. 이 기업의 특징은 수익금의 30%는 선교(교회, 병원을 짓거나, 구호현장에 구호팀 파견 등)에 사용하고, 30%는 적립하여 조직의 성장에 재투자하였다. 나머지 40%는 급여 및 관리운영비로 충당하였다. 주로 이 재단법인은 성경적인 투자를 하였는데, 연 37% 정도의 수익률이 꾸준히 나왔다.

그러던 중 김대표는 Y대학 훈련에 참가하게 되었다. 그는 훈련후에 선교지에 파송되지는 않았다. 그러나 BAM과 비목회자 사역에 대해서 진지한 생각을 하게 되었으며, 훈련동문들 중 비파송자들과 계속 교제하였다. 자신의 집 지하에서 탁구도 치고 식사도 하면서 비전을 나누었다. 대부분 평신도였던 그들과 선교현장에서 비즈니스 사역을 같이 하자는 다짐을 했다.

김대표는 C국을 드나들기 시작했다. 김대표가 관심이 많았던 분야는 식량이었다. 여러 나라들을 방문해 보았지만, 농업기반으로 비즈니스를 하고 현지를 개발할 수 있는 적지로는 C국이 최상이었다. C국 M평야에서만 몇 억 인구를 먹여 살릴 수 있는 식량을 생산할 수 있을 것 같았다. 그래서 10명의 동역자들과 2주간 C국을 3,000km 이상 샅샅이 돌았다. 하나님께서 감동을 주사, 누가 파송될 것인지를 제비를 뽑았다.

김다윗 대표는 비록 신앙경력은 짧았지만, 확실한 거듭남의 체험과 훈련을 통해 비즈니스선교에 눈을 떴고, 몇 년간 꾸준히 선교지에 드나들면서 현지사정을 익혔다. 그리고 하나님의 때에 제비뽑기를 통해 선교지로 나오게 되었다.

2. 창업의 과정: 지주회사 J사와 자회사 H사

J사는 한국에서 설립한 지주회사이다. 한국의 독실한 크리스천들이 동역의 사명으로 재산을 모아 만든 기업이었다. 이 회사는 99%가 공적지분으로 이루어져 있다. 즉, 한국법상 어쩔 수 없이 개인이름으로 등록되어 있지만, 실질적으로는 하나님께 신탁되어 있었다. 투자자들이 모두 유서공증으로 재산을 위탁하여 놓았다. 이것은 마치 60년 전 미국의 기업가 스탠리 탬이 '하나님이 나의 기업을 소유하시다'의 책제목과 같이 실제로 기업의 소유주로 하나님을 법률공증한 것과 같았다.

김 대표는 평신도 선교사로 C국에 파송되었다. 김 대표는 C국에서 먼저 KOTRA(한국무역진흥공사)와 KOICA(한국국제봉사단)에서 진행하는 GYB(Global Young Businessman) 양성프로그램을 진행하였다. 이것은 J사에서 6개월간 C국 청년 28명을 훈련시켜 창업을 돕는 프로그램이었다. 이 과정에서 C국의 농업에 관심이 많은 한국인 동역자를 만나게 되었다. 그리하여 지주회사인 J사가 투자한 C국 자회사 PS사가 탄생하게 된 것이다.

김 대표와 동역자는 C국 동북쪽에 있는 해발 750m의 M지역으로 갔다. 여기는 경상북도 면적의 지역인데, 소수민족이 7만 명쯤 살고 있었다. 여기에서 20헥타르 규모의 공동체 농장을 실험적으로 운영하였다. 그 지역은 원래 질 좋은 후추로 유명한 곳이었다. 하지만 C국에 많이 소비되지만 생산되지 않는 농작물을 하고 싶었던 김 대표는 감자, 패션푸르츠, 커피 등을 재배해 보았다. 그러나 토질이나 기후 때문인지 뿌리작물(감자, 양파, 당근 등)은 잘 되지 않았다. 목축업에도 손을 대어 육질 개선에 초점을 맞춘 낙농업도 해 보았다.

김 대표는 현지에 파송되자 곧바로 사업을 시작한 것은 아니었다. KOTRA 사업에 참여하면서 C국의 사정과 환경에 적응하는 기간을 가졌다. C국 언어가 너무 어려워 비록 구사하지는 못하지만, 한국에서 15년간 비즈니스 경력을 쌓았기 때문에 C국에서의 창업은 어렵지 않았다. 김 대표 역시 BAM 사역은 본인의 투자·사업 경험을 토대로 선교마인드를 가지고 현지에서 시작하는 것이 정석이라고 믿고 있었다.

무엇보다는 BAM사역자는 돈의 무서움을 아는 자라야 한다고 그는 강조하였다. 돈이 사람을 유혹하고 당기는 힘이 강력하기 때문에, 그 상황에 처해보고, 이겨본 사람이어야 한다는 것이었다. 수익

의 60%를 현지사회에 환원한다는 원칙을 지키는 점에서 완벽하지
는 않지만, 김 대표는 BAM 사역자라고 생각하였다.

3. 팜슈거(Palm Sugar) 사업에 뛰어들다.

그러던 중 김 대표는 팜슈거에 주목하게 되었다. 팜슈거는 야자
수 수액(꽃술에서 나오는 즙)에 열을 가해 졸이면 나오는 결정체로, 설
탕대용식품이었다. GI지수가 낮아서 당뇨병에 해롭지 않을 뿐 아니
라, 풍미가 좋은 설탕이었다. 당도는 설탕의 약 85% 수준이었다. 6
리터의 수액에서 약 1kg의 팜슈거가 생산되었다. 생산과정은 매우
힘들었다. 농부들이 40번 직접 나무에 올라가 받아야지 6리터를 모
을 수 있었다. 그 만큼 귀한 제품이었다. 그러나 C국에서 생산되는
팜슈거는 생산과정이 비위생적이고 품질이 균일하지 않았다. 생산
공정의 체계화나 표준화가 되어 있지 않았다. 김 대표는 여기에서
사업의 기회를 발견하였다.

팜슈거 사업을 위해 김 대표는 프랑스의 한 NGO로부터 팜슈거
기업(G사)을 인수하였다. G사는 원래 팜슈거 생산에 필요한 스토브
(수액가열)를 개량하기 위해 뛰어들었다가, 팜슈거 생산까지 하게 되
었다. NGO의 성격 상 비즈니스를 잘 맞지 않아 팜슈거 사업에서
철수하려던 차에 H사를 만나게 되었다. 이 과정에서도 김 대표의
관록은 십분 발휘되었다. 원래 기업가치 계산이 주특기였던 김 대
표는 이 회사의 가치를 약 4만 불 정도로 보았고, 대략 그들이 2만
불정도 가격을 부를 것이라고 예상하였다. 아니나 다를까 G사는 2

만 불에 팜슈거 회사를 매각하길 원했고, 김대표는 그 가격에 바로 인수하였다.

팜슈거 사업은 C국의 기독교인 N과 함께 하였다. 그는 이 사업을 위해 돈이 필요하였다. 김 대표는 지주회사인 J사가 자금을 지원할 수 있으나, 원칙이 있다고 하였다. 즉, 수익의 60%를 사회에 환원해야 하는데 이에 대한 동의를 받아야 했다. N은 이를 흔쾌히 받아들였다. 2만 불의 투자금액은 전액 지주회사인 J사가 부담했고, J사는 거의 전액 공적신탁된 기업이고, 김 대표가 전권을 가지고 있었다. 그러므로 초기 투자는 본인이 100% 다 한 것이나 다름이 없었다.

먼저 K라는 마을을 정해서 7~10가정으로 구성된 팜슈거 공동생산조합을 설립하였다. 이 조합에서는 10~15년 생 야자수에서 수액을 채취하는 하여 팜슈거를 생산하였다. 야자수 나무가 있는 땅 주인에게는 80kg의 팜슈거 생산량에 대해 5kg의 렌트비를 지불하면 되었다.

H사는 팜슈거 생산라인을 표준화하고, 품질을 균일하게 하였으며, 생산규칙을 설정하였다. 생산자에게는 시세보다 25%정도 높은 가격에 생산품을 구매해 주었다. 이것은 좀 더 귀찮아진 생산공정에 대한 보상이자, 공정무역(Fair trade: 제3세계 농민들의 노력에 대해 정당한 대가를 지불하는 무역) 방식을 고수하고 싶어서였다. 야자수액 건조방식을 통일화시킨 결과, 다른 팜슈거와는 다르게 깨끗하고 비교적 균일한 제품이 나오기 시작하였다. 또한 생강이나 계피를 첨가한 팜슈거도 개발하여 제품다양화를 추구했다.

500g짜리 팜슈거 제품은 2.1불에 납품되어 2.8불의 소매가에 팔았다. 생산을 시작한 첫 해에 C국 최대의 소매점 J몰과 K마켓에 입접되어 연14톤, 15만 불어치의 팜슈거를 팔아 단숨에 2위 업체가 되었다. 그러나 C국 내수시장이 작아서 수출을 하지 않으면 규모 확장은 힘들다는 생각을 하게 되었다.

4. 기업경영

공동생산조합을 설립하고, 생산과정을 표준화 시킨 결과, 품질이 향상되었다. 야자수 수액을 채취하고, 솥에 가열하고, 결정체를 만드는 과정을 더 위생적이면서 효율적으로 한 결과, 고품질의 팜슈거가 더 많이 생산되었다. 농민들에게는 이에 상응하는 충분한 보상을 한 것도 주효했다.

현재 C국 직원은 8명이 있는데, 계속 더 채용할 계획이다. 기독교인이더라도 신앙적 안정성이 떨어지기 때문에 가능하면 종교를 떠나 인성이 좋은 사람을 채용하려고 하였다. 그래서 아는 사람이나 직원들의 추천에 사람을 소개받고 면접을 통해 인성을 확인하였다. 김 대표가 선호하는 사람은 '죄송하다'고 말할 줄 아는 사람이라고 한다. 현재는 초기 KOTRA 프로그램 진행 때부터 같이 해 왔던 사람들 위주로 채용하였다.

2만 불에 인수한 팜슈거 기업은 첫 해 2만 불의 수익을 내어 바로 투자원금을 다 회수하였다. 정말 놀라운 일이었다. 인수해서 손해는 절대 보지 않는다는 김 대표의 감이 적중하였다. H사의 수입은 생산비용 25%, 직원월급(인건비) 25%, 인센티브 25%, 투자비용 25%로 배분된다. 물론 순수익의 60%는 무조건 사회에 환원한다. 가능하면 정부의 지원은 받지 않는다.

현재 H사의 팜슈거는 주로 C국의 내수유통 영업을 하고 있다. J 몰이나 K마켓과 같은 현지 소매점에 입점시켜서 판매하고 있다. 하지만 더 효과적인 영업마케팅을 위해 유통자회사를 설립하고 한국인 이사를 영입하였다. 유통자회사의 이름은 C국의 언어로 '거룩하다'는 뜻인 'B'로 하였다. 가능하면 모든 생산품을 유통회사가 전량 구매하여 유통시키는 구조로 만들었다. 만약 전량 유통시키지 못하고 재고가 남는다면 이 또한 사회적기업이라는 본분으로 재고를 모두 사회에 환원한다. 식품재고는 가장 비참한 사람들이 모여 있는 수도 인근 속칭 '쓰레기마을'에 무상 배포할 생각이다. 그러나 현재 팜슈거 제품경쟁력이 우수하고, 만약 수출한다면 가격경쟁력도 있기 때문에 재고가 많이 남을 일은 없을 것 같다.

5. 복음 사역

H사에서 고용하고 있는 현지직원은 8명이며, 한국인 이사진은 3 명이다. 또한 K 마을 팜슈거 협동생산조합에 20명이 일하고 있다. 현재 담당이사가 마을을 정기적으로 방문해서 영어와 성경을 가르치고 있다. 지역개발과 함께 복음 전파를 위해 노력하고 있는데, 마을회관 겸 교회를 지으려 하고 있다. 그런데 이를 효과적으로 하려면 전문사역자가 필요하다. 그러나 시골지역인 K 마을로 오려는 전

임교역자가 없다. 특히 C국 출신의 교역자가 있으면 자생력이 더 있겠다 싶어 계속 구하고 있다. 생산자 공동조합 형태는 7~8가정을 하나의 조합으로 묶기 때문에, 이것이 지역교회공동체로 발전할 수 있는 좋은 단위이다. 빵과 함께 복음이 들어가 지역개발공동체가 신앙공동체를 만들기를 원하고 있다. 비즈니스에만 전념해도 모자란 기업직원들이 이를 하기에는 벅차다. 좋은 동역자들을 구하고 있다.

본사에 현지직원 중에는 비기독교인도 있다. 매주 월요일에는 사무실을 청소하고 예배하고 업무를 시작한다. 그리고 점심을 같이 먹는데, 식기도를 돌아가면서 한다. 전도사인 현지직원이 한분 있는데, C국 스탭들을 모아놓고 일주일에 한번 성경공부를 한다. 강요는 하지 않고 자연스럽게 접근하기 위해 노력한다.

6. C국의 상황

C국의 인구는 1천만 명 정도이다. 종교의 자유는 보장되고, 전도도 가능하다. 그러나 헌신된 결신자를 만나긴 쉽지 않다. 쉽게 예수 그리스도를 영접하지만, 자신이 모시는 여러 신들 중 하나로 여긴다. 그래서 교회에 꾸준히 출석하면서도 책임감 있는 크리스천을 만나기는 힘들었다. 평균 GDP는 1000불 정도이지만, 대도시에서는 4인 가족이 월 2000불 이상 있어야 생활이 가능하다.

정치는 오랫동안 독재가 유지되어 의외로 안정적이다. 하지만 정치지도자와 공무원들의 부패는 심한 편이다. 또한 인근국가의 정치

간섭을 받고 있으며, 타국의 자본이 경제를 서서히 지배해 가고 있다. 서구국가의 지배를 받아 팁문화가 존재한다. 교통경찰과 공무원들은 뇌물을 받고 있는데, 이는 자신들의 서비스에 대한 팁으로 생각한다. 그들의 월급으로 생계를 유지할 수 없다는 것을 잘 알기에 거의 모든 선교사들은 준조세라고 생각하고 소액뇌물 정도는 준다고 한다. 대개 토지등기에 20~30불 등으로 뇌물시세가 정해져 있는 편이었다.

기업들은 거의 2중 장부를 작성한다. 세금을 제대로 납부하면 수익이 나도 3~4년 내에 기업이 망하게 되어 있는 구조이다. 따라서 대개 수입의 60~70%정도만 세금신고를 하는 편이다. 이러한 어려움 말고는 C국은 비즈니스하기에는 좋은 편이다.

7. 향후 계획

김 대표는 팜슈거의 전망은 밝다고 생각한다. 전 세계가 팜슈거와 같은 좋은 설탕을 원하고 있기 때문이다. 그 시대가 오길 기다리며 품질을 개량하고, 생산량을 확충하기 위해 준비하고 있다. 팜슈거 자체는 아직 홍보가 많이 안 된 제품이기 때문에 계속해서 새로운 팜슈거 기업들이 생기기를 원하고 있다. 일단 시장의 파이가 커져야하기 때문이다.

그런데 C국 팜슈거 시장에는 세계적 다국적기업인 U사가 진입한다는 소문이 돌고 있다. U사는 연간 2500톤의 팜슈거를 C국에서 매입할 예정인데, 지금 U사에 납품이 가능한 팜슈거가 생산되는 곳은 PS사가 거의 유일하다. 아마 U사가 H사의 거래처가 된다면 사업규모는 매우 커질 것으로 예상한다.

김 대표는 수출에도 뛰어들 생각이다. 첫 번째 타깃은 한국이다. SD이라는 카페브랜드로, 전국에 100여개 매장이 있는 한국의 한 카페가 관심을 보이고 있기 때문이다. C국에서 2.8불 정도에 팔리는 500g 팜슈거 제품이 한국에서는 대략 1만 원 정도에 팔릴 것으로 예상된다. 그러기 위해선 더 품질을 개선해야 하고, HACCP인증도 받아야 한다. 한국에 수출을 시작하면 연간 8톤 정도는 소화할 수 있을 것으로 보인다. 카페, 교회바자회 등을 통해서도 매출이 예상되며, 일본의 고가 카스테라 재료로도 시장을 개척해 볼 예정이다.

준비되어 있던 비즈니스맨 김 대표를 하나님께서는 아주 특별한 방법으로 부르셨다. 그는 오랜 기간 사역을 준비하였으며, 하나님께서 주신 감동이 많았던 C국을 선택하고 파송되었다. 처음부터 성급하게 비즈니스를 시작한 것이 아니라, KOTRA사업을 통해 C국 현지경험을 쌓고, 또 팜슈거 기업 G사 인수를 통해 차근차근 준비하였다. 한국의 지주회사 J사의 C국 자회사 H사를 세운 것도 거버넌스 측면에서 탁월하였다. 현지 팜슈거 생산의 문제점을 해결하기 위해 공동생산조합 설립을 통한 생산프로세스의 혁신을 이룩하였다. 품질 좋은 제품을 생산하여 단숨에 C국 팜슈거 2위업체가 되었다. 그리고 가난한 농민들의 공동생산조합은 신앙공동체의 단위가 될 수 있는 터전을 마련하였다.

짧은 기간에 많은 성과를 올린 김 대표는 하나님 앞에서 언제나 떨리는 마음이다. 비록 하나님께 모든 것을 신탁했다고 하지만, 돈

7. 팜슈거로 달콤하게 현지에 녹아든 H사 이야기

이 끌어당기는 유혹의 힘은 무섭다는 고백을 하였다. 오히려 비즈
니스가 잘 되면 그 욕심이 더 커져서 모든 것을 망칠 수 있다는 사
실을 명심하고 있었다. BAM사역자가 받기 쉬운 가장 큰 시험, 곧
사람이나 복음보다 돈에 끌려가는 사역, 이를 제일 조심하고 있다
고 하였다.

8

쫓겨났던 자,
가구업으로 동남아 제일의
사회적기업을 꿈꾸다

박 상 규

본격적인 사회적기업 행보를 보이고 있는 W사의 H 선교사의 향후 선교 사업 비전은, 동남아 제일의 선교기업이 되어 더 많은 젊은 기술자들을 배출하기 위한 기술학교 설립과, BAMer를 지원하고자 하는 선교사들과 연합하여 사역하는 것이다.

사역하던 선교지에서 쫓겨나 빈손으로 C국 땅을 밟았던 H 선교사는 희망을 잃지 않고 재도전하여 현지의 BAM 선교사로 주목을 받고 있다. C국 수도 외곽지역에서 전문지식과 큰 자본 없이 시작한 W가구회사는 원목 책상, 의자 등이 입소문이 나면서 점차 발전하기 시작하였고, 지금은 40여명의 현지 직원들과 함께 호텔, 아파트, 상가 등의 인테리어를 담당할 만큼 성장하는 단계에 이르게 되었다. 최근에는 소량이나마 가구 제품을 한국에 수출하기 시작한 W사의 H선교사는 직원들과 함께 매주 드려지는 주일예배와 제자훈련을 중요시 여기며, 숙련된 기술과 충만한 영성이 균형 잡힌 현지 BAMer 및 사회적 기업가 양성, 그리고 장학재단 설립을 꿈꾸는 충성된 하나님의 일꾼이다.

1. 점점 더 중요해지는 비즈니스 선교

"내가 한 켤레의 신발을 구입했더니 똑같은 신발이 아프리카의 어려운 이웃에게 기부되어 그의 발에 신겨진다면? 내가 한 잔의 커피를 소비했더니 동남아의 굶고 있는 어린아이의 한 끼 식사가 해결된다면? 내가 다녀온 단기선교여행 경비의 일부가 제3세계의 에이즈나 말라리아 퇴치를 위해 사용되어진다면? 연말연시나 명절기간에 교회나 가정에서 구입한 착한선물세트가 사회적기업, 마을기업, 협동조합 등의 활성화에 큰 도움이 된다면, 여러분은 과연 어떤 선택을 하시겠습니까?"[7]

18세기 영국 사회의 변화를 이끌어낸 존 웨슬리[8]는 성화를 통해 "개인적일 뿐 아니라 사회적이며, 생활의 성결 곧 성육신적 요소로 세속에서 분리된 성별의 힘을 갖고 세속을 찾아가는 성육신적 참여에 해당하기에 사랑의 적극적 행위를 세상 속에 실천해 빛과 소금이 되는 것"이라고 설명하며, 사랑의 실천(works of mercy), 즉 고아와 과부, 장애인과 가난한 사람을 섬길 것을 속회와 설교에서 강조하였다. 웨슬리 표현에 의하면, 교회의 머리이신 예수 그리스도가 세상의 모든 불의와 악의 근원인 죄의 문제를 십자가에서 해결하고, 인류평화의 길을 열어 놓으셨다. 뿐만 아니라 성서에 기록된 수많은 구원의 경험과 약속은 인류사회에 하나님 나라의 공의와 자유, 그리고 평등의 기본가치를 보증하고 있다.

이처럼 성서가 보증하는 개인의 자유와 평등, 하나님 나라의 공의와 구원의 가치를 세상 속에 구현하기 위해 교회가 사회의 책임 있는 일원이 되어 중보자의 역할을 하는 것은 너무도 합당한 것이며, 성서의 진리를 믿고 하나님 나라를 소망하는 모든 그리스도인의 신앙고백적 귀결이다.

---

7) 최근 더 주목을 받으며 강조되고 있는 현명하면서도 가슴 따뜻한 소비를 추구하자는 운동, 즉 윤리적 착한소비의 작은 예들을 「감리교 사회적 경제 지원센터」에서 교단에 소개하며 만든 문구. 박상규, 기독교세계 944호, 〈가슴으로 여는, 사랑의 지갑 '감리교 착한소비 365운동'의 시작〉 p74
8) 영국의 종교 개혁자이자 신학자이며 감리교의 창시자. 사람들에게 종교적 체험과 성결한 생을 역설하고, 산업혁명을 배경으로 하여 대규모적인 신앙운동과 생활운동을 전개하였다. 웨슬리는 산상수훈의 '빛과 소금' 설교에서 "기독교는 기본적으로 사회적 종교이다. 기독교를 고독한 종교로 바꾸는 것은 참으로 기독교를 파괴시키는 것이다."라고 소개하며 성화의 실천을 강조함

8. 쫓겨났던 자, 가구업으로 동남아 제일의 사회적기업을 꿈꾸다

최근 웨슬리의 사회적 성화 실천 중 돈의 소유 개념에서부터 형성과정 그리고 그 돈을 소비하고 나눠 줄 수 있는 영역이 강조되는 이때, 한국사회 특히 한국교회에서 기존과 다른 근본적 변화의 기류가 감지된다. 부의 창출 개념이 재정립 될 필요가 있다는 지적과 함께 '사회적 책임'의 중요성이 부각되고 있는 것이다. 일부 자산가들의 영역으로 여겨졌던 기부 문화가 나눔 재테크로 확산되면서 이른바 굿 머니(Good Money)에 대한 공감대가 형성되고 있다. 이는 4차 산업혁명 시대 특징인 공유경제, 창조적 자본주의, 이미 다양한 성공사례를 나타내고 있는 협동조합형 사회적기업 등으로 관심의 폭이 넓어지면서 지역공동체성 강화, 기독교 사회적기업의 필요성 대두와 맥락을 같이 하게 되었다.

2017년 초유의 국정농단 사태에 이은 촛불민심으로 인해 정권교체에 성공한 문재인 정부는 경제 제일 정책으로 일자리창출 및 양극화 문제 해소를 제시하고 청년, 노년, 북한이탈주민, 다문화 가정, 경력단절 여성 등 사회적 약자인 소외계층 일자리창출과 지원 프로그램을 핵심으로 한 세부 주요 정책으로 '사회적 경제'를 강조하고 있다. 이는 20년 전 무슬림권 선교지에서 자발적으로 시작된 비즈니스 선교(BAM)가 국내외 선교지에서 왕성하게 운동적 성격을 띠며 발전하는 양상과 더불어 '사회적 경제'는 새로운 한국교회의 사회적 책임(Church Social Responsibility)으로 한국교회 안과 밖의 비즈니스 선교(BAM) 영역에서 중요한 한축으로 점점 더 중요해질 것으로 전망된다.

2. 사회적기업 생태계는 총체적 선교 관점에서

사회적기업이란 무엇인가?[9] 국내에 사회적기업 육성법이 발효된지 10년이 지났고 예전보다는 많이 알려졌다고 하지만, 아직도 사회복지의 다른 이름으로 생각하는 사람도 있는가하면 개발도상국가나 사회주의 국가들을 대상으로 한 기업으로 오해하는 사람들이 있다. 게다가 기독교 사회적기업[10]을 추가로 정의하고, 국내가 아닌 해외에서 생태계를 조성한다는 것은 보통 힘든 일이 아니다. 사회적기업은 본래 협동조합의 기반 위에서 파생된 조직인데, 2012년 UN이 정한 '세계협동조합의 해'를 기점으로 한국은 2011년 12월 「협동조합기본법」을 제정하며 한국형 협동조합 시대의 개막을 알렸다. 협동조합은 공동의 소유와 민주적 방식으로 관리되는 기업을 통해 공동의 경제, 사회 및 문화적 욕구와 열망을 달성하고자 자발적으로 조직된 사람들의 자율적인 조직이다. 이제 과거처럼 성장만

---

9) 영리기업과 비영리기업의 중간 형태로, 사회적 목적을 우선적으로 추구하면서 재화·서비스의 생산·판매 등 영업활동을 수행하는 기업(조직)을 말함 — 사회적기업을 포함한 협동조합 등 사회적 경제에 관한 자료는 한국사회적기업진흥원 홈페이지 (www.socialenterprise.or.kr) 참조

10) 최근 우리나라에서 주목을 받고 있는 사회적기업은 우리 사회가 당면한 다양한 사회적 문제들을 인식하고 새로운 해결방안을 찾아 이를 사업기회로 바꾸는 것이다. 그래서 사회적기업은 사회적 가치창출과 경제적 가치창출을 동시에 추구하며, 나아가 사회적 문제해결을 통해 사회에 큰 영향을 주고 지속 가능한 발전을 추구하는 기업형태이다. 여기에 기독교는 '사랑'이라는 절대가치를 담아 기독교 사회적기업으로 풀어가고 있는데, 카이스트의 배종태 교수는 마태복음 20장의 '포도원의 품꾼들'에 대한 비유에서, 예수님은 이른 아침부터 일한 일꾼이나 늦은 오후부터 일한 일꾼이나 똑같이 한 데나리온씩 품삯을 주는 포도원 주인의 이야기를 인용하며 성경적 자본주의는 가난한 사람들도 인간적 삶을 함께 누릴 수 있는 따뜻한 자본주의에서 그 사례를 제시하고 있다.

8. 쫓겨났던 자, 가구업으로 동남아 제일의 사회적기업을 꿈꾸다

하면 고용이 창출되던 시대는 지나갔다. 중소기업과 지방, 사회복지서비스 등 그동안 주목하지 못했던 쪽에서 일자리를 만들어내야 하는 상황으로 내몰리고 있다. 이런 상황에서 대안으로 떠오르는 것이 협동조합이고 사회적기업, 마을기업, 농어촌공동회사, 자활기관 등 사회적 경제 영역의 확대와 함께 이제는 지구촌 전체가 생태계를 이뤄나가는 네트워크에 관심을 갖지 않으면 안 되는 시대가 되었다.

이 생태계는 사회적 기업가들에 의해 사회적 가치와 경제적 수익을 함께 추구하는 사업모형을 발굴하고, 현재와 미래의 시장을 창출하여 사업기회를 실현하며, 나아가 지속가능성(Sustainability)과 확장성(Scalability)을 통해 이 세상에 더 많은, 그리고 더 좋은 영향력을 미치게 된다. 이러한 희망을 현실로 바꿀 수 있느냐의 관건은 사회적 기업가들에게 달려있고, 따라서 사회적 기업가들을 육성하는 것은 매우 중요하다.

〈한국 기독교 사회적기업 연구 : 사례를 중심으로〉 논문을 발표한 협성대 황병배 교수에 의하면, 성공적으로 운영되는 기독교 사회적기업들의 공통요소로 첫째, 총체적 선교(holistic mission)에 대한 이해, 둘째는 지역사회의 필요에 대한 분명한 인식, 셋째는 사회적 약자들의 회복과 자립에 대한 지속적인 관심, 넷째는 효과적인 기업경영을 위한 전문경영인의 자문, 다섯째는 사회적기업의 가치에 대한 확신, 그리고 마지막으로 기독교 사회적기업들 간 네트워크 구축을 제시하고 있다.

선교의 유일한 주체는 하나님이시다. 교회는 하나님이 세상에 보내신 공동체로 그 본질적 사명은 선교이며, 그 선교는 총체적이어야 한다. 사회적기업은 교회가 이러한 총체적인 선교를 수행할 수 있는 중요한 도구가 되고 있다. 사회적기업은 이윤창출만이 목적이 아니라 사회경제적 불평등 속에서 고통 받는 사회적 약자들을 치유하고 회복시키려는 사회적 목적을 추구하기 때문이다. 그러므로 선교지에서 네트워크를 구성하려는 사회적기업 생태계는 총체적 선교 관점에서 접근되어야만 한다.

3. 예비하신 목회자로 선교사가 되기까지

H 선교사는 충남 공주 출신으로 5대째 기독교 가문의 장남으로 서울에서 출생하였다. 공주 영명 중고등학교 안에 고조부의 기념비가 있을 만큼 한국교회에 귀감이 되는 가정에서 성장하며 자연스런 믿음의 유산을 받았으나, 청소년 시절 질풍노도와 같은 방황을 거치게 되었고, 우여곡절 끝에 백석대학 신대원을 졸업한 후, 목회자의 길에 들어서게 되었다.

1995년에서 2002년까지 신대원 재학 당시 서울시 강동구 상일동에서 개척교회를 시작하였다. 당시 지역에서 외면 받던 동네 불량 청소년들에게 따뜻한 손길을 내밀었고, 쉽지 않은 사역이었지만 깨어진 가정, 경제적 궁핍함으로 인해 마음속 깊이 상처와 불신의 벽이 있던 청소년들이 하나, 둘 씩 교회로 발걸음을 옮기기 시작하였다. 그리고 지역의 특성상 어린이 사역이 필요하다고 판단하여 다음세대를 중심으로 태권도, 영어, 컴퓨터 교육 등을 통해 첫 목회지에서 활발히 사역을 감당하며 복음을 전하게 되었다. 해외 선교에 대한 뜨거운 열정을 갖게 된 동기는 23년 전 감리교 선교팀과 함께 아프리카 케냐로 단기 선교를 다녀온 것이 직접적인 계기가 되었고 이후 케냐 뿐 아니라 콩고, 가나, 필리핀 등 단기 선교의 기회가 있을 때마다 선교 현장을 사모하게 되어 꾸준히 실천을 하며 현지 선교사들과 협력하게 되었다.

현재 H 선교사는 국제사랑재단 파송 선교사로 현지 기술훈련원장 직을 겸직하고 있다. 교회 목회자 시절 해외 선교의 열정을 갖고 10여 년 동안 여러 현장을 체험하고 노하우를 습득하였던 것이 큰 도움이 되었으며, V국에서 교회 개척과 함께 왕성한 사역을 감당하다 종교 탄압으로 인해 무일푼으로 쫓기다시피 C국으로 오게 된 과정에서 광야의 고난과 시련은 오히려 약이 되어 지금의 BAM 사역에 든든한 버팀목이 되고 있다.

아무런 준비 없이 도착한 C국 땅은 막막하였으나, 하나님이 예비하신 사역은 놀랍게 이루어지기 시작하였다. 도시 주변의 젊은이들에게 필요한 것은 일자리와 거주지였다. 2평 남짓한 공간에서 시작된 W사는 처음 공방 수준에서 출발하여 빠르게 성장을 거듭하다 불과 3년 반 만에 40명의 근로자가 일할 수 있는 가구공장과 전시장 그리고 거주지가 마련될 수 있었다. H 선교사는 현지 목공수련생을 직접 모집하고 가르치며 함께 일하였다. 낮에는 교육과 일을 병행하고, 밤에는 과외 선생을 두고 언어를 습득하여, 이제는 현장에서 직원들과 소통하며 일하는데 큰 불편함을 느끼지 않는다고 한다. 물론 일부 근로자의 이탈과 사업이 본궤도에 오르며 시설비 마련, 공사 미지급금 발생 등은 비즈니스 현장에서 필수적으로 발생하는 시행착오였고 본인이 현장에서 진두지휘하며, 아내 C 선교사가 재무와 홍보를 책임지는 역할분담을 통해서 위기를 극복하여 안정화 단계에 진입하게 되었다.

4. 건설 호황 속 원목가구에 반하다

C국 경제는 세계에서 가장 가난한 나라 10위권에 들 정도이지만 대부분 개발도상국처럼 빈부의 격차가 심한 상태에서 중국, 일본, 한국, 러시아 등 외국 자본들의 유입으로 인하여 건축이 붐을 일으키며 매년 경제 성장률 7~8%를 보이고 있다. 1인당 GDP는 2,025달러 정도이며, 외국인투자에 대해서는 아주 개방적이다. 소승불교의 나라임에도 불구하고 기독교에 대해서는 선교사의 나라라는 말이 있을 정도로 관대한데, 이는 경제적으로 유익하다는 정치적 판단에 기인한 것으로 보인다. UN을 비롯한 전 세계 각 나라들의 ODA와 NGO등의 활동 또한 활발히 이뤄지고 있어 대도시를 중심으로 매우 빠른 변화를 겪고 있는 상황이다.

C국에서 알게 된 가장 놀라운 사실은 재질이 뛰어나고 가격이 저렴한 원목을 쉽게 구할 수 있다는 것이다. 특히 전 세계적으로 가장 고가 원목중 하나인 자단목은 국경지대를 중심으로 국가가 직접 관리할 정도로 그 품질이 매우 뛰어나서 일반 거래금지 종목으로 지정될 정도이다. C국의 목재는 최근 들어 수요보다 공급이 부족한 현실에서 그 가치는 더 올라갈 것으로 보인다. 이렇듯 건설경기 호

8. 쫓겨났던 자, 가구업으로 동남아 제일의 사회적기업을 꿈꾸다

황과 함께 양질의 원목자재의 우수성은 자연스럽게 인테리어와 가구산업에도 긍정적인 영향을 미치고 있다.

W사는 이런 비즈니스 상황을 하나님이 주신 기회로 여기며 성구개발부터 시작된 노하우를 바탕으로 가정용 원목가구, 사무실과 매장용 가구세트, 호텔 및 대형매장 원목 인테리어 시공 등 C국 최고의 원목 제조기술과 결합된 인테리어 능력을 보유하게 되었다.

앞으로 더 나아가 차별화된 AS 등 다양한 서비스제공에 이를 때까지 현지인들이 선호하는 원목가구로서의 위상을 강화해 나갈 계획이다. 현지의 많은 선교사들이 공통적으로 이야기하는 일자리창출과 창업의 중요성을 몸소 체험하고 실천하는 W사는 현재 청년근로자 40명과 함께 일하고 있으며 교회, 학교, 병원, 그리고 최근오픈하는 대형 쇼핑몰에 원목가구와 함께 인테리어를 시공하는 기업으로 발전하고 있으며, 다른 선교사들을 돕는 일에도 관심을 갖기 시작하였다.

5. 가구공장에서 발견한 선교적 사명과 비즈니스 상황

H 선교사가 발견한 선교적 사업의 핵심 경쟁력은 원목가구제조에서 이루어낸 '최고의 품질'이다. 기존 현지의 생산품과 차별화 전략을 쓰고 있으며, 재료들은 최고의 재질로 사용하고 있고, 현지 소비자들도 처음에는 외국인이라는 편견으로 거리를 두었으나, 차츰 이해하고 좋은 입소문이 나면서 중산층 이상 세대에서 제품구입이 이루어지는 상황이다. 영업활동 초창기는 지역의 광고책자에 연단

위로 일정금액을 내고 홍보하였고, 현재는 매장과 주요 지역 전단지 배포와 지역 페이스북 광고를 주로 이용하고 있다. 동남아지역의 최근 흐름인 모바일 사용, 특히 페이스북을 중심으로 한 SNS 사용자가 젊은 층을 중심으로 폭발적으로 증가하고 있어 반응이 매우 좋은 편이며, 향후 그 비중을 더 늘려나갈 계획이다. 좋은 소식 가운데 하나는 조만간 한국의 가구 회사와 원목 소품 계약을 앞두고 있다는 점이다. 현재 전체 사업규모의 약 10%정도 규모로 시작할 계획인데 앞으로 사회적기업 전환과 본격적인 수출입 기업으로 면모를 갖출 수 있는 기회라는 점에서 큰 의미가 있다.

W사가 점점 알려지면서 일부 현지 목공회사들이 디자인과 기능을 따라하기 시작했지만, 아직까지 품질 면에서는 비교가 되지 않게 월등하다는 평가를 받고 있는 것이 경쟁에 유리한 상황이다. 다만 중국인들이 수단 방법을 가리지 않고, 물량 공세로 저가 제품들로 판을 치며 시장을 교란시키고 있는 것이 문제로 대두하고 있다. 아직까지는 사업에 지장이 없으나 앞으로 어떤 위협요인이 될 것인지 예의 주시하며 그 대응책을 모색하고 있다. 본래 C국은 제조업 기반이 열악한 환경이라 대부분의 제품들을 태국, 베트남, 중국 등에서 수입하고 있다. 이런 상황 속에서 W사가 원목 가구와 인테리어 파트에서 최고의 품질을 인정받고 있지만 방심하거나 자만하지 않고 새로운 트렌드와 부가서비스 개발, 그리고 보다 향상된 기계설비를 갖추기 위해 현지와 한국으로부터 투자 유치 및 지원 자금을 알아보며 준비하고 있다.

H 선교사가 가장 신경 쓰는 부분은 청년 선교이며, 현지인 인재

양성이다. C국은 문맹률이 높은 편이고, 대학 진학률도 보통 20~30% 정도로 매우 낮다. 이는 상대적으로 앞으로도 교육선교가 매우 중요하다는 것을 의미한다. H 선교사는 한국에 있을 때에도 불우한 환경에 있는 문제 청소년들에 대한 특별한 마음이 있었고, 그들의 아픔과 필요에 대해서 공감해주던 목회자였다. 이곳에서도 마찬가지로 기술이 전혀 없어도 기술을 배울 의지가 있는 젊은이들이면 먼저 관심을 갖고 직업교육으로서 목공기술을 가르치고 있다. 소정의 과정을 마치면 정식으로 직원채용 계약을 맺고, 숙식제공과 기술의 등급에 따라 급여를 차등지급하고 있다. 물론 그들에게 자연스럽게 복음을 전하고 있으며 그 총체적 선교는 가시적 성과를 내기 시작하였다. 4년차 들어서 교육을 받던 청년이 가구 공장의 핵심 인력이 되었고, 동년배의 지역 청년들보다 안정적인 일자리와 급여 수준은 점차 소문이 나기 시작하여 기술을 배우고 취업하려는 청년 대기자가 생기기 시작하였다.

6. 지역사회의 책임 있는 구성원으로 공익연계 마케팅 준비

전 세계적으로 복잡한 사회문제의 근본적인 원인 중의 하나인 공감의 문제이다. 이 공감 능력을 어떻게 키우는가가 사회적기업의 성패를 결정짓는다 해도 과언이 아니다. 환경 분야, 다문화 분야, 노인 분야, 청년 분야, 그리고 글로벌 창업 분야 등에서 교육, 문화, 예술 영역의 새로운 사회문제들이 발생하고 있어 사회적기업을 통해 이를 해결해 나가려는 다양한 시도들이 구체적으로 시도되고 있다. 따라서 새로운 기대감과 함께 이를 한국교회 단독으로 감당하려기보다는 지역사회 네트워크를 선용하고, 한국교회가 더 나아가 나눔과 섬김의 중심이 되어 국내외적으로 '지역경제공동 생태계' 조성에 적극 나서야만 한다.

W사는 지금까지 꾸준히 현지 젊은이들에 직업교육과 일자리를 제공하고 있으며, 무엇보다도 한국의 우월한 기술력을 습득시키며 변화해 가고 있는 것이 가장 큰 성과라 할 수 있다. 사업이 점차 성장함에 따라 우선 직원들 위주로 고향의 가족들이나 교회들의 어려움을 도와주기 시작했으며, 특히 한국 선교사님들의 교회나 학교 건축 중심으로 필요한 부분들을 우선 협력하고자 노력하고 있다. 아직 지역사회에 본격적인 경제적 지원은 계획 단계이지만, 사회적 기업 법인을 설립할 계획 가운데 공익연계 마케팅 준비를 본격화하고 있다.

영국의 한 조사기관의 발표에 의하면, 소비자들의 86%는 더 나은 세상을 만들기 위해 노력하는 기업에 대해 더 긍정적인 이미지를 가지고 있으며, 어떤 상품이 특정한 공익적 메시지와 연계된 경우 소비자의 64%가 5% 정도의 값을 더 지불할 용의가 있다고 밝혔다. 이는 제품 구매 시 제품의 편익을 넘어 제품에 대한 사회적 가치와 기업의 공익적인 이미지를 같이 고려하는 소비자가 늘어나고 있음을 보여주는 중요한 사실이다. 그래서 W사도 착한 마케팅을 통해 먼저 지역사회의 책임 있는 구성원의 역할을 찾고, 이러한 흐름을 발전시켜 제품의 경쟁력으로 마케팅 하는 것 보다 브랜드로서의 힘을 극대화 하려고 한다.

8. 쫓겨났던 자, 가구업으로 동남아 제일의 사회적기업을 꿈꾸다

영국에서는 바디샵이 환경 문제를, 미국에서는 리즈 클레이본이 가정폭력 예방과 같은 특정 사회이슈에 대한 자신들의 입장을 공개적으로 드러내면서 소셜 임팩트를 강화시켜 왔다. W사는 2006년 노벨평화상 수상자인 방글라데시 그라민은행의 무하마드 유누스와 함께 프랑스의 식품회사 다논이 가난한 사람들을 위해 설립한 식품회사 〈그라민-다논〉을 주목하고 있다. 빈곤계층이 절대적인 방글라데시의 경제적 특수성을 감안해 제품 가격을 낮추고, 어린이의 영양 부족을 해결하기 위해 비타민 등 필요성분을 강화했고, 더불어 이 일대에서 생산되는 우유를 사용해 제품을 만듦으로서 고용을 창출하고, 지역 개발에도 지속적인 도움이 되는 비즈니스모델을 탁월하게 만들어 낸 것이다. 이러한 소셜 임팩트를 강조한 것이 바로 코즈마케팅[11]이며 W사도 지역 사회 안에서 실현 가능한 모델들을 더 고민하고 있다.

---

11) 1990년대 이후 경제가 급격히 성장하면서, 미국과 유럽의 소비자들은 소득수준이 향상되었고 어느 정도 삶의 기본 욕구가 충족되면서 소비에 자신들의 가치와 신념을 담기 시작했다. 메슬로우의 5단계 이론을 볼 때에, 인간에게는 가장 기본적인 욕구들(생리욕구, 안전욕구)인 생존 자체, 즉 음식, 안식처, 섹스 등에서 시작해 점진적으로 성취하고자 하는 일련의 욕구가 있다고 했는데, 이러한 욕구들이 충족되면 사람들은 인간관계의 역할과 공동체 입지에서 자신의 영향력을 행사하고 싶은 욕구로 눈을 돌리게 된다. 즉, 사람들이 충분히 자존감을 가지게 되면 정신적인 측면에서 자아실현을 하려는 요구가 점점 커지게 된다는 것이다. 소비자들이 환경을 이야기하고 공정무역(Fair Trade)과 기업의 사회참여(CSR)를 말하는 것은 바로 매슬로우가 이야기한 정신적인 측면에서의 자아실현 욕구가 어느 정도 반영된 것으로 볼 수 있다. 그리고 그 욕구를 파악하고 소비자들에게 접근한 것이 바로 공익연계 마케팅으로 불리는 코즈마케팅이다.

7. 신앙공동체, 비즈니스 사역의 열매

W사는 무일푼에서 시작한 사업이 비교적 안정권에 접어들고 있지만, 여전히 어려움은 롤러코스터를 타는 것처럼 불규칙적으로 다가온다. 가장 어려운 점은 4년 전 처음 시작할 때부터 지금까지 반복되는 사람과 자금의 문제이다. 1~2년 직업훈련을 통해서 어느 정도 기술력이 확보가 됐을 때 배신하고 다른 공장으로 이전하는 경우도 있고, 신뢰했던 동역자에게 어려움을 겪기도 하였다. 사업이 활성화되면서 부터는 필요한 공장설비와 기계설치에 목돈이 들어가게 되어, 처음부터 지금까지 매 순간 하나님 앞에 나아가 기도하며 구할 수밖에 없었다. 또한 사회 환경은 예전 공산주의 국가에서 민주주의 국가로 바뀌었지만, 공무원들의 부패지수는 세계 최고 수준이라 때로는 시험을 당할 때도 많이 있기에, 선교사로서 이 땅에 발을 내 딛었던 때부터 죽으면 죽으리라는 믿음으로 감당해오고 있다.

H 선교사는 목회자이자 선교사로서 직원들과 함께 매일 기도회와 주일과 수요예배로 말씀과 기도 경영에 힘쓰고 있으며, 핵심 멤버들을 대상으로 제자훈련도 지속적으로 진행하고 있다. 그 사역의 열매로 2016년 10월 24일에는 국제사랑재단 사무국장 L 목사와 H 선교사의 집례로 20명의 직업훈련생이 세례를 받는 감동이 있었다. L 목사는 "130여 년 전 선교사님들이 예수그리스도를 전해 주었기에 우리 선조들은 처음 예수를 믿기 시작하여 오늘 여러분들과 같이 세례를 받았습니다. 그분들이 대한민국의 지도자가 되어 오늘의 대한민국을 이루는 기틀이 되었습니다. 오늘 세례를 받는 20명의

여러분들은 이 나라의 지도자가 되는 꿈을 가지시고 예수님의 말씀대로 살아가시기를 바랍니다. 어떠한 경우에도 예수님의 손을 꼭 잡으시고 살아가시기를 바랍니다."라며 축복의 말씀을 전했다. 이제 만 4년의 짧은 기간 함께한 공동체이기에 더 많은 수고와 헌신이 있어야겠지만, 앞으로 목공직업훈련원으로 시작되어 가구제조공장과 매장 그리고 기숙공간까지 확대된 BAM사역의 신앙공동체는 C국의 청소년과 청년들이 꿈을 키우는 공간으로, 믿음의 열매를 맺는 신앙인으로 성장하는 공간으로 자리매김하게 될 것이다.

8. 동남아 제일의 하나님 기업을 꿈꾸는 비전

한정된 자원으로 최대의 결과를 만들어내는 것을 사업이라 정의할 때, 결국 '얼마나 좋은 자원을 동원할 수 있는가?'가 사업의 성패를 가늠하는 척도가 된다고 말할 수 있다. 일반적으로 기업경영의 3요소라 할 수 있는 3M(Money, Man, Material)을 기반으로 사업 설계를 하는 것이 보통이다. 공동의 목표를 가진 동료와 튼튼한 네트워크 파워(인적 자원), 효과적으로 설계된 정보 인프라와 조직운영 시스템(물적 자원), 나아가 자금조달을 원활하게 할 수 있는 능력까지 갖추고 있다면 그 사업에서 성공할 확률은 높아진다. 하지만 현실은 그렇지 않은 경우가 많으며 C국 현지도 마찬가지이다.

H 선교사는 본인처럼 BAMer를 지원하려는 사역자들에게 모든 결정은 결코 쉽게 해서는 안 되며 철저한 준비가 필요하다고 강조한다. 그 어느 사역지든 현지 환경을 철저하게 파악하고 현지 언어

를 습득해야 하며 적절한 투자가 꼭 필요하니 개인의 투자와 함께 든든한 후원이나 지원을 확보해야 한다고 조언한다. 그리고 그 분야의 전문성을 얻기 위하여 꾸준한 공부와 변화하는 상황을 직시할 수 있도록 다양한 네트워크를 구축하는 게 필요하다고 강조한다. 본인도 W사의 새로운 도약을 위해서 최신 기계설비 보완을 준비 중이며, 기술향상을 위하여 사업과 공부를 병행하고 있다고 말한다.

본격적인 사회적기업 행보를 보이고 있는 W사의 H 선교사[12]의 향후 선교 사업 비전은, 동남아 제일의 선교기업이 되어 더 많은 젊은 기술자들을 배출하기 위한 기술학교 설립과, BAMer를 지원하고자 하는 선교사들과 연합하여 사역하는 것이다. 선교사들의 가장 어려움이 자녀 교육문제임을 경험해본 선교사로서 장기적으로 선교사 자녀를 위한 장학센터 건립을 놓고 기도하고 있으며, 협력할 분들의 관심과 동참을 촉구하고 있다.

필자가 기독교 사회적 기업가 입장에서 바라본 W사 H 선교사의 장점은 첫째, 국내에서 개척교회 담임목회 시절부터 소외된 이웃들 특히 불우한 청소년과 청년들에게 복음을 전해야 한다는 선교 마인드가 해외 선교의 열정으로 이어져 오늘날 C국 땅까지 그 열정이 이어지게 된 점, 둘째는 비록 가구제작의 전문가는 아니었으나 본

---

12) H 선교사가 꼽은 성경 말씀은 "내게 능력 주시는 자 안에서 내가 모든 것을 할 수 있느니라."(빌 4:13), "이와 같이 너희도 너희 자신을 죄에 대하여는 죽은 자요 그리스도 예수 안에서 하나님께 대하여는 살아 있는 자로 여길지어다."(롬 6:11), "당신은 가서 수산에 있는 유다인을 다 모으고 나를 위하여 금식하되 밤낮 삼 일을 먹지도 말고 마시지도 마소서 나도 나의 시녀와 더불어 이렇게 금식한 후에 규례를 어기고 왕에게 나아가리니 죽으면 죽으리이다 하니라."(에 4:16)

8. 쫓겨났던 자, 가구업으로 동남아 제일의 사회적기업을 꿈꾸다

인에게 부여된 재능을 살려 원목가구 제작 및 인테리어 사업 모델로 발전시킨 성실성과 아내 C 선교사의 관리 능력, 셋째로는 변화하는 글로벌 경쟁사회 속에서 BAMer로서의 정체성을 잃지 않으면서도 사회적기업의 필요성과 차별성을 발전시키기 위하여 끊임없이 연구하고 네트워크를 확대하여 생태계를 만들어 나가고자 노력하는 안목에서 찾아 볼 수 있다.

오늘날 전 세계의 공통 화두인 일자리 창출과 그 주요 정책인 사회적기업을 추구하는 W사에게는 앞으로 더 어려운 과제가 주어질 수도 있다. 끊임없이 변화는 정치 경제 상황은 모든 개발도상국들의 주요 변수이다. 본국이 아닌 현지에서 비즈니스만 제대로 하기 힘든데 그들에게 삶의 모범을 보이면서 복음을 전하고 예배를 인도하며 제자훈련을 시킨다는 것은 많은 사례에서 이미 언급되었지만, 매일 매일 십자가를 묵상하며 걸어가는 좁은 길이며, 그 분의 인도하심이 아니면 설명할 수 없는 기적의 일상이라 하겠다. 그러므로 향후 보완되어야 할 점은 W사가 현지 사회적기업으로서 인사, 재무, 신규 사업 분야의 전문화와, 체계적인 법인화를 갖추고 일과 영성이 분리되지 않은 신앙공동체 안에서 그리스도의 제자와 숙련된 전문가들을 장기적 마스터플랜 속에서 동시에 길러내야 한다는 것이다. 지금까지 잘 걸어 왔듯이 한걸음씩 발전하기를 응원하며 기대해 본다.

9

토목회사에서
고무나무 농장까지
좌충우돌 사역 열전

한 정 화

외국인이 현지에서 사업에 성공할 수 있는 핵심 요소는 믿을 수 있는 사람을 확보하는 데 있다고 한다. 그래서 인재양성을 먼저 시작했다. 처음 10년은 제자를 양육하고, 양육한 그 제자들이 창업을 할 수 있도록 기반을 마련하는데 주력한 시간이었다. 향후 10년은 선교지의 창업기업들이 투자받을 수 있는 시스템을 만드는데 주력할 계획이다.

K 선교사가 헌신하고 있는 C국은 오랜 식민지 생활과 내전으로 성취욕이 낮아 과거 10년 전까지만 해도 빈곤층이 50%에 달했으나, 현재는 10%대로 줄어들었고, 최근 3년 동안 7%대의 경제성장률을 보이며 빠르게 성장하고 있다. 그는 이곳의 청년들에게 더 많은 교육기회를 제공하고자 기숙사 운영부터 시작하여 고무나무 농장, 캐슈너트 농장 등을 운영하며 비즈니스와 선교의 현장에서 힘써왔다. 향후 직접 양육한 제자들이 BAM 기업을 창업하고 운영할 수 있도록 그들을 지원하여 새로운 BAMer들을 재생산하는 것이 목표이다.

1. 선교 이전 경험

K 선교사는 대학에서 토목공학을 공부하고 건설회사에서 8년 동안 근무했다. 회사 경험을 바탕으로 1988년에 건설 회사를 창업하였고, 건설 회사를 포함하여 2개의 기업을 운영해오던 중, 97년 한국에 IMF 외환위기가 불어 닥치면서 두 기업 모두 도산의 위기를 맞게 되었다. 전례 없이 얼어붙은 국내의 경제 상황 속에서 손 쓸 시간도 없이 하루아침에 파산선고를 받았고, 함께 일하던 직원들과 정신없이 경찰, 검찰, 노동청 등을 찾아다니며 바쁘게 상황을 수습해야만 했다.

모두 정리하고 나니 그제야 정신이 들면서 그동안 사업을 일으키기 위해 노력했던 것에 대한 허무함과 무력감이 밀려왔다. 더 이상 무엇을 할 수 있을까 힘들어하고 있던 때 마지막까지 함께 했던 직원들이 다시 찾아왔다. 창업 초기자본은 자신들이 대겠으니 다시 시작해보자는 것이었다. 자신을 끝까지 믿고 따라주는 직원들이 있기에 다시 한 번 도전해 보기로 결심하고 아이템을 찾기 시작했다. 그 때 이전 사업에서 IMF가 터지는 바람에 특허를 받아놓고도 이를 상품화시키지 못했던 아이템이 생각나서, 그것을 가지고 스포츠회사를 창업했다. 마침 당시 벤처기업제도가 생기면서 정부에서 자금을 지원받을 수 있는 길이 열렸다. 가지고 있던 특허를 활용해서 운동장 바닥을 포장하는 회사를 창업했고, 이어서 1998년 3월 토목회사를 창업하였다.

2. 선교를 결심하게 된 계기

K 선교사는 건설회사에서 사우디아라비아로 파견을 나가 직장생활을 하던 중 현지 캠프 내의 교회에 출석하면서 처음 믿음을 갖게 되었고 87년에 세례를 받았다. 이후 귀국하여 창업과 도산, 그리고 다시 창업하는 과정을 거치며 재기 후 하나님께 의뢰하는 삶을 살게 되었다. 두란노 성경대학에서 2년간의 배움의 시간을 통해 은퇴 후에 선교하고자 하는 마음의 소원이 생겼다. 인생 80년을 산다면 십일조로 8년을 하나님 앞에 선교해야겠다는 구체적인 마음의 결단이 일어났고, 1년간의 GPTI 전문인 선교훈련과정을 통해 구체적인 선교를 준비하기 시작했다.

그의 도산과 재기는 삶의 터닝 포인트이자 헌신이 계기가 되었다. '나의 하나님이 그리스도 예수 안에서 영광 가운데 그 풍성한대로 너희 모든 쓸 것을 채우시리라'는 빌립보서 4장 19절의 말씀을 통해 그의 삶을 주관하시는 분이 하나님임을 깨닫게 되었고, 나의 사업이 아니라 주님의 사업을 하고자 하는 열망이 일어났다. 더 이상 미루지 않고 모든 것의 주인되시는 하나님께 나의 것을 맡긴 채 한국의 생활을 쉽게 정리하고, 단순한 마음으로 선교지로 나갈 수 있는 힘을 얻었다. 처음에는 중국과 연해주에 뜻이 있었으나 중국에서 사스(SARS)의 발병으로 인해 취소되었고, 인터서브의 파송으로 2004년 11월 C국의 선교사로 나가게 되었다.

3. C국에 첫 발을 내딛다

그가 파송 받은 C국은 저개발 국가로 활용할 수 있는 자원과 지원이 제한되어 있었다. 그는 외국인으로서 사업에 성공할 수 있는 아이템이 무엇일까 고민했다. 우선은 아이템보다 믿을 수 있는 사람과 함께 하는 것이 성공가능성을 높일 수 있는 주요한 요인이라는 생각이 들었고, 그의 마음에 현지의 청소년과 청년들이 떠올랐다. 그들을 잘 키워서 함께 사업을 해야겠다는 마음이 들었다. C국은 고등학교 진학률이 남학생은 2%, 여학생은 1.5%로 매우 낮은 편이다. 고등학교가 많이 없어 통학거리가 기본 20km는 되기 때문이다.

K 선교사는 열매를 거두는 시간이 다소 걸리더라도 씨앗부터 심기로 했다. C국의 청소년과 청년들에게 소망을 두고 학교 앞에 기숙사를 세워 그들의 교육을 지원하고자 결심했다. 그에게는 학생들의 졸업 이후의 삶을 직장을 통해 담당하고자 하는 비전이 있었기

에, 졸업 전까지 학생들의 양육을 담당해 줄 다른 선교사들과 협력하여 기숙사를 운영하였다. 기숙사 사업을 하며 현지 학생들이 세워져가는 동안 K 선교사는 현지에 적응하며 사업 구상에 대한 시간을 벌 수 있었다. 그는 이 기간이 학생들과 자신의 준비 기간이었다고 말한다.

4. 값비싼 수업료를 지불하다

첫 시기에는 다른 것은 하지 않고 기숙사만 운영하며, C국의 비즈니스 생리를 배우고자 했다. 그러던 중 지인을 통해 봉제 공장에 대한 투자 제의를 받았다. C국의 봉제공장은 작은 경우 천 명에서 크게는 오천 명 규모의 공장이기에 선교사의 눈에는 그야말로 황금어장이었다. 다만 직접 운영에 관여하며 전반적으로 총괄하는 것은 시기적으로 이르다고 판단하여 종업원들에 대한 양육과 재무상태만 모니터링하기로 하면서 십만 불을 투자하기로 결정하였다.

당시 공장에는 제품 생산에 20여 년 경력이 있는 담당자가 있어, 그가 추가적으로 마케팅 분야만 도와준다면 가능성이 있겠다고 판단했다. 마침 선교단체 내에 C국과 인접한 문화권 출신의 마케팅 경험이 있는 선교사가 있었고, 그에게 조언을 구하며 사업을 시작하였다. 그렇게 차츰 공장 인력을 관리하고 현금흐름을 살펴볼수록 감추어져 있던 문제들이 드러났다. 노후한 설비로 월마트, 까르푸 같은 글로벌 기업과 거래하려다보니 하청에 재하청을 주게 되었고, 이로 인해 점차 수익성이 악화되는 것이었다. 이를 만회하기 위해

9. 토목회사에서 고무나무 농장까지 좌충우돌 사역 열전

서 설비에 투자를 하고 1년 간 더 지켜보았으나 상황은 나아지지 않았다. 오히려 이전보다 제품의 품질에 대한 클레임이 증가하였다. 어렵게 수주에 성공한 해외 유명브랜드의 제품에서 몇 차례 문제가 생기자, 거래처에서 이를 문제 삼기 시작했고, K 선교사 역시 자신이 투자한 공장 관리자의 역량에 대한 확신이 서지 않는 상태였다. 재투자를 결정해야 할 시점이 되면서 이쯤에서 사업을 정리하기로 결정하였고, 결국 이전의 투자금을 회수하지 못한 채 다른 사람에게 양도하고 정리하였다. 그래도 그 와중에 종업원들의 고용 승계가 이루어진 것은 감사한 일이었다. 그는 잘 안 되었던 원인을 다음과 같이 분석했다.

"처음부터 잘 알아보지도 않고 시작했던 것이 잘못이었습니다. 원래 봉제공장에 투자하기로 한 사람이 연락이 두절되어, 아는 지인이 어려움에 처했다는 소식에 안타까운 마음이 들어 투자제안을 받아들였던 겁니다. 봉제업의 특성도 몰랐을 뿐더러 공장의 형편도 모른 채 너무 경험이 없는 분야에 진입한 것이 실패한 주요 원인이었습니다. C국에 진출한 첫 시기에 10만 달러라는 값비싼 수업료를 지불한 셈이었습니다."

5. C국의 비즈니스 환경

C국은 사업을 하기에 그리 좋은 환경은 아니다. 정부의 제도적 지원은 정비되어 있지 않고, 관료들 역시 그들의 주머니애 무언가가 생기지 않는 한 협조할 생각을 하지 않는다. 국민들의 노동 생

산성이나 의식구조, 성취욕도 낮은 편이다. 그럴 수밖에 없는 것이 C국은 60년대부터 90년대 초반까지 30년이 넘게 전쟁을 겪으며 경제적으로 정신적으로 힘든 시기를 보냈다. 그동안 10년은 미국에게, 10년은 베트남에게 군사 지배를 받았고 그 사이 숱한 내전으로 인해 무언가를 투자하고 성취하고 보상받을 수 있는 환경이 조성되지 못했다. 특히 국경이 인접한 지역일수록 대인지뢰가 많이 묻혀 있어 땅을 일구고 경작을 하고 싶어도 그럴 수 없는 곳이 많았다.

단적인 예로, 같은 열대지방인 인접국에는 유휴지가 거의 없는 반면, 이 지역엔 노는 땅이 더 많아 경작지가 별로 없는 걸 알 수 있다. 지금도 전쟁으로 망가지고 노후화된 농토를 개간하고 관개시설을 복구하는 중이다. 그래도 과거에 비해 도로, 전기 등 정부에서 인프라 개선을 위해 많이 노력하고 있다. 이 지역에서 외국인이 사업을 하고자 하는 경우, 규모가 크다면 70년 장기임차로 사업을 할 수 있다. 다만 현지 자본이 많으면 법인으로 시작할 수 있기에 K선교사는 현지 직원을 명목상 주주로 세워 현지법인의 형태로 사업을 시작하였다.

6. 수많은 실패를 통한 핵심사업의 탄생

새로운 사업을 위해 현지의 가용자원을 헤아려보니 저임금의 인력, 개발되지 않은 땅, 관광자원 이 세 가지로 압축이 되었다. 현지 사정상 수입, 가공, 서비스 보다는 현지에서 흔히 구할 수 있는 자원을 활용해서 할 수 있는 것을 찾으려고 노력했다. 이것들로 할

9. 토목회사에서 고무나무 농장까지 좌충우돌 사역 열전

수 있는 것을 고민하기 시작했고, 이왕이면 그들에게 도움이 되고 필요한 일을 하기로 했다. 먼저 관광 분야를 탐색하다가 호텔을 매입해 리노베이션하는 사업을 계획했는데, 계약하기로 한 소유주가 이미 다른 사람과 계약을 하는 바람에 이 분야는 접게 되었다. 다시 현지인과 조인트벤처 형식으로 양돈·양계 사업을 시작했는데, 이 분야는 질병문제에 취약해 실패하고 말았다. 고무 가공 공장도 조인트벤처 형식으로 창업했는데, 현재는 수익이 좋지 않아 일시 중지 상태에 있다. 세 사업 모두 같은 현지인 파트너와 시작하였는데, 파트너가 다른 사업에 투자를 하면서 현금흐름이 원활하지 않아 어려움을 겪고 있다.

시도한 사업 중 안정적으로 성장하고 있는 분야는 농업 쪽이다. 처음에 농장으로 개간한 땅이 워낙 오지라서 여러 가지 작물을 시도하는 과정에서 시행착오가 많았다. 한 번은 망고농장을 해보려고 묘목을 사다 길렀다. 우기가 시작되기 전에 묘목을 농장에 식재해야 했는데, 운송하기도 전에 그 해의 우기가 일찍 시작되는 바람에 망고 묘목은 실패로 돌아갔다. 다행스럽게도 이후에 선정한 고무나무와 캐슈너트, 후추농장 등에서 좋은 성과가 나고 있다.

C국에는 고무나무가 많다. 프랑스 식민지였던 60년대에 전국적으로 고무나무가 보급되었기 때문이다. 그 후 30년 정도 시간이 지나는 동안 더 이상 심지도 않고, 기존에 심었던 나무의 수명이 다하면서 NGO에서 다시 고무나무를 보급하기 시작했다. 고무나무는 30년 정도의 긴 수명을 가지고 있고 병충해에도 강한편이다. 또한 시간이 지날수록 나무 특유의 무늬가 두드러지면서 마호가니처럼 중

상급 수준의 원목으로 취급되는데, 원목 값은 계속 올라가는 추세에 있었다. 이 때문에 인접국에서는 정부 차원에서 고무나무 심기를 장려했다가 생산량의 증가로 가격이 떨어지면서 낭패를 보기도 했다. 원자재 가격이 세계경제의 영향을 많이 받다보니 변동의 폭이 좀 크긴 하지만, K 선교사는 바로 이 고무나무에 사업의 기회가 있다고 생각하여 100hr의 부지를 매입해 농장을 시작했다.

고무나무는 수액을 채취해야 하는데 토지가 비옥하지 않으면 채산성이 맞지 않는다. 처음에는 수도에서 200km쯤 떨어진 지역에서 많이 시작했는데 지대가 오르면서 점차 도시 외곽으로 이동하였고 현재는 수도에서 약 700km 정도 떨어진 곳에 위치하고 있다. 현재는 그 규모가 300hr에 달하는 주력사업이 되었다.

고무나무 농장의 성공으로 또 다른 소득 작물을 구상하기 시작했다. 현지의 토질과 기후, 소비패턴을 분석하고 나서 캐슈너트, 후추 농장으로 농장사업을 확장하였다. 캐슈너트는 개간한지 10년 정도 되어 가는데 재배하기에 적합한 편이다. 들소나 멧돼지가 먹지 않고 운송도 비교적 쉬운 편이다. 결정적으로 신수종이 개발되어 시장가치가 있어, 3년차부터는 알도 굵고 수확량도 상당히 거두게 되었다. 후추는 아직까지 계속 투자가 필요한 사업으로, 해마다 몇 천 평씩 늘려나가는 중에 있다.

7. 현장에서 만난 어려움

현지에서 시작한 사업들이 비교적 안정권에 접어들었지만 여전히 어려움은 존재한다. 그가 선택한 농업분야는 첨단 농업이 아닌 현지인 수준에서 유휴지를 활용하는 농업이었기에 기술적인 부분에서 큰 어려움은 없었다. 교육사업도 협력할 선교사가 필요한 시기마다 보충되었고, 현지 학생들과의 문제도 크게 없었다. 그러나 법적인 측면에서 어려움을 겪고 있는데, 이 문제는 지금도 진행 중이다. 기숙사 운영을 시작하는 첫 해, 정상적으로 땅을 매입해 등기를 이전하고 소유권에 대한 문제를 확실히 해두었음에도 이 부지는 지금까지 소송 중에 있다. 변호사에게 의뢰하여 법적인 절차를 거치면 가볍게 해결될 문제 같지만, 제도는 갖추어져 있으나 외국인에게는 잘 적용이 되지 않는 어려움이 있다. 관료들도 외국인은 법대로 처리하지 않고, 임의로 대우하는 경향이 있어 기숙사 부지의 소유권은 아직까지 해결하지 못한 과제로 남아있다.

8. 교육과 비즈니스 사역의 선순환

그는 국내와 C국에서 동시에 사업을 운영하고 있다. 국내에서는 체육시설, 조경시설 시공 및 제조, 마루 시공을 주력으로 하는 3개의 기업을 운영하고 있다. 이 기업의 수익으로 C국의 자금을 대기도 했으나, 점차 C국의 기숙사 및 농장 사업이 안정화되고 수익을 내면서 현지의 인력과 자금으로 자체적인 운영이 가능해진 시점에 이르렀다.

C국에서는 세 가지 사역이 순환구조를 이루고 있다. 먼저 교육을 위한 구제활동을 우선한다. 구제를 통해 현지의 청소년과 청년들이

교육 혜택을 받으며 사회에 투입될 수 있는 준비된 인재로 성장한다. 교육을 마치고 비즈니스 현장에 투입된 인력들은 직업을 통해 개인의 삶의 질을 향상시키고, 기업의 수익으로 또 다른 구제활동을 이어나가는 순환구조를 만들어낸다. 시간이 흐르면서 복합센터의 공동체에서 양육을 받은 현지인이 성장하여 다시 센터의 양육자가 되었다. 복합센터는 지역별로 총 네 곳을 운영 중인데, 현지 스텝과 선교사가 팀을 이루어 운영하고 있다. 양육 차원에서 현지 스텝과 선교사가 함께 하는 것이 바람직하다고 보는데, 현재 두 곳은 현지 스텝만으로 운영 중이고, 한 곳은 은퇴한 목사님이, 한 곳은 장로님 부부가 계시다가 귀국하면서 선교사 팀이 부재중이다.

초기의 기숙사 사업은 NGO가 운영하는 학사, 학원, 교회 등의 복합센터 형태로 발전하여 현재는 교회를 독립적으로 분리하는 단계에 이르렀다. 그리고 C국 진출 초기와는 달리 점차 기숙사에 대한 필요성이 줄어들면서 센터를 정규 학교로 전환하고자 준비 중에 있다. 마침 몽고에서 초중고 사역을 하시던 분이 추방되어 C국으로 오시면서 그 분이 맡기로 하였다.

기숙사 사업이 배출된 제자들로 운영인력이 구성되고 있는 것처럼, 비즈니스 측면에서도 교육 훈련을 받은 현지인이 창업하고 다음 세대를 멘토링 할 수 있는 시스템을 만들어내는 것이 그의 목표이다. 지금은 첫 해 고 3이었던 학생이 대학을 졸업하고 고무농장에 와서 총괄책임을 맡고 있다.

9. 토목회사에서 고무나무 농장까지 좌충우돌 사역 열전

9. 향후 계획

K 선교사는 주변의 BAM사역들이 자본을 조달하는 것에서 어려움을 겪는 것을 많이 보아왔다. 자신은 한국에서의 사업을 통한 자금 조달이 가능했기에 행복한 편이라고 했다. 창업의 본질상, 실패의 위험은 항상 있기에 이를 줄일 수 있는 충분한 자본과 멘토링이 필수적이라고 말한다. 특히 BAM사역을 하고자 하는 이들을 도와줄 자원과 인력이 많지 않다는 것이 늘 마음에 걸렸다. 그는 오래전부터 그가 속해있는 선교단체와 함께 BAM 기업을 대상으로 하는 벤처캐피탈 성격을 가진 투자기관의 필요성에 대한 이야기를 나누어 왔다. 지주회사 성격의 기업을 설립하여 BAM 기업에게 투자와 멘토링을 해줄 수 있는 기관의 필요에 대해 깊이 공감한다. 한국에서 비즈니스 경험이 있는 사람이 펀딩을 받아 현지에 진출하거나, 현지인을 고용하는 것을 가장 이상적인 모델로 꼽는다.

그는 외국인이 현지에서 사업에 성공할 수 있는 핵심 요소는 믿을 수 있는 사람을 확보하는데 있다고 한다. 청소년 교육을 먼저 시작한 것이 바로 이러한 목적에서였다. 기업에 대한 충성심과 헌신을 할 수 있는 인재양성을 먼저 시작했다. 처음 10년은 제자를 양육하고 양육한 그 제자들이 창업을 할 수 있도록 기반을 마련하는데 주력한 시간이었다. 향후 10년은 선교지의 창업기업들이 투자받을 수 있는 시스템을 만드는데 주력할 계획이다. 지난 2015년 4월에는 선교적 마인드를 가진 투자자들을 주주로 하는 창업투자 지주회사도 설립했다. 그는 자신이 겪은 수많은 경험과 시도가 새로운 BAMer들의 시행착오를 줄이는데 활용되기를 간절히 바라고 있다.

10

첨단 농업과 유통의 양 날개로
M국을 누비다

박 의 범

사업은 이윤을 내는 것을 목표로 철저히 경영되어야 한다고 봅니다. 선교와 관련된 사업이라고 해서 철저하지 못하고 자선사업 비슷하게 운영된다면 곧 도태하게 될 것입니다. 사업은 사업으로서 철저하게 경영하여 이윤을 창출해야 하며, 이윤이 창출되면 그 이윤으로 선교를 지원할 수 있다고 생각합니다.

1. 들어가며

N사는 1999년 M국에서 시설농업을 시작으로 식품수입 유통업으로 사업영역을 확장하고, M국 철도청 부지 내에 1,800 평방미터 공간의 창고와 200 평방미터의 사무실을 얻어 유통사업을 본격화했다. 선별된 해외브랜드의 좋은 식품을 수입하여 M국 시장에 유통시키며 성장해온 N사는 현지에서 유통업체 서열 3위에 올라있다. 주력제품인 농심라면으로 라면시장 점유율 1위를 차지하고 있기도 하다. 2011년 여름 준공되는 현대식 대형 창고는 M국의 창고업과 유통업의 비전이 될 것이다. 끊임없이 새로운 기록을 세워나가고 있는 N사 임직원 모두는 기업성장 뿐만 아니라 녹색으로 상징되는 아름다운 꿈을 가슴에 품고 오늘도 비닐하우스와 창고에서 구슬땀을 흘리고 있다."[14]

2. N사의 일반현황

N사는 공식적으로 1999년 8월 M국에서 사업을 시작했다. N사 농장은 M국 수도에서 동쪽으로 20km 정도 떨어진 곳에 위치하고 있으며, 비닐하우스 온실을 건설한 후에 신선한 유기농 야채를 재배하여 국내시장에 공급하기 시작하였다. 외부의 겨울 온도가 섭씨 -40도 아래로 내려가기 때문에 야채재배가 불가능한 극한지대인 M

---

14) M국교민신문, 2011. 2. 14.

비즈니스 미션_ 킹덤 비즈니스의 현장을 찾다

국은 비닐하우스에서만 특정 야채들을 성공적으로 재배할 수 있었다. 현재 N사 농장에는 총 30개의 비닐하우스 온실이 있다.

또한 대량의 고품질 브랜드 식품을 외국에서 수입하여 국내시장에 새로운 제품들을 소개하였다. 수입물류사업이 확장되면서 주거지역의 새로운 부지에 2,000 평방미터의 창고를 보유하고 있으며, 평균 100명 이상의 직원들을 고용하고 있다.

영국, 한국, 일본 및 미국의 투자자들이 전액 출자한 N사는 단기간에 M국의 주요한 수입물류회사로 성장하였다. 외국의 관리자들과 함께 직원들은 일본어, 한국어, 영어, 러시아어, 중국어, 몽골어로 서로 의사소통이 가능하며 슈퍼마켓, 체인스토어, 음식점, 도매상, 소매상, 정부대리점, 일반기업, 대사관 등의 매우 다양한 유통망을 통해 국내 유통시장에서 발전해 나가고 있다. 가장 신뢰할 수 있는 국제적인 제품을 M국의 시장에 판매하는 대리인이라 할 수 있다.

회사는 창립 이후로 유기농으로 재배한 다양한 채소를 소비자들에게 제공해 왔다. 아울러 '한국농심' 라면 및 스낵, '크라운' 스낵, '포카리스웨트' 이온 음료, '마미' 칩, '선라이즈' 요리 오일, '카토라이스', '앤드로스' 과일 스낵 등 30 여종의 유명상표의 유통판매업을 겸하고 있다. 이처럼 다양한 제품을 판매하는 결과로 인해 고객층도 다양한 소비자들과 기업 및 기관들이 잠재고객이 될 수 있는 가능성이 있다.

이제는 300 여개의 거래처에 납품하면서 매년 성장을 거듭하고 있다. 특히 취급하는 제품 중에서 라면류와 칩스류는 국내 소매시장에서 점유율이 매우 높다. 채소류는 도매시장에서, 그리고 나머지 제품들은 주로 대형소매점에서 판매되고 있다.

G 지역에 위치한 농장에는 C 사장이 직접 설계한 비닐하우스 온실이 있다. 한국의 유기농업 기술을 이용해서 토마토, 오이, 상치, 시금치, 양파, 호박, 옥수수 그 밖의 다른 야채들을 재배하여 M국 국내시장에 출하하고 있다. 일부 고객들은 농장의 직판장을 직접 방문하여 신선한 야채를 구입해 가기도 한다.

G 농장의 전체 규모는 총 30개의 비닐하우스로, 주로 야채를 재배하고 있다. 중국인 농사전문가와 농업근로자가 상주하며 농번기에는 현지인 근로자들도 고용하고 있다. 비닐하우스의 관리는 조직화(systematization)되어 있으며 연간 소출량은 150톤 정도인데 도매시장과 대형 소매점을 통해 거래되고 있다. 야채판매 이외에 온실 자재판매 등의 부수적인 사업거래도 이루어지고 있다.

현재 수도의 기차역 근처에 위치한 3,000 평방미터 규모의 창고는 M국 내에서 가장 최신기술로 2011년 여름에 건축된 창고형 보관건물이다. 이곳에서 대부분의 제품들을 45일간 재고관리로 보관하고 100톤 규모의 상품의 신선도를 냉동시설에서 유지한다.

대량의 수입제품의 효율적인 관리를 위해 중국 국경 부근에 위치한 E지역에 지사를 설립하였으며, 이곳에는 출하선적을 위한 창고시설이 설치되어 있다. 전자제품은 주로 다른 업체의 주문을 받아 제품을 전달해 주고 있고 냉장고, 냉동고, 에어컨, 온풍기, 에어커튼 등이 주품목이며 중국 산요(SANYO)와 판매권계약(dealership)을 맺고 있다. M국 국내시장은 점차 커져가는 추세에 있다. 품목의 선택기준으로 가장 중요한 점은 이윤이다. 이윤율이 20%를 넘지 않는 물품들을 수입하여 판매하려면 예상하지 못한 기타의 영업비용을 고려해야 하는 어려운 점이 있다. 또한 운송 상의 어려움도 감안해야 한다.

3. N사의 기업선교전략

다음의 내용은 M국 현지 주간잡지사의 K 기자가 취재한 기사와 C 사장과의 인터뷰 내용을 요약, 정리한 것이다.

M국에서 사업을 경영하는 사업가들 중에서 N사의 C 사장은 업계에서 아주 독보적인 위치를 차지하고 있다. 지난 1999년 M국 수도에서 약 20km 떨어진 지역에 한국인 선교사들이 만들었다는 농장이 설립되었다. 한국에서도 보기 힘든 대규모의 설비작업이 진행되었다. 당시 M국에 거주했던 한국인들은 신선한 야채를 먹을 수 있게 된 데에는 감사를 하면서도 선교를 표방하면서 선진적인 첨단작물을 재배한다는 데, 과연 사업성이 있을까라는 의문을 가지고 있었다. 우려는 현실로 나타나는 듯이 보였고 사업다각화의 일환으로 보이는 중국에서 생산되는 신라면, 쌀 등 한국제품의 광고를 도처에서 접할 수 있었다. 특유의 회사조직과 뚝심으로 위기를 극복하고, 이제는 버젓이 경쟁력을 갖춘 중견기업 식품 및 유통업체로서 성장하고 있는 C 사장을 만나서 회사의 조직, 운용 및 비전에 관해 들어 본다.

K 기자 : 현지 농장을 시작하신 분은 N사의 H 전임 사장님으로 알고 있습니다. 특히 LG 반도체에서 부장으로 근무하시던 고급 엔지니어가 M국에 농사를 지으러 오셨다는 점에서 충격적으로 받아들여지기도 하였습니다. 이어 사장으로 부임하신 C 사장님도 같은 동기 동창으로서 물리학도로 알려져 있습니다. M국에 오시게 된 동기가 무척이나 궁금합니다. 말씀해 주시겠습니까?

C 사장 : 전임 H 사장과 저는 대학 때부터 동기이며 같은 교회와 같은 선교단체에서 활동하였습니다. 사실, H 사장은 LG 반도체의 부장으로서 이제 막 회사를 그만두고 미국으로 사업을 위해 떠날 준비를 하고 있었습니다. 하지만 평소에 가지고 있던 선교의 부름을 M국 방문을 통해 M국을 선교지로 결정한 것으로 알고 있습니다. 저는 H 사장이 M국 선교에 동행하도록 제안을 받은 후에 M국을 방문하여 조사하고 상의하여 결정하게 되었습니다. M국에 오기로 결정하게 된 주된 동기는 제가 방문한 곳이 U지역이었다고 기억되는데, 1990년도 말에 중국으로 선교를 떠나려고 계획했던 저로서는 중국보다 M국이 복음이 더욱 절실히 필요하다는 생각이 들었습니다. 그래서 '친구 따라 강남 간다'라는 한국 속담처럼 2000년에 친구 따라 M국으로 이주하게 되었습니다.

K 기자 : M국에 첨단농사기법의 소개는 한국인들에 의해 주도되고 있습니다. 대표적으로 G 농장은 M국에서 유례를 찾기 힘든 첨단설비를 구비하고 있습니다. 사업 초기 농업을 선택한 이유가 있

으신가요? 사업 초기의 농업에 대한 생각과 현재 느끼시는 생각의 차이가 있으신지요? 특히 첨단농업을 선택하신 부분에 대해 평가해 보신다면 어떠한지요? 선교차원에서 하시는 사업이라면 논리적으로 사업과 선교의 기본적인 입장차이가 있다고 보는데 C 사장님은 그 두 가지 관계를 어떻게 규정하고 계십니까? M국에서 농사에 대한 위기를 느끼셨다면 그 원인과 함께 극복했던 방안도 회상해 주십시오.

C 사장 : 당시만 하여도 M국의 국내시장 규모가 상대적으로나 절대적으로 협소하였고, 건전하고 바람직한 사업분야가 극히 제한적이었습니다. 그 중에서 농업은 땅이 주는 땀의 대가라고 할 수 있겠습니다만, 정직성과 M국 사람들에게 좋은 이미지, 그리고 우리의 농산물을 통해 건강을 선물할 수 있다는 기대들로 인해 선택하게 되었습니다.

사실 농사에 대한 지식도 경험도 없는 우리들에게 농업을 선택한 것은 무모한 시도였고, 많은 시행착오가 예상되는 사업이었습니다. 더욱이 M국 사람들이 농사에 대한 문화와 경험이 없어서 어려움이 가중되었습니다. 사업 초기에 여러 가지 어려운 문제에 봉착하였고, 그 때마다 개척정신을 가지고 대처를 하였지만, 농업으로 M국에서 정말 성공적 사업을 할 수 있느냐에 대해서는 의문을 가지고 있었지요. 자연농업협회와 연결되어 유기농의 방법으로 농약을 쓰지 않고, 자연퇴비를 만들어서 사용하는 농법으로 채소재배를 시작하였고, 이 방법으로 계속해서 농사를 짓는 것이 바른 방향이라고 지금도 믿고 있습니다.

10. 첨단 농업과 유통의 양 날개로 M국을 누비다

M국에서 한국식으로 농사를 지으면서 여러 난관에 봉착했지요. 먼저 중국으로부터 들어오는 채소들의 범람이 문제였고, 다른 문제는 온도와 날씨의 어려움이 있었습니다. 다른 사업도 마찬가지이지만 농업은 특히 현지화(localization)가 매우 중요하다고 봅니다. 1999년부터 농업 사업을 시작하여 2000~2001년에 걸쳐 투자가 이루어져서 비닐하우스, 저장소, 급수시설 등이 설치되었고 중국으로부터 농업기술자가 들어오면서 농사기반을 갖추기 시작하였습니다. 그러나 많은 시행착오를 통해 토대를 마련하였고, 점차 M국의 채소시장의 수요에 맞추어 나가는 방향으로 목표를 설정하게 되면서 매출이 증가하기 시작하여 2004년부터 수익을 내기 시작했지요. 해마다 온실하우스를 증설하게 되고 생산량도 늘게 되어 지금은 매출액의 극대화를 목표로 설정하여 운영하고 있습니다.

사업은 이윤을 내는 것을 목표로 철저히 경영되어야 한다고 봅니다. 선교와 관련된 사업이라고 해서 이런 것이 철저하지 못하고 자선사업 비슷하게 운영된다면 곧 도태하게 될 것입니다. 사업도 아니고 선교도 아닌 것이 될 것이라는 것입니다. 사업은 사업으로서 철저하게 경영하여 이윤을 창출해야 하며, 이윤이 창출되면 그 이윤으로 선교를 지원할 수 있다고 생각합니다.

K 기자 : 현재 G 농장의 현황은 어떻습니까? 시설 현황, 근로자 수, 농업 경영의 수준, 소출량, 판매루트 등을 소개해 주십시오. 농사와 축산을 겸업하는 복합농업이랄까 관광을 접목하는 3차원 농업과 같은 농업다각화의 계획도 가지고 계신지요?

C 사장 : 현재 전체 3가의 토지 위에 30개의 비닐하우스로 온실 재배를 하고 있고, 중국인 농사전문가 2명과 중국인 농업근로자 5명이 주요 직원이며, 농번기에는 수시로 현지인 일꾼들을 고용하고 있습니다. 온실재배의 모든 관리는 효율적으로 조직화되어 있고요. 온실, 품종, 수확 시기 별로 철저하게 관리되고 있습니다. 연간 소 출량은 150톤 정도이며, 이 중 약 100톤은 온실에서, 약 50톤은 노지에서 생산되고 있습니다. 주된 판매망은 채소 도매시장과 대형소 매점에서 이루어지고 있습니다. 현재 계획은 하우스 재배로 채소의 생산량과 판매량을 매년 꾸준히 늘리는 것입니다. 채소판매 이외에도 온실 자재판매 및 건설사업, 씨앗판매 등 부수적인 사업거래가 있고요. 복합농업이나 3차원 농업에 관해서는 논의해 본 적은 있지만 현재로서는 사업을 구체화하지 못하고 있습니다.

유기농업방식을 통해 비료비용이 적게 들어 실제의 생산비는 화학비료를 사용하는 경우보다 오히려 저렴하게 생산할 수 있습니다. 다만 연례적으로 행해지는 검역에 의해 유기농으로 재배한 채소가 열등한 물건으로 취급되는 경우로 인해 어려움이 있습니다.

K 기자 : N사의 인적 구성이 다국적 직원들로 이루어져 있는 점도 특이해 보입니다. 이사들의 구성도 한국, 일본, 미국 분들도 있다고 알려져 있고, 근로자들도 중국과 M국 사람들이 같이 일하고 있습니다. 다양한 출신의 구성원들이 모여 있으면 언어를 비롯한 문화적인 다양성을 어떻게 조직문화에 반영시키고 통합을 이룰 것이냐 하는 것이 관건으로 보입니다. 조직통합을 이루는 방안이 있

으신가요? 그리고 특이하게 C 사장님은 혼인사유 이외의 경우로 영주허가를 받으셨다고 하는데 함께 소개해 주시겠습니까?

C 사장 : 문화적 차이로 말미암아 발생되는 문제는 외국에 상주하는 조직이나 기관에서 일하는 모든 사람들에게 봉착되는 것이고, 이에 대해 말하려면 하루 종일의 시간도 모자라겠지요. 조직통합을 위해 특별한 방안은 없다고 봅니다. 특히 중요하고도 핵심적인 것은 경영진의 단합입니다. N사는 일곱 분의 이사로 이루어진 이사회 조직이 있어서 주요사안에 대한 보고와 회의가 이루어지고 있고, 일상적인 업무에 대해서는 친구 사이인 미국인 부사장 다니엘과 제가 공동으로 처리하고 있습니다. 미국인 친구인 다니엘이 영어와 중국어를 잘 구사할 수 있어서 구매부문을 맡고 있고, 제가 현지어를 구사하여 판매부문을 맡고 있습니다.

그리고 나머지 조직 관리는 신상필벌의 원칙하에 끊임없이 자신과 부서의 혁신을 추구하는 것과 중간 관리자를 계속 훈련시키는 것이 중요하다고 봅니다. 크리스천이지만 신앙적인 측면에서 조직에 개입하는 것은 최대한 절제하는 대신에, 회사의 방침을 따르지 않거나 비도덕적으로 행동한 직원에게는 간과하지 않고 반성문을 받고 있습니다.

이와 같이 철저하게 관리하지 않으면 좋은 회사조직이 될 수 없다고 믿습니다. M국에서 그린카드라고 불리는 장기 체류증은 M국 이민국에서 발급해 줍니다. 이것이 외국인의 비자비용을 절약해 주고 비행기 값 등에서 현지인과 동일하게 대우받는 등의 혜택이 있습니다.

K 기자 : N사는 M국 이외의 해외 네트워크가 조직되어 있는 것으로 알고 있는데 그 필요성과 장점을 소개해 주시고 활용방안을 알려 주십시오.

C 사장 : 네, 형제 회사로 P사가 있지요. P사는 컴퓨터 소프트웨어 회사로서 일본, 인도, 중국, 몽골, 말레이시아, 베트남 등에 지사가 설립되어 있는 기업입니다. 저희는 주로 중국 P사의 네트워크를 이용하기 때문에 중국 사이트에서 큰 장점을 지니고 있습니다.

K 기자 : 현재 G 농장에서 재배하여 출하되는 농산물 이외에 중국 공장에서 생산되는 신라면을 비롯한 스낵류, 통조림 등의 식품도 취급하고 계신 것으로 알고 있습니다. 자세한 소개를 부탁드립니다. 또한 전자업계에 몸담고 계셨던 경험인지는 몰라도 역시 중국산 가전제품을 M국에 유통시키고 계신 것은 잘 알려지지 않은 사실입니다. 함께 소개해 주시지요?

C 사장 : 식품부문에서 한국 브랜드로는 농심, 크라운, 롯데, CJ 등을 취급하고 있구요, 그 외 마미칩스, 레이스, 포카리스웨트, 카토 라이스, 썬라이즈 식용유, 화롱 라면 등을 취급하고 있습니다. 300여개의 거래처에 납품하고 있으며 매년 성장하고 있습니다. 저희 제품은 소매시장의 라면류와 칩스류에서 점유율이 높은 편입니다. 현재 철도청 부지 내 2,000 평방미터 면적의 창고를 사용하고 있고,

2011년에 3,000 평방미터 면적의 창고를 건설하기 위해 준비 중입니다.[15] 전자제품은 주로 다른 업체의 주문을 받아서 제품을 전달해 주고 있습니다. 냉장고, 냉동고, 에어컨, 온풍기, 에어커튼 등이 주품목이고 중국 SANYO와 판매권계약(dealership)을 맺고 있습니다.

K 기자 : 유통업계의 경쟁은 치열하기 이를 데 없습니다. 특히 M국과 같이 도매와 소매가 분화되어 있지 않은 시장에서는 더욱 어려운 경쟁이 요구됩니다. 이러한 국내시장에서 생존하고 이익을 창출하기 위해서는 N사의 남다른 비결이 있을 것으로 생각되는데 어려움을 겪는 점과 이에 대응하고 있는 방안을 소개해 주십시오. 특히 품목의 선택기준, 운송보관 시스템, 그리고 판매망과 국내시장을 보시는 시각 등을 정리해서 소개해 주시면 감사하겠습니다.

C 사장 : 어느 나라에서나 마찬가지이지만, 유통업에 외국인 업체가 자리를 잡기란 쉽지 않습니다. 외국인은 관청과 공무원의 허가를 받는 것이나 직원을 관리하는데 어려운 점이 많이 있지요. 그러나 외국인 업체로서 현지화할 수 있다면 발전된 조직력과 관리 시스템으로 계속 밀고 나가서 나름대로의 위치를 확보할 수 있다고 봅니다. 저희 회사도 열심히 한 결과로 작년에 관세청으로부터 최우수 수입업체로 표창을 받았고, 올해는 식품 수입업체로는 처음으

---

15) 2011년 3,000 평방미터 면적의 냉·온방 설비를 갖춘 최신의 현대식 창고를 준공하여 가동을 시작하였음.

로 표준청으로부터 상을 받았습니다. 앞으로는 일곱 가지 제품에 대해 그린카드를 받았기 때문에 위생청의 검사가 없이도 수입할 수 있게 되었습니다.

M국의 국내시장은 점차 커져가는 추세라고 생각됩니다. 품목의 선택기준으로 가장 중요한 점은 이윤입니다. 20%를 넘지 않는 물품들을 수입하여 판매하려면 기타 예상하지 못한 영업비용을 고려해야 하는 어려운 점이 있습니다. 또한 M국이 내륙국가라는 특성 때문에 수입화물의 운송과정에서 발생할 수 있는 어려움도 감안해야 합니다.

4. N사의 인턴십 체험기[16]

2009년 6월 18일 아침 한국은 여름이 시작되었지만 M국의 공기는 아직 차가웠습니다. 이렇게 시작된 M국에서의 두 달은 저에게 잊지 못할 많은 것들을 주었습니다. N사의 C 사장님과 직원들의 많은 도움으로 초기 정착에는 어려운 점이 많지 않았습니다.

짧은 기간이었지만 M국 사회에서 경험한 전반적인 이야기를 먼저 기술하겠습니다. M국의 아파트들은 우리와 다르게 카펫을 사용하는데 저희는 카펫문화에 익숙하지 않아서 기관지가 좀 약한 제가 적응하는데 조금 힘들었습니다. 가정용 가스 대신에 모든 가전제품

---

16) 작성자: 강원대학교 GTEP (Global Trade Expert incubating Program) 2기 2팀장 이 수남, 2009. 9. 16.

및 취사도구는 전기를 이용해 사용하는 것이 특이했습니다.

M국 수도의 전체적인 이미지는 우리나라의 70~80년대 모습인 것 같았고 도로와 배수 시설이 아주 미흡했습니다. 그리고 중고차의 운행비율이 매우 높아서 방문 전에 제가 상상했던 맑은 공기는 시내에서 경험할 수 없었습니다. 하지만 시민들의 표정에서는 무언가 여유가 느껴졌고 돈에 대해서 크게 구속받으며 살지 않는 것 같았습니다. M국에서 여러 친구들을 사귀면서 듣게 된 이야기로는 반중, 친러 성향이 아주 강한 나라였습니다. 한국에 대해서는 대체적으로 좋은 이미지를 지니고 있었습니다. 최근 인력교류를 통해 정식 취업비자를 받아 한국에서 3년간 일하고 귀국한 사람들과, 단기적으로 일과 유학, 불법체류로 다녀온 사람들이 많아 사회와 일상생활 곳곳에 한국문화가 퍼져 있었습니다. 그리고 극심한 국내 정치에 대한 불신을 볼 수 있었으며, 빈부의 격차가 상당히 심하다는 걸 알 수 있었습니다. 최근 몇 년 사이에 물가는 두 배 이상 폭등하는 등 인플레이션 현상이 일어나고, 경제 및 정치가 불안정한 상태인 것 같습니다.

N사와 선교사업에 관해 정리해 보겠습니다.

N사는 C 사장님을 비롯해서 핵심인력은 거의 선교사분들입니다. 실질적으로 본사에 근무하는 한국인은 C 사장님 혼자이셨으며 미국인, 일본인, 중국인, 그리고 현지인 등으로 구성된 다국적 회사입니다. 총 직원 수는 100여명이며 철도청 건물에 본사와 창고가 있고, G 지역에 농장이 있으며, 현재 수도의 B 시장에 직영판매점이 운영되고 있습니다. B 시장 옆에는 큰 규모의 현대식 시설을 갖춘

창고를 신축하는 중이며, 중국의 북경과 E 지역에 사무소가 설치되어 있습니다.

농심라면의 독점판매권과 중국에서의 쌀 수입 정식 쿼터(quota)를 배정받고 있으며, 현지에서의 지속적인 마케팅과 서비스를 통해 입지를 다지고 있습니다. 현지 유통업계에서 3위의 위치에 있으며, 보따리상 등 불법적인 무역업이 성행하는 M국에서 정도경영을 유지해 나가고 있습니다.

인사에 있어서는 선교기업이지만 크리스천에 대한 특별한 우대정책은 없는 것 같았으며, 체계적인 인센티브 프로그램을 가지고 있어서 각 직무, 능력, 회사 공헌도에 따라 차등적인 인센티브를 지급하고 있습니다. N사에서 일하는 선교사분들은 M국 수도의 현대기아차 사옥에서 함께 생활하고 있습니다. 미혼이신 선교사분들은 공동으로 식사하고, 가정이 있는 분들은 각자 가정에서 가족들과 함께 식사하는 모습을 볼 수 있었습니다.

향후 선교사 양성 프로그램의 일환으로서 선교사분들의 자제와 간부급의 자녀들에게 한국어, 영어, 몽골어, 러시아어, 중국어 등 5개 외국어를 각 원어민 교사가 집중적으로 가르치는 홈스쿨링을 운영하고 있습니다. 외국어 학습은 2세부터 12세까지 10년의 프로그램으로 구성되어 있으며, 5개 외국어를 현지인처럼 말하도록 교육하여 현지국의 어느 곳에서나 선교활동을 수행할 수 있는 미래의 선교사를 양성하는 것이 목표입니다. 12세 이후부터는 중, 고등 교육과정을 이수하여 자택학습으로 대학까지 진학시키는 것이 목표입니다.

10. 첨단 농업과 유통의 양 날개로 M국을 누비다

N사 관련 선교단체는 미국, 중국, 일본, 러시아 등지에 거미줄처럼 사업망과 협력관계로 연결되어 있고, 각 나라마다 특화된 사업을 진행하고 있었습니다. 선교활동은 각 선교사의 과제가 효율적으로 분담되어 있고, 남자들로 구성된 선교팀들이 시내 전 지역의 가가호호를 방문하여 그림 책자를 이용해 선교활동을 전개하고 있었습니다. 여름방학과 같은 특정한 시즌에는 남녀 선교사분들은 물론 자녀들까지 선교팀을 구성하여 단체로 트럭과 SUV를 이용해 수도권 이외 유목마을 지역을 포함한 M국의 거의 전지역에 걸쳐서 선교활동을 진행했습니다.

 또한 관련 선교단체에서는 입양사업도 수행하고 있었는데 주로 한국의 미혼모를 통한 입양과 M국 현지입양이 이루어지고 있습니다. 입양된 아이들과 선교사 본인들의 자녀들은 모두 컴퓨터 사용이 극히 제한되어 있으며, 선교단체 이외에서 친구들을 사귈 기회가 거의 없고 사옥 밖으로 나가는 경우도 드물었습니다. 아이들이 여러 나라의 언어를 구사할 수는 있겠지만, 너무 협소한 사회에서만 생활하기 때문에 폭넓은 사회생활이나 친구를 사귈 수 있는 경험이 적은 것이 개인적으로 걱정이 되었습니다.

 이러한 개인적인 생각과 염려에 관해 5명의 자녀를 두고 있는 한 선교사분과 이야기를 나누었습니다. 그 분도 그 점에 대해 인지하고 있었지만, 방학기간을 이용해 M국 먼 지역으로의 단체선교를 통해 아이들이 직, 간접적으로 사회를 경험할 수 있는 좋은 기회가 주어진다고 하셨습니다. 그러한 부족한 경험이 나중에 아이들이 커서 실사회의 생활에 적응하는데 힘들지 않을까 하는 내 나름의 걱정도

해보았습니다. 전 인원이 합숙하듯이 한곳에서 생활하는 선교공동체는 그들만의 독특한 문화를 공유하고 있는 것 같았습니다.

M국에서의 외국생활은 취업을 앞둔 저에게 인생을 돌아볼 수 있는 좋은 기회가 되었습니다. 특히 M국에서의 인턴십과 외국의 친구들을 사귀고 그 문화를 이해하며 살았던 두 달간의 생활은 나의 평생에 잊지 못할 소중한 경험이 되었습니다.

5. 맺음말

지난 2001년도부터 M국 국내 유통사업에 뛰어들어 10여 년 만에 M국 국내에서 굴지의 3대 유통회사로 성장한 M국 N사는, 유통분야를 뛰어넘어 영어교육 커리큘럼을 개발한 P사의 M국 사무소로서, P사 영어 프로그램을 M국의 지역사회에 공급하고 지원해온 바 있다.

한편, 2013년 봄철 현지인 영어교원 연수회(Workshop) 현장에 모습을 드러낸 M국 N사의 C 사장은 'M국에서 사업을 통해 얻은 수익의 일부분을 M국 사회에 환원하는 것이 본인의 확고한 경영철학'이라고 밝히면서, 'M국 사회와 교육의 발전을 위한 사회봉사 및 지원을 차후로도 이어나갈 것'이라고 덧붙였다.[17]

---

17) OhmyNews, '여기는 M국입니다', 2013. 4. 11.

10. 첨단 농업과 유통의 양 날개로 M국을 누비다

11

캠퍼스 선교사,
믿음의 제자들과 사업하다

박 의 범

비록 하나님의 뜻이라 믿고 시작하였지만, 막상 시작해 보니 전혀 맞지 않는 옷처럼 비즈니스가 몹시 어색하게 느껴졌다.

이후 비즈니스 선교에 대한 다양한 책들을 읽으며 일과 노동, 자본주의 활동에 대한 기독교적 관점을 이해하기 시작했고, 성경에서 바울의 모습, 그리고 선교역사에 있어서 네스토리안, 모라비안, 윌리엄캐리, 바젤선교회 등에 관해 읽으면서 비즈니스 선교에 대한 정당성과 중요성을 이해할 수 있었다.

Ⅰ. 회심, 영적성장, 선교소명

 K 사장은 1991년에 예수님을 영접했다. 당시 군대를 전역한 그는 대학복학을 앞두고 홍천 근교 중앙고속도로 현장에서 아르바이트 일을 하던 중 운전하던 짐차가 전복되어 교량 기초공사 중이던 구덩이에 빠지는 큰 사고를 당하게 되었다. 수십 명의 사람들이 몰려들어 그를 구하고자 했지만, 구덩이에 빠진 차는 꿈쩍도 하지 않았다. 절망에 빠진 그는 하나님을 간절히 찾았고, 결국 자신의 두 팔로 차에서 기어 나오는 하나님의 크신 은혜를 체험하게 되었다.

 양쪽 폐와 간을 심하게 다친 K 사장은 수 개월간 병원에서 치료를 받고 퇴원하였는데 당시 살고 있던 아파트 아래층에 이미 하나님께서 예비하신 신실하신 신혼부부가 살고 있었다. 그 부부는 K 사장에게 열심히 복음을 전했고, 결국 복음을 듣고 예수님을 영접하게 되었다. 이후 복음을 전해준 형과 매주 만나 교제하며 하나님을 알아가기 시작했고, 복학 후에는 캠퍼스 선교단체에 들어가 본격적인 제자훈련을 받기 시작했다. QT, 성경읽기, 성경공부, 기도, 전도, 멘토와의 개인교제 등을 통해 삶 전반에 걸쳐 놀라운 변화를 경험하였다. K 사장은 1994년 대학을 졸업한 후에는 대학원에 진학하여 지속적으로 제자의 삶과 제자 삼는 사역을 훈련받았다. 이를 통해 어디를 가서 무엇을 하든지 복음을 전하며 제자를 삼고자 하는 인생의 목표를 갖게 되었다(요21:15~17; 마28:19, 20).

 학부에서 무역학과와 대학원에서 국제경영학을 졸업한 K 사장은 졸업 후 은행에 들어가서 리스크 관리업무를 하였는데, 여기서 재무와 금융에 관한 실무를 익힐 수 있었다. 1999년 K 사장은 다시 캠퍼스로 부름을 받아 은행을 그만두고 젊은이들에게 복음을 전하였는데, 이 기간 동안 수십 명의 젊은이들이 주님께 돌아오며 제자로 헌신하는 것을 보았고, 이를 통해 더욱 자신의 삶을 주님께 드리기로 결심하였다.

대학과 대학원에서 각각 무역학과 국제경영학을 전공해서인지 일찍부터 해외선교에 관심이 있었던 K 사장은 특히 '선교사열전'이라는 책을 통해 큰 감명을 받았고, 만일 하나님께서 부르신다면 기꺼이 선교사로 순종하리라는 마음을 갖고 있었다.

2002년 9월, 석사 지도교수였던 P 교수가 M국 대학의 강의를 다녀온 후 선교를 권면하였다. 당시 신혼인데다 M국에 대해서는 거의 아는 것이 없어서 처음에는 별로 관심이 없었으나, 시간이 지나면서 M국의 여러 상황들을 조금씩 알게 되었는데, 특히 사회주의에서 민주주의로의 체제 전환 속에서 수많은 젊은이들이 가치관의 혼란의 겪으며 방황하는 등 젊은이들의 여러 어려움에 대해 알 수 있었다. 원래 젊은이들을 위한 선교로 부르심을 받았기에 하나님의 뜻일 수 있겠다는 생각이 들었다. 하나님께서도 여러 약속의 말씀을 통해 강권하셔서 결국 이듬해인 2003년 M국 대학에서 강의를 담당하며 학생들에게 복음을 전하기 시작하였다.

Ⅱ. 비즈니스 선교와 초기 어려움

M국에서 수년간 젊은이들을 대상으로 선교를 하며 알게 된 것은 그들에게 일자리가 매우 부족하다는 것이었다. 많은 학생들이 하루 1~2끼를 먹고 있었고, 특히 사회적으로 임금이 매우 낮아서인지 파트타임 아르바이트도 거의 없어서 대부분 어렵게 생활하고 있었다.

11. 캠퍼스 선교사, 믿음의 제자들과 사업하다

졸업한 학생들의 경우에도 일자리를 구하기가 어려웠고, 때로 일을 구한 경우에도 혹사하기가 일쑤여서 주님의 제자로서의 삶을 제대로 살기가 쉽지 않았다.

사역의 방향을 놓고 기도하던 중에 이전에 직장생활을 할 때 피곤해서 일과 후 제대로 복음을 전할 수 없어 '같은 장소에서 함께 일을 하며 복음을 전하면 어떨까' 하고 생각을 했던 것이 기억났다. 마태복음 25장에서 열 처녀 비유의 영성훈련, 달란트 비유의 노동훈련, 그리고 주변 이웃의 필요를 섬기고 그들에게 복음을 전하는 사역훈련을 한 장소에서 공동체적으로 진행해 보면 어떨까 하는 생각이 들었다. 함께 기도하며 하나님의 뜻을 구했을 때, 20여 명의 함께하는 젊은이들도 만장일치로 동의하여 하나님의 뜻으로 인정하고, 본격적으로 일을 찾기 위해 구하고 찾고 두드리기 시작했다.

2008년 여름, 마침 한국에서 알고 지내던 목사님이 한 장로님과 함께 M국을 방문하셨다. 그 장로님은 한국에서 녹차 등을 생산하여 국내에 유통하고 해외에도 일부 수출하고 계셨는데, 만일 본인 회사의 녹차를 수입하여 M국에 판매하기 원한다면 기꺼이 도와주시겠다고 말씀하셨다. 개인적으로 무역학과 국제경영학을 전공하였고, M국이 추운 지방이기에 따뜻한 녹차가 가능성이 있다고 생각하여 하나님의 인도하심으로 받아들였다.

또한 당시 서울의 한 유명호텔에서 부주방장까지 하셨던 분이 M국에 선교사로 오셨는데, 만일 우리가 한식 식당을 운영한다면 기꺼이 도와주시겠다고 말씀하셨다. 당시 M국에는 현지인들이 운영하는 한식 식당들도 몇 개 있었는데, 음식수준이 그리 뛰어나지 못해 '우리가 해도 이보다 낫겠다'라고 생각할 때도 있었다. 더욱이 '현지인들도 한식 식당을 운영하는데 한국인인 우리가 왜 못할까?' 하며 이 또한 하나님 뜻으로 알고 일을 시작하기로 결정하였다. 이를 위해 당시 소유하고 있던 집을 팔아 반은 녹차 수입사업에, 나머지 반은 한국 식당 사업에 투자하였다.

처음 일을 시작할 때는 '우리는 먹을 것과 입을 것만 있으면 된다. 그리고 나머지 시간은 주님을 배우고 전도하는 일에 모두 드린다'라는 생각이 강했다. 왜냐하면 그것이 당시 K 선교사가 가지고 있던 선교에 대한 생각이었기 때문이다. 즉 개인적으로 비즈니스는 비즈니스일 뿐 선교와는 큰 상관이 없다고 생각했다.

그러나 막상 사업을 시작해보니 생각지 못했던 문제들이 발생했다. 자신이 운영하는 사업에 맞지 않는 영혼들도 있었고, 서로 간에 다툼도 빈번하게 발생했으며, 거짓말, 도둑질, 게으름 등 이전에 영혼들에 대해 전혀 알지 못했던 모습들을 보면서 지금까지 해온 사역을 되돌아보게 되었다. 즉 영혼들의 말씀 지식과 실제 삶에 많은 괴리가 있음을 알게 되었다. 왜 바울이 데살로니가 성도들의 게으름을 고치기 위해 친히 자신이 밤낮으로 일하면서 그들에게 본을 보여 그들을 변화시키고자 했는지 알 것 같았다(살후3:6~9). 아마도 율법이 있었던 유대인 사회와는 달리, 하나님의 율법이 없는 이방인 사회는 오랫동안 우상과 불법이 가득했기에, 바울의 경우 하나님의 말씀만 가르쳐서는 그들을 온전한 그리스도인으로 변화시킬 수 없을 것이라 판단했던 것 같다. 사실 예수님도 12제자들과 삶을 온전히 함께 나누며 그들의 삶을 변화시켰던 모습을 볼 때 주님의 참 제자로 삼기 위해 공동체적인 이 원리는 매우 중요한 것 같다. 결국 사역의 초점을 일을 통해서 그들의 삶을 실제로 변화시키는 제자훈련에 두기 시작했다.

또 다른 어려움은 비즈니스 선교사로서 K 사장 자신의 정체성에 대한 확신이었다. 선교를 위해 모든 것을 다 버리고 왔는데, 왜 선교지에까지 와서 다시 사업을 운영해야 하는지 이해가 되지 않았다. '비즈니스 선교를 하는 것이 정말 하나님의 뜻일까?'하고 의구심을 가질 때도 참 많았다. 영혼들의 경제적인 필요와 K 사장 자신의 비자 획득 등 필요한 이유들도 있었지만, 왠지 하나님 뜻이 아닌 것만 같았다. 이러한 갈등은 수년이나 지속되었다. 비즈니스 선교로의 개인적인 부르심에 대해 반신반의 하면서 일을 하기가 일쑤였다. 그래도 하나님의 은혜로 여러 책들을 통해 일과 노동에 대한 성경적 개념을 이해하기 시작했고, 바울의 성경적 사례, 모라비안, 윌리엄 캐리, 바젤 선교회 등 선교역사에 나타난 비즈니스 선교의 모델을 보며 비즈니스 선교의 정당성도 개인적으로 확신하게 되었다.

또 다른 난관은 실제 비즈니스를 감당하는 사업경영이었다. 사실 이 부분이 가장 힘들었다고 할 수 있다. 개인적으로 선교영역은 K 사장 자신이 지난 20년간 배우고 경험해 온 것이기에 부족한 점이 있을지라도 그렇게 마음에 큰 짐이 되지는 않았다. 하지만 비즈니스의 경우는 달랐다. 비록 무역과 경영 등을 전공하고 이전 직장에서도 재무관리 업무도 수행해 보았지만, 실제 비즈니스는 이와는 완전히 달랐다. 배운 이론을 적용해 보기도 하였지만 그렇게 큰 도움이 되지 않았다. 모든 것을 몸으로 하나하나 경험하며 일을 배우기 시작했고, 이렇게 2년 정도가 흘러 거의 투자한 자금이 바닥날 때쯤 하나님께서 극적으로 역사하시기 시작했다. 아마도 하나님 보시기에 그 기간 동안 경영의 여러 측면에서 어느 정도 준비가 되었던 것 같다. 즉 예년에 비해 월 매출이 두 배 정도 증가하기 시작했던 것이다. 그리고 그 다음 해에도 다시 그 이전 해에 비해 매출이 두 배 정도 증가했다. 결국 비즈니스 선교를 성공적으로 수행하기 위해서는 비즈니스와 선교 영역 모두에서 먼저 충분히 잘 준비되어지는 것이 매우 중요하다는 것을 깨달았다.

Ⅲ. M국의 비즈니스 환경

2016년 M국의 GDP는 111억 6천4백만 달러(세계 126위), 1인당 GDP는 3,704달리(세계 115위)로, 주로 경제는 국내 경제의 82%에 달하는 석탄, 구리, 금 등의 광물 수출에 의존하며 기타 캐시미어 등도 6%의 비중을 차지한다. M국은 세계 10대 광물 자원국으로 세계 4위의 석탄 매장량(1,750억 톤)을 비롯해 구리(5,500만 톤)도 세계 2위의 매장량을 가지고 있다. 이 외에도 형석(1,400만 톤: 세계 3위), 인(24억 톤: 세계 3위), 텅스텐(7만 톤: 세계 5위) 등을 보유하고 있으며, 상대적으로 적은 보유량이지만 우라늄(6만 톤) 세계 14위, 몰리브덴(21톤)도 세계 7위의 매장량을 보유하고 있다.

하지만 M국 경제는 자원수출에만 지나치게 집중되어 산업이 다양화되지 못하고, 이 또한 대부분 중국 수출에 의존하고 있는 형편

11. 캠퍼스 선교사, 믿음의 제자들과 사업하다

이다. 특히 M국 경제에서 큰 비중을 차지하는 원자재 생산과 수출이 2012년 이후 세계적인 불경기에 직격탄을 맞으면서 연 10% 이상이던 경제 성장률이 0.4%까지 추락했다. 여기에 2015년부터는 세계시장의 원자재 가격이 하락하면서 M국 경제는 더욱 어려워졌는데, 특히 M국의 주요 수출국인 중국이 경기침체에 시달리면서 M국도 이에 영향을 받아 큰 경제적 타격을 받았다. 게다가 구리 광산을 둘러싼 영국 광산업체 리오 틴토와 M국 정부 간 갈등으로 외국인 투자마저 급감하면서 환율이 2013년에 비해 50% 이상 상승한 상태이다. 이 결과 2016년 6월 총선에서 여당인 M국 민주당은 76석 중 9석만 챙기는 참패를 기록했으며, 결국 2017년 2월에는 국가부도 위기에 직면하면서 IMF로부터 3년간 4억 4,000만 달러를 지원받는 것을 포함한 총 55억 달러(약 6조3,250억 원)에 이르는 구제금융 신청에 합의하였다.[18]

(1) 한식식당 비즈니스

현재 K 사장은 2개의 한식식당을 운영하고 있는데 1호점은 약 100석, 2호점은 약 50석 규모이며 직원은 총 10명 이내이다. 아내인 M 지점장은 주로 주방을 담당하고, K 사장은 식당 홀 서비스와 재무관리 등 기타 영역을 담당한다. K 사장의 또 다른 유통회사가 한국에서 식품을 수입하고 있기 때문에 대부분의 식자재는 자체적

---

18) 나무위키 M국/경제, 2017.

으로 수급하고 기타 고기, 야채 등은 현지에서 조달하고 있다. 원래 전문요리의 경험이 없었던 아내 M 지점장은 이후 하나님의 인도하심으로 몇몇 전문요리사를 만나서 한식조리법을 배울 수 있었고, 한국의 유명 식당에서도 수 개월간 연수하는 기회를 가졌다. 현지인들의 입맛을 알기 위해 요리학원에 등록하여 요리사자격증을 취득하기도 하였다. 요리사들에게는 레시피를 철저히 외우게 하고 일정기간의 실습을 거친 후 현장에 투입시키며, 음식이 나갈 때 수시 점검을 통해 항상 일정한 맛이 유지되도록 하고 있다. 주방의 위생 및 재료관리는 자체 검사 시스템에 따라 관리하고 있으며, 정부의 감독도 매우 까다로워 이에 준해 관리하고 있다.

한식식당의 핵심인력은 처음부터 K 사장과 함께 성경을 배웠던 제자들이다. 대체로 예수님을 믿은 지 5~10년 정도가 되었다. 우리의 궁극적인 사명과 비전이 무엇인지를 늘 강조하려고 노력한다. 모라비안과 같은 하나님이 귀히 쓰신 단체도 자신들의 신앙과 궁극적인 선교적 사명을 위한 헌신이 약화되었을 때 더 이상 생명력을 유지할 수 없었던 것을 늘 기억하려고 힘쓰고 있다. 따라서 우리가 단순히 먹고 살기 위해 일하는 것이 아니라, 함께 주님을 알아가며 일을 통해 제자의 삶을 배우며, 또 믿지 않는 직원들을 섬기고 그들에게 복음을 전해 궁극적으로 하나님의 나라를 M국 땅에 이루어가는 것이 우리의 진정한 목적임을 강조하고 있다.

평일 아침에 작업을 시작할 때 부인 M 지점장이 큐티 말씀을 나누고 그날에 필요한 내용을 위해 함께 기도한다. 오후 3시가 되면 어느 정도 하루의 일이 정리가 되는데, 이때부터 잠깐 회의를 가진

11. 캠퍼스 선교사, 믿음의 제자들과 사업하다

후 두 팀으로 나뉘어 한 팀은 일하고 한 팀은 성경을 읽으며 쉰다. 보통 창세기, 잠언, 복음서를 중심으로 성경을 읽으며 함께 나눈다. 창세기를 통해서는 인류의 시작에 대해, 잠언을 통해서는 일과 인격에 대해, 복음서를 통해서는 예수님에 대해 가르치려는 목적이 있다. 보통 새로운 직원들도 이렇게 2~3달 정도 성경을 읽으면 예수님을 믿기 시작하였다. 물론 이러한 활동에서 리더의 성령충만과 적극적 역할이 매우 중요하다.

새로운 직원을 채용할 때는 항상 그렇지는 않지만 선교의 목적상 보통 20대 초반의 지방 출신 젊은이들을 채용하고 있다. 그 동안 다양한 시도를 해 보았는데, 지방의 젊은이들이 수도권 출신보다는 예수님을 더 잘 받아들이고 식당일을 하기에도 더 적합하였다. 기본적으로 직업을 찾기 위해 지방에서 온 경우가 대부분이기 때문에 일에 대해서도 좀 더 적극적이며, 또 마음 밭도 도시문화에 물들지 않아 상대적으로 순수하다. 채용 후에는 기존 직원들이 일을 가르쳐 주며 관계를 형성하기 시작한다. K 사장의 경우에는 1~2주일에 한번 핵심직원들과의 개인교제를 통해 일과 사역에 대한 전반적인 내용을 공부하고 조율한다. 특별한 교육이 필요한 경우에는 전문학원에 등록시켜 교육을 받도록 한다.

영업마케팅을 위한 특별한 활동은 없다. 다만, 보통의 현지인들에게 있어서 한식은 특별한 외식이 아닐 수 없다. 따라서 가격도 중요하지만 품질경쟁력이 더욱 중요하다고 할 수 있다. 음식맛과 서비스에서 적어도 현지식당보다 우수해야 한다. 이를 위해 김 사장의 식당은 일반 한식 메뉴에 더해 도가니탕, 설렁탕 등 사골국으로 만든 요리를 공급하여 보양식당의 이미지를 강화하고 있다. 최근에는 한국 교민사회를 중심으로 출장 뷔페도 늘어나고 있어 한식 뷔페 메뉴 및 서비스를 강화하고 있는 중이다. 따라서 향후 한식 뷔페 시장을 현지인 대상으로 확장하는 일에도 노력하고 있다. M국에 있는 한식식당들은 대부분 일반음식점으로 특정이 없는 경우가 많은데, 한식 뷔페는 최근 국내는 물론 해외에서도 급성장하고 있는 영역이어서 잘 준비된다면 한식식당 내에서 새로운 카테고리의 선두주자가 될 수 있을 것으로 기대된다.

회계관리는 M국에서도 2017년부터 e영수증을 발급하고 있어서 자동으로 매출내역이 보고되고 있으며, 회계처리는 전문회계법인을 통해 관리하고 있다. 손익분석 등의 자금관리는 사내에서 직접 관리하고 있다.

(2) 수입유통 비즈니스

2009년부터 K 사장은 한국에서 녹차 등을 수입해서 M국 시장에 판매해 오고 있다. 식당과 마찬가지로 유통업에도 실무경험이 전혀 없는 가운데 시작해서 많은 시행착오를 겪었다. 오히려 식당업보다도 그 관리가 훨씬 어려웠다. 제품과 자금이 한국과 M국 외에도 해상 등 여러 곳에 산재되어 있어서 관리가 매우 복잡하고 어려웠다. 즉 물품의 안정적인 공급과 현금흐름(cash-flow)에 어려움이 많았다. 그러던 중 하나님께서 M국에서 성공적인 수입유통업을 운영하던 한국인의 회사에 들어가서 일을 배울 수 있는 기회를 허락하셔서 2년 정도 일하면서 수입유통업 전반에 대해 배울 수 있었다.

2014년부터 다(tea)류 뿐만이 아니라 한국 식품과 생활용품으로 대상제품을 확장해서 수입, 판매하고 있다. 현재 M국에서 방영되는 드라마의 대부분이 한국드라마이며, K-pop, 한식 등을 통해 한류도 매우 강하기 때문이다. 또한 한국에는 수만 명의 근로자들이 일하고 있으며, 이미 이들 중에는 M국에 돌아와서 거주하는 이들도 많은데, 이들 중 대부분이 한국의 식품과 제품에 익숙해 있어서 M국에서도 한국제품을 찾는 수요가 상당하다. 2016년부터 이마트도 M국에 오픈하여 성업 중에 있는데 현지 소비자들의 반응이 매우 좋다.

그러나 이러한 긍정적 기회요인에도 불구하고 사업 초기에 어려움도 매우 많았다. 판매 가능한 제품과 판매량을 정확히 예측하지 못해 때로는 제품이 부족하여 정상적으로 제품을 공급하지 못할 때도 있었다. 때로는 제품이 제대로 판매되지 않아 넘치는 재고로 인해 현금 회전에 어려움을 겪을 때도 많았다. 또한 유령회사(paper company)에 의해 사기를 당한 적도 있었으며, 통관불가 판정을 받아 제품 전체를 폐기하는 어려움도 겪었다. 몇몇 마트나 상점들의 늦은 대금결제로 인해 현금회전에 어려움을 겪기도 했으며, 직원들의 업무처리 미숙이나 도덕성 부족으로 인한 어려움도 많았다. 또한 세관통관 시에 쓸데없이 트집을 잡는 현지 관세청이나 식약청 직원들로 인한 어려움도 있었다. 포기하고 싶을 때도 있었지만 '그래도 하나님의 인도하심이라 믿고 시작했으니 끝까지 가보자!'며 인내하였다. 실제로 하나님께서는 이 모든 과정에서 함께 일하고 계셨는데, 즉 하나님께서는 K 선교사의 신앙과 인격부터 시작해서 사업과 관련된 모든 것들을 이러한 과정을 통해 친히 하나하나 준비하고 계셨음을 나중에 알 수 있었다. 또한 K 선교사 역시 문제가 발생할 때마다 마음속 깊이 문제를 새기었고 즉각적으로 시스템을 만들어 문제를 해결하고 보완하려고 노력했다. 그 결과로 지금은 어느 정도 회사가 자리를 잡아가고 있으며 현재 15명의 직원이 함께 일하고 있다.

품질관리를 위해서는 처음 제품을 선정할 때가 중요하다. 특히 식품의 수입은 일반 생활용품에 비해 수입조건이 상대적으로 까다롭다. 원산지 증명서, 위생증명서 등은 물론 ISO, HACCP 등 국제 인증서의 첨부가 필수적이다. 정부에서 요구하는 모든 서류가 구비되지 않으면 수입 자체가 원천부터 금지된다. 따라서 제품품질에 대한 신뢰도는 최초의 수입제품 선정 시에 이미 대부분 해결되어진다. 다만 한 여름이나 겨울에는 M국까지 오는 물류과정에서 온도로 인한 제품 변질이나 파손 등을 대비하여 운송하고 있으며, 제품보관도 온도의 조절이 가능한 창고를 사용하고 있다.

현재 회사조직은 영업, 창고, 배송, 경리, IT시스템 부서로 나누어 운영되고 있다. 각 부서의 팀장은 함께 성경공부를 통해 예수님을 배워 온 제자들이 맡고 있으며, 새로운 직원의 채용 시에는 인성, 도덕성, 업무능력 등을 고려하여 채용하고 있다. 채용 후에 교육·훈련이 필요한 경우에는 전문학원에 위탁하여 교육을 받도록 배려하고 있으며, 임금수준은 M국의 타 업체와 비슷한 수준에서 지급하고 있다.

업무는 아침 8시 30분부터 시작되며 9시까지 함께 큐티(quite time)를 하고, 마지막에 김 선교사가 말씀을 나누고 기도하는데 이 시간

11. 캠퍼스 선교사, 믿음의 제자들과 사업하다

이 매우 중요하다. 이 시간을 통해 주로 불신자에게 복음을 전하며 때로는 제자도를 전하기도 한다. 이후 업무회의를 가진´후 업무에 들어가게 되는데, 김 선교사는 이 때 1~2명의 직원과 개인적으로 교제하며, 그들의 일과 더불어 개인의 삶과 사역에 대해 나누고 함께 기도하는 시간을 갖는다. 일과 후 저녁에는 기존 제자들과 함께 모여서 말씀을 읽고 기도하며 주님을 알아가고 있다.

사업형태는 한국에서 식품, 생활용품 등을 수입하여 국내 마트, 슈퍼마켓, 재래시장에 공급하는 B2B 방식으로 주로 운영하고 있다. 대부분 한국 제품이기 때문에 주요 경쟁 업체는 전통적인 M국의 생산업체라기 보다는 한국에서 동일한 종류의 제품을 수입하는 타 수입유통업체라고 할 수 있는데, M국에는 이런 형태의 회사들이 4~5개 정도가 더 있다. 따라서 품질은 대부분 비슷하기에 주요 경쟁요소는 가격이라 할 수 있다. 더욱이 M국이 개발도상국인데다 높은 환율, 운송비, 관세 등이 더해져서 고객들의 비용부담이 매우 크기 때문에 거래업체들은 가격에 매우 민감하며, 이로 인한 가격경쟁도 매우 치열하다. 따라서 K 선교사 사업의 가격체계 역시 거래처의 매출액 규모나 현금, 외상 등 거래조건에 따라 결제조건이 다양하다.

회계관리는 전문회계법인을 통해서 관리하고 있다. 1차적으로는 경리직원이 영수증 등 필요한 사항을 정리한 후 월말에 전문회계법인에 전달하는 형태로 관리한다. 회사설립 후 두 번의 세무조사를 받았는데 회계법인을 이용할 경우에 상대적으로 풍부한 지식과 경험을 갖고 있어서, 자체적으로 준비해 조사받을 때보다 효과적으로 받을 수 있었다. 또한 M국은 2017년부터 e영수증을 발급해야 하기 때문에 모든 거래는 익일에 인터넷을 통해 정부에 원천보고가 이루어진다.

자금관리에 있어서 수입유통사업은 그 특성상 현금흐름이 매우 중요하다. 차기 발주를 위한 대금이 미리 준비되지 않으면 발주할 수 없기 때문에, 이전에 수입한 제품이 주어진 기간 내에 판매는 물론 결제까지 제대로 이루어져야 한다. 이를 위해 제품별 판매주기를 정확히 파악하는 것이 매우 중요한데, 이전에는 주로 엑셀 프로그램으로 일일이 제품별로 계산해야 했으나, 올해부터는 사내 ERP 시스템을 구축하여 현재는 실시간으로 관리가 가능해졌다. 제품별, 영업사원별, 고객별 등 다양한 재무분석이 필요한데, 이전에 은행에서 리스크분석을 많이 해본 것이 도움이 되었다. 또한 이러한 분석은 엑셀 프로그램으로는 한계가 있었는데 지금은 영업사원들이 스마트폰으로 주문함과 동시에 모든 재무자료가 실시간으로 업데이트되고 있어서 업무의 효율성이 많이 증대되었다. 향후 M국에서도 빅데이터(big data)시대를 맞아 시스템개발을 위한 지속적인 노력과 투자가 필요하다.

수입유통사업의 핵심경쟁우위는 품질과 디자인에서 월등한 한국제품이라는 브랜드 파워(brand power)라고 할 수 있다. 이는 분명히 M국의 전통적인 제품이나 중국제품에 대해 품질 면에서 경쟁우위에 있지만, 한국에서 제품을 수입하여 유통하는 회사가 현지에 여러 개가 있으므로 이들과의 치열한 경쟁을 극복하기 위한 혁신이 요구되고 있다. 김 선교사는 이를 위해 현재 인터넷을 통한 온라인 판매를 준비하는 중에 있다. M국은 아직 카드 및 금융시장이 발전되어 있지 않아서 한국과 같이 온라인 구매가 활성화되어 있지 않지만, 그럼에도 조금씩 증가되는 추세에 있는 것은 분명하다. 따라서 페이스북, 홈페이지 등을 통해 지금부터 자사 제품을 홍보, 판매하면서 인지도를 높이고 자체 노하우를 축적하고 있다. 이를 통해 M국 시장에서 자사브랜드가 핵심적인 한국제품의 판매지위를 갖도록 하는 것이 목표이다.

Ⅳ. M국의 비즈니스 선교

M국은 티벳 라마불교를 국교로 삼고 있다. 따라서 공식적으로 종교의 자유를 인정함에도 정치와 종교가 뿌리 깊게 연계되어 있어서 기독교에 대한 보이지 않는 감독과 통제가 심하다. 학교나 병원 등 NGO의 경우 선교활동이 엄격히 금지되어 선교가 활성화되지 못하고 있으며, 허가 받은 교회 역시 감독과 통제가 심하고 비자 연장을 일부러 늦추어 선교사가 수개월씩 한국에 나가있게 하거나 또는 비자 수수료(fee)를 대폭 올려 선교사의 재정적 부담을 가중시키는 등 탄압이 점점 강화되고 있다.

K 사장은 2009년부터 비즈니스 선교로 전환하여 지금까지 사역하고 있다. 비즈니스 선교에도 여러 형태가 있다. 단지 비자를 얻기 위한 수단으로 거의 유령회사에 가까운 회사를 설립하여 운영하는 경우도 있고, 아니면 정상적으로 기업경영을 하되, 그 이익금으로 단지 현지의 필요를 섬기기 위한 경우도 있는 것 같다. 물론 여러

가지 선교적인 상황으로 인해 다양한 비즈니스 선교 형태가 가능하다고 본다.

이에 비해 K 선교사는 회사에서 비즈니스와 선교 활동이 실제적으로 이루어져 회사 내에 하나님의 나라를 이루고자 하는데 궁극적인 목표를 두고 있다. 이를 위해 사업과 선교의 온전한 균형을 유지하고자 노력하고 있다.

전술하였듯이 M국 선교지는 오랫동안 우상과 불법에 매여 온 곳이기 때문에 말씀만 가르치는 경우 변화의 실제적 본을 보지 못한 그들에게 말씀과 삶의 실제적인 괴리가 발생할 수 있다. 따라서 K 사장의 경우 날마다 함께 영업을 하면서 그 안에서 발생하는 다양한 문제들을 하나님의 말씀에 비추어 함께 고민하며 해결함으로써 지상사명인 주님의 제자를 양성하고 있다(마 28:19,20). 즉, 영업현장에서 발생하는 문제들에 대해서 하나님의 뜻을 적극 구하면서 순종하는 것에 최종적 목표를 두는 것이다.

그는 이런 관점에서 볼 때 양질의 제자를 삼기 위해 비즈니스 선교만큼 유용한 도구도 없다고 생각하고 있다. 그 만큼 많은 시간을 함께하며, 발생하는 모든 문제들에 대해 선교사는 하나님의 뜻을 따라 의사결정을 하며 순종하는 본을 보이고, 또 직원들도 이 과정에 함께 참여하며 자연스럽게 제자의 삶이 훈련되어지기 때문이다. 이것이 사도 바울과 네스토리안, 모라비안, 윌리엄캐리 등이 선교역사 속에서 보여준 본이기도 하다.

K 사장은 아침마다 30분씩 갖는 QT예배를 통해 하나님을 알아가며, 일주일이나 2주일에 한 번씩 직접 각 팀장을 대상으로 개인교

11. 캠퍼스 선교사, 믿음의 제자들과 사업하다

제를 가져 자연스럽게 일과 사역에 대한 멘토링이 이루어지도록 하고 있다. 일과 후 저녁에는 기존 제자들이 함께 모여 말씀을 읽고 기도하며 주님을 배워가고 있고, 토요일에는 리더십 회의를 통해 회사와 사역 전반에 대해 함께 나누고 기도하며, 주일에는 함께 모여 예배를 드리고 있는데, 현재 15명 정도가 정기적으로 참여하고 있다. 향후 사역자들이 좀 더 온전히 준비되면 그들의 가족을 중심으로 가정교회를 개척하고자 한다. M국에서는 정식 교회허가를 얻기가 현실적으로 거의 불가능할 뿐만 아니라, 가족 간 관계가 한국 이상으로 매우 끈끈하기 때문이다.

총체적 선교의 일환인 사회 환원에 있어서는 최근 수년 간 M국의 경제 상태가 매우 좋지 않아 아직 적극적으로 추진하고 있지는 못하다. 다만 가난한 어린이들을 대상으로 무료식사를 공급하는 한 선교사의 교회에 매월 일정액을 기부하고 있으며, K 사장이 참석하는 교회 내 가난한 이들에게도 매월 일정액으로 섬기고 있다. 또한 직원들에게 급전이 필요할 때 무이자 할부로 대부해 주고 있다. 향후 회사가 성장함에 따라 직원 복지 및 현지 선교사와 교회들에 대한 선교지원을 늘려갈 예정이다.

V. M국 비즈니스 선교의 교훈

(1) 사전 준비

1) 비즈니스 선교사의 정체성과 비전

K 사장은 2009년 녹차를 생산하는 장로님과 함께 M국에서 한국

인이 운영하는 한 슈퍼마켓에 들어갔는데 그 장로님이 슈퍼마켓 주인과 제품 등에 대해 매우 자연스럽게 대화하는 모습을 보며 '저것이 앞으로의 나의 삶이어야 한단 말인가?' 생각하며 크게 충격을 받았고 그 충격은 이후 수년간이나 이어졌다.

M국에서 사업을 시작하기 전까지만 해도 K 사장은 날마다 길거리와 캠퍼스에 나가서 복음을 전했다. 복음을 전하는 것이라면 하루 종일이라도 이렇게 할 수 있겠지만, 제품을 팔기 위해 사업을 해야 하는 것이 몹시 힘들게 느껴졌다. 모든 것을 뒤로하고 M국에 왔는데 왜 다시 사업을 시작해야 하는 갈등에, 일을 하면서도 매우 힘든 나날들을 보냈다. 비록 하나님의 뜻이라 믿고 시작하였지만, 막상 시작해 보니 전혀 맞지 않는 옷처럼 비즈니스가 몹시 어색하게 느껴졌다.

이후 비즈니스 선교에 대한 다양한 책들을 읽으며 일과 노동, 자본주의 활동에 대한 기독교적 관점을 이해하기 시작했고, 성경에서 바울의 모습, 그리고 선교역사에 있어서 네스토리안, 모라비안, 윌리엄캐리, 바젤선교회 등에 관해 읽으면서 비즈니스 선교에 대한 정당성과 중요성을 이해할 수 있었다. 비즈니스 선교는 제대로 알지 못하면 자칫 세속적이라 생각하여 하나님의 부르심이 있음에도 불구하고 주저하거나 쉽게 포기할 수 있는데, 이는 바람직하지 못하다고 생각하게 되었다.

또한 비즈니스 선교에 대한 개인의 확신이 없이 비즈니스 선교를 할 경우 상당한 혼란과 어려움에 빠질 수 있으므로, 비즈니스 선교를 계획하는 경우 먼저 비즈니스 선교에 대한 성경적, 역사적 배경과 더불어 비즈니스 선교를 통해 이루고자 하는 선교적 비전을 분명히 해야 할 것이다.

2) 실제적인 비즈니스 및 선교 경험

단지 직장생활을 경험하는 것과 비즈니스를 경영하는 것은 완전히 다르다. 비즈니스를 경영한다는 것은 회사의 모든 영역에 대해 궁극적 책임을 지는 것을 의미하므로 직장 경험만으로는 비즈니스를 결코 온전히 이해할 수 없다. 더욱이 해외시장에서 비즈니스를 경영해야 하는 경우, 이에 대한 경험이 없이 비즈니스 선교를 한다는 것은 매우 무모한 시도이다. K 사장의 경우에도 비즈니스가 이런 것인 줄 알았다면 아마도 결코 시작하지 않았을 것이라고 고백한다.

당시 비즈니스에 대해 잘 몰랐기 때문에 모르면 무식하다는 말처럼 갈 바를 알지 못하고 나아갔다. 믿음으로 나가는 것 같지만 결코 지혜롭지 못할 뿐만 아니라, 잘못될 경우 매우 위험한 결과를 초래할 수 있다. 아무리 작은 점포를 하나 운영한다 할지라도 그 사업의 특성과 운영방식이 있기 마련이다. 이러한 것을 본인이 직접 경험하며 배우는 것은 시간과 노력도 많이 필요할 뿐만 아니라 제대로 배우기도 쉽지가 않다. 따라서 가능하면 먼저 국내에서 자신이 종사하여 온 직업과 관련하여 작게나마 시작해 보는 것이 필요할 것이다.

선교경험도 마찬가지이다. 특히 K 사장처럼 직장 내에서 적극 복음을 전하며 제자를 삼는 사역의 경우, 국내에서의 선교경험은 필수적이라고 할 수 있다. 국내에서 같은 언어로 같은 민족에게 복음을 전하고 제자를 삼아 본 경험이 없는데, 선교지에서 그것도 비즈니스를 하며 선교를 하겠다는 것은 어불성설이라고 할 수 있겠다.

따라서 좀 시간이 걸릴지라도 먼저 국내에서 비즈니스와 선교를 충분히 경험하고 선교지에서 비즈니스 선교를 시작하는 것이 장기적으로 보면 훨씬 효율적일 것이다.

3) 현지 언어 및 문화의 이해

M국에서도 통역자들을 많이 구할 수 있다. 그럼에도 통역자를 통해서 일과 선교를 한다면 이는 매우 피상적인 차원에 그칠 수밖에 없어 사업과 선교 모두 효과적으로 수행할 수 없을 것이다. 또한 조직 내에서 발생하는 문제의 상당 부분이 직원이나 조직 간의 의사소통의 부족이나 오해에서 발생한다.

K 사장의 경우에도 M국 대학에서 영어로 강의했기 때문에 4년이나 M국에 살았지만 M국어는 기본생활회화의 수준에 그쳤다. 그러나 대학을 떠나온 이후부터 2년간 거의 M국어 공부에만 집중했다. 이 기간에는 선교사역도 언어개발을 위한 것이었다. 그 후에야 하나님은 비즈니스를 시작하게 인도하셨다. 혹시 비즈니스를 경영하면서 현지어를 공부할 수 있지 않을까라고 생각할 수 있겠지만, 일단 비즈니스를 시작하게 되면 업무와 사역에 집중해야 하기 때문에 이는 거의 불가능하다.

4) 핵심일꾼의 확보

사업을 하던 선교를 하던 외국에서 뭔가를 한다는 것은 결코 쉽지 않다. 일례로 간단한 서류 하나를 발급받기 위해 관청에 직접 나가서 현지 공무원들과 상대하는 것조차 결코 쉽지가 않다. 그러나 이런 역할을 담당해 줄 신뢰할만한 현지 영혼이 한 명이라도 있다면 선교사는 훨씬 짐을 덜 수가 있고 일과 사역을 더욱 효율적으로 수행할 수 있을 것이다.

K 사장의 경우 M국에 오고 나서 6년이 지난 후 비즈니스를 시작했기 때문에 이미 약 20명의 어느 정도 준비된 제자들을 데리고 사업을 시작할 수 있었고, 지금까지 이들이 각 영역에서 기둥과 같은 역할을 해 주었기 때문에 지속할 수 있었다. 처음 선교지로 출발한 비즈니스 선교사는 최초 1~2년은 언어습득, 현지사업조사 등을 위한 시간을 가져야 할 텐데, 이 기간 동안 신뢰할만한 한 영혼을 만날 수 있다면, 이는 이후 비즈니스 선교를 시작하기 위한 금상첨화가 아닐 수 없을 것이다.

(2) 영적 영역

1) 믿음과 헌신

실제로 비즈니스 선교에는 많은 영적인 위험이 따른다. 하나님과 재물을 겸하여 섬기지 말라(마6:24)는 말씀처럼 재물에는 우리의 믿음을 잃게 할 상당한 능력이 있으며, 악한 마귀는 이것을 이용하여 선교사와 사업체를 마구 공격한다.

K 사장도 예수님을 믿은 후부터 줄곧 헌신하며 살아왔다고 자부했음에도 불구하고, 막상 비즈니스를 시작해서 재정적 압박을 받아보니, 왜 하나님과 재물을 겸하여 섬기지 말라고 말씀하시는지, 그리고 왜 돈을 사랑함이 일만 악의 뿌리가 된다(딤전6:10)고 말씀하셨는지를 실감하였다. 직장생활 할 때의 재정적 압박이나 비즈니스 선교를 시작하기 이전에 근근이 생계를 유지했을 때와는 비교도 할 수 없는 엄청난 재정적 압박이 몰려왔다. 단순히 선교의 문제가 아니라 욥과 같이 하나님에 대한 근본적인 회의가 들 정도였다.

비즈니스 선교사는 늘 이 부분을 명심하고 처음부터 사업에 대해 하나님께 완전히 맡기고 헌신한 후 시작해야 한다. '만일 하나님이 허락지 않으면 참새 한 마리도 떨어지지 않으며, 그보다 훨씬 귀한 우리에게는 머리털까지 다 세신 바 되었으니 두려워 말라'고 말씀하셨다(마10:29, 30). 또한 세례 요한은 '하나님이 허락지 않으면 아무것도 받을 수 없다'고 하였다(요3:27).

따라서 비즈니스 선교사는 하나님의 뜻이라면 어떠한 어려움도 반드시 해결될 것이며, 만일 하나님의 뜻이 아니라면 사업을 접을 수도 있다는 절대 각오와 헌신을 가지고 담대히 임해야 할 것이다.

어쨌든 이 믿음의 싸움에서 밀릴 경우 선교사는 급속하게 믿음이 무너지며 근심과 두려움 속에 휩싸일 수 있는데, 그렇게 되면 사업은 물론 선교 역시 적극적으로 돌파해 나가기가 결코 쉽지 않을 것이다. 따라서 비즈니스 선교사는 반드시 하나님에 대한 믿음과 헌신으로 일에 대한 압력을 극복하는 것을 스스로 터득해야 한다(빌4:11~13).

2) 주님과 교제

이러한 믿음은 결코 인간적인 노력이나 힘으로 생기는 것이 아니었다. 오히려 다니엘과 같이 예외 없이 하루 3번 주님 앞에 나아가 기도할 때, 그리고 다윗과 같이 고난 가운데서도 오히려 지성소에 계신 하나님께 더욱 간절히 나아갈 때 생긴다(시27:1~4). K 선교사의 경우 사업도 어려웠지만 더 힘들게 했던 것은 그 시기에 하나님에 대한 믿음이 약해져서 말씀을 봐도 큰 은혜가 없고 기도도 할 수 없는 등 주님과의 교제가 잘 되지 않는 것이었다(욥23:8,9). 그러나 예수님이 십자가를 앞두고 거듭거듭 하나님께 나아가 엎드려 통곡하며 땀방울이 핏방울이 되도록 기도함으로 십자가 고난을 극복했던 것처럼, 바울이 채찍질을 당하고도 도리어 감옥에서 하나님께 기도하며 찬양하며 극복했던 것처럼, 비즈니스 선교사도 사업이 어려울수록 더욱 하나님께 간절히 기도하며 나아감으로써 모든 어려움을 극복해야 할 것이다.

3) 성령께 의뢰

다니엘은 '하나님이 다스리는 줄을 왕이 깨달은 후에야 왕의 나라가 견고히 서리이다(단4:26)'라고 느부갓네살 왕에게 경고하였다. 사울은 하나님께 묻지 않았으나(대상13:3) 다윗은 늘 적극 하나님께 묻고 행하였다(대상13:10). 심지어 예수님도 스스로 하지 않으시고 늘 하나님 아버지로부터 듣고 보여주신 것만을 행하셨다(요5:19,30). 모세와 여호수아는 하나님 앞에서 신발을 벗어야만 했는데 이는 그 당시 관습상 권리포기를 의미하였다. 즉 하나님은 하나님 자신이 모든 일의 주체가 되어 일을 계획하시며 친히 행하시며 이루신다는 것이다. 따라서 우리가 할 일은 먼저 기도를 통해 이러한 하나님의 뜻을 분별하는 것이며 이후 순종하는 것이다(렘33:2,3).

비즈니스 선교사는 자신의 생각이나 세상의 다양한 이론, 유행, 추세 등을 따라 사업을 하려는 욕망이 있을 수 있는데, 이 경우 자신이 하나님의 종임을 분명히 깨닫고 먼저 그러한 자아를 십자가에 못 박아야 한다(갈 2:20). 그리고 끝까지 하나님께 물어 최대한 하나님의 뜻을 구해야 한다. K 사장의 경우에도 충분히 하나님의 뜻을 묻고 분별하지 않은 상태에서 사업을 추진했을 때 많은 어려움을 겪어야만 했다.

(3) 인격의 영역

1) 정직과 도덕성

데살로니가 교회처럼 개발도상국 선교지의 경우, 영혼들이 부정직하고 게으른 것이 보통이다. 이들의 변화를 위한 첫걸음은 당연히 선교사의 정직하고 신실한 본보기이다. 회사의 이익을 위한 수많은 유혹 가운데서 선교사는 법규를 따라 정직하게 일처리를 해야 한다. 예를 들어 대 정부와의 관계에서 세금 등을 정직하게 납부해야 하는데, 보통 해외무역에서는 언더 밸류(under value), 즉 실제 인보이스 금액보다 낮게 가격을 책정하여 관세 등 세금을 적게 납부하는 것이 관례화되어 있다.

또한 통관할 때 정상적인 절차를 밟기 보다는 관세청 직원에게 뇌물을 주고 통관하는 등 잘못된 관행들이 있는데, 비즈니스 선교사는 이 모든 유혹 가운데서 하나님을 경외함으로 투명하고 정직하게 일처리를 할 수 있어야 한다.

2) 용납과 인내

비즈니스 선교를 하면서 가장 어려운 것 중 하나가 현지 직원들을 끝까지 사랑으로 용납하며 섬기는 것이다. 20여명의 직원들과 함께 사업을 운영하다 보니 날마다 예상치 못한 문제들이 발생한다. 아무래도 한국 직장의 수준에서 접근하다보니 현지인들의 도덕성이나 업무태도, 능력 등이 마음에 들지 않을 때가 많았다. 다행히 성령충만할 때는 사랑으로 용납하면서 바로잡아 가지만, 때로 그렇지 못할 때는 혈기와 분노가 나타날 때도 있다. '갈2:20'처럼 끊임없이 자아가 죽어야 함을 깨닫는다. 이는 마치 그들의 삶에 그리스도의 형상이 이루어지기까지 해산하는 수고와 같이 매우 고통스런 일이다(갈4:19). 그러나 사망이 우리 안에서 역사할 때 생명이 그들 안에서 역사하기에, 선교사는 기꺼이 이 대가를 치러야 할 것이다(고후4:12).

3) 충성과 헌신

비즈니스 선교사는 다른 사역자들과 마찬가지로 주어진 사역에 충성을 다해야 한다(고전4:2). 특히 비즈니스와 선교를 겸해 수행하기 때문에 더욱 깨어 부지런히 주님과 동행하며 맡겨진 사업과 사역을 감당해야 한다. 물론 우리의 노력만으로 되는 것은 아니지만 선교사 자신이 꼭 해야 하는 역할이 있기 때문에 비즈니스 선교사는 모든 일에 주님의 뜻을 구하며 적극 섬겨야 한다(엡5:15~17).

비록 선교지에 있다 하더라도 사업과 사역에 대한 집중력을 떨어뜨리는 여러 유혹들이 있다. 뉴스미디어, 다른 선교사들과의 교류, 한국에서 온 단기 선교팀 섬기기 등 꼭 필요하기는 하지만 그렇다고 이러한 일들로 인해 맡겨진 사업과 선교에 대한 집중력이 떨어지는 것을 선교사는 늘 조심해야 한다. 특히 아직 회사조직이 안정되지 않은 사업의 초기에는 더욱 절제하여 먼저는 하나님께서 맡겨주신 사역에 헌신할 수 있어야 한다(요12:24).

Ⅵ. 결론

K 사장은 원래 캠퍼스의 젊은이들에게 복음을 전하고 그들을 제자로 삼는 사역으로 부르심을 받았지만, 이후 젊은이들의 직장 문제, 자신의 비자문제, 비즈니스 공동체를 통한 복음전도와 제자훈련 등의 목적으로 M국에 온지 6년이 지나서야 비즈니스 선교로 전환하게 되었고, 현재 약 20여명의 젊은이들이 함께 사업을 경영하며 주님을 배워가고 있다. 한국식당과 수입유통사업을 수행하면서 선교사로서의 정체성의 혼란, 사업에 대한 전문성 부족으로 인한 어려움, 직원과 현지 정부와의 관계에서 많은 어려움이 있었으나, 하나님의 은혜가 함께했기에 잘 극복하고 현재까지 올 수 있었다(롬8:28). 특히 지금까지 현지의 영혼들과 함께 사업을 수행하며, 그들에게 복음을 전하고, 하나님의 뜻을 가르침으로서 그들의 삶에 나

11. 캠퍼스 선교사, 믿음의 제자들과 사업하다

타나고 있는 여러 가지 변화들을 보며, 큰 보람과 함께 하나님께 감사드리지 않을 수 없다.

자유로운 교회개척 등 선교활동이 제한된 선교지에서 비즈니스 선교는 여러 모로 해외선교에 유익이 있다. 그럼에도 사업과 선교를 동시에 감당해야 하는 현실적 어려움은 비즈니스 선교를 감당하려는 선교사에게 큰 도전이 된다. 현지에서의 비즈니스 이익으로 선교지의 필요를 섬기는 것에만 사역을 국한한다면 비즈니스에만 집중하면 되겠지만, 최종적인 선교목표인 현지 영혼들에게 복음을 전하고 제자를 삼으며 교회를 개척하고자 할 경우, 분명히 비즈니스 선교는 생각처럼 쉽지는 않다.

그럼에도 선교지로의 자유로운 진입과 장기적 체류가 점점 어려워지는 세계선교의 현실에서 비즈니스 선교는 하나의 중요한 선교 전략적 돌파구가 될 수 있다. 사도 바울, 네스토리안, 모라비안, 바젤선교회 등도 이러한 비즈니스 선교의 발자취를 분명히 남겼다. 아마도 그들의 선교상황은 현재의 우리들보다 훨씬 더 어려웠을 것이 분명하다. 그럼에도 그들은 주님에 대한 믿음, 사랑, 충성으로 이 모든 장애들을 극복하고 자신의 사업현장에서 현지의 영혼들을 섬기며, 그들에게 복음을 전하며 제자를 삼았다. 우리들도 동일한 믿음으로 비즈니스 선교를 통해 미전도 종족들에게 복음을 전해 제자를 삼아 주님의 명령인 시대적 선교사명을 준행해야 할 것이다.

12

가난한 소수민족이 눈에 밟혀
보이차 사업을 시작하다

천상만

처음에는 비즈니스를 할 생각이 없었다. 여러 소수민족들을 만나면서 그들의 경제적 필요를 도울 수밖에 없었기 때문에 보이차 사업을 하게 되었다. 사람들은 보이차를 재배하고 이 차를 팔아서 생계를 유지해가는 사람들이었다. 마을 공동체를 이루면서 가난한 생활 속에서 전통으로 물려받은 보이차를 그들의 경제적 삶의 터전으로 삼아온 것이다. 그들과 어울리면서 그들을 돕고 싶은 마음이 일어났다.

B사는 중국 운남성에서 생산되는 보이차를 판매하는 회사이다. B사는 품질이 좋으면서도 비싸지 않은 브랜드로 인식되는 보이차를 지향하면서 현재 중국과 한국에서 이름이 조금씩 알려지고 있다. B사의 대표는 한국인 선교사 Y 목사이다. Y 선교사는 2007년에 중국현지 회사를 설립하였다. B사는 현지 소수민족인 재배자들로부터 공급되는 보이차의 판매루트로서 자리매김 하고 있다. 그러면서 보이차의 생산과 저장, 가공, 포장, 판매에 이르기까지 관련 사업자들을 리드하고 있다.

B사에서 공급되는 보이차는 쿤밍시에서 하루 정도를 가야하는 지역의 재배지에서 생산되고 있다. 판매처는 중국내 20여개 도시에 온라인과 오프라인을 통해 판매하고 있다. B사는 보이차에서 나아가 C 소수민족교회에서 채취하는 꿀과 한약재도 판매하고 있다. 판매지도 중국 내에서 네팔, 인도 쪽으로 수출을 늘려가고 있다. 처음 3년간은 적자였으나, 2010년부터 매출 증가와 더불어 수익도 발생하여 현재는 쿤밍시에 판매장 겸 본사를 유지하고 있다.

고품질의 보이차를 저가격으로 판매하는 전략을 고수하고 있는 B사는 최근 한국에도 판매법인을 설립하여 온라인과 오프라인을 통한 매출 증대를 이루고 있다. 현재 중국과 한국에서의 매출은 반반 정도를 이루고 있다. 그는 비즈니스 사역을 하면서 교회를 개척하여 목회자 역할도 병행하고 있다. 그리고 중국 사역에서 양육한 제자들을 돌보면서 중국 현지인의 교회 개척과 운영을 돕고 있다.

Y 선교사는 장로교 백석교단의 중견교회 부목사로 재직하던 때부터 중국선교에 대한 꿈을 가지고 YWAM의 DTS 훈련을 받으며 중

국선교를 준비해 왔다. 그리고 1990년대부터 중국을 드나들면서 제자들을 길러 왔다. 그리고 2005년에 자신이 14년간 섬겼던 교회에서 파송을 받아 중국선교의 길을 떠나게 되었다. 그가 선교지를 택한 곳은 중국의 운남성 지역이었다.

2005년에 쿤밍에 자리 잡은 후 그는 묘족들을 상대로 복음을 전하고 교회 설립을 돕는 선교활동을 시작하였다. 그러던 중 보이차에 대해 관심을 갖게 되었고, 보이차 재배와 판매에 대해 관심을 갖게 되었다. 그는 다양한 보이차를 맛보면서 보이차의 맛을 통해 품질을 감별하는 수준에 이르게 되었다. 그리고 어떻게 하면 보이차를 좀 더 고품질로 재배할 수 있을 것인가를 고민하였다. 반면에 그가 만난 소수민족 주민들은 이러한 문제의식이 부족하였다. 어떻게 해야 할지에 대한 지식이나 경험도 없었다.

1. 보이차를 통한 묘족 선교

Y 선교사는 중국선교에 비전을 가지고 운남성 지역으로 갔지만 처음에는 비즈니스를 할 생각이 없었다. 운남성의 많은 소수민족들을 만나고 그들과 교류하는 중 보이차와 연결이 되었고 그들의 경제적 필요를 도울 수밖에 없었기 때문에 보이차 사업을 하게 되었다. 소수민족 사람들은 보이차를 재배하고 이 차를 팔아서 생계를 유지해가는 사람들이었다. 마을 공동체를 이루면서 가난한 생활 속에서 전통으로 물려받은 보이차를 그들의 경제적 삶의 터전으로 삼아온 것이다. 그들과 어울리면서 그들을 돕고 싶은 마음이 일어났

12. 가난한 소수민족이 눈에 밟혀 보이차 사업을 시작하다

다. 이것이 선교사가 가져야 할 긍휼한 마음의 출발이다.

그는 보이차 재배 소수민족 사람들과 어울리면서 자기가 한국에서 살 때 전세보증금으로 가지고 온 돈을 2천 평의 보이차 재배농가와 계약재배를 하는 데 투입하였다. 그리고 계약 재배하는 보이차를 어떻게 하면 좀 더 품질 좋고 수확량이 좋은 상품으로 만들수 있을까를 연구하였다. 그리고 현장에서 그들과 더불어 방법을 찾아보려는 노력을 시작하였다. 이것이 책상머리에서 하는 선교가 아니고 그들의 삶의 현장에 뛰어 들어가 함께 부대끼며 그들의 필요를 같이 풀어나가는 노력인 것이다. 그러면서 보이차에 대한 공부를 시작하였다. 다양한 보이차의 맛과 향기를 체험해 보았고 좋은 품질의 보이차가 어떤 것인지를 혀로 느껴보는 체험적 공부를 하였다. 그런 과정을 거치면서 보이차의 성분과 재배에 대해 차츰 전문가가 되어갔다. 이러한 과정에서 그가 적용하기 시작한 재배농법이 지금 하고 있는 친환경유기농법으로서 자연농법이다.

그는 무농약으로 할 수 있는 재배기술을 찾았다. 계피와 생강, 김치국물과 한약재에 미생물을 넣어 몇 달간 발효시키는 액비 개발법을 찾게 되었다. 액비는 보이차가 뿌리를 박고 있는 토양을 회복시키는 효과를 가져왔다. 딱딱하게 굳어진 것이 아닌 부드러워진 토양으로, 각종 미생물이 살아있는 흙으로 개량되기 시작한 것이다. 이러한 흙에서 재배된 보이차의 맛과 향기가 훨씬 좋아진다는 체험을 하게 되었다. 그러한 시간을 거치면서 차츰 보이차 전문가가 되어 갔다. 그리고 그러한 농법을 묘족 재배자들에게 제공하게 되었다. 나아가 이렇게 생산된 보이차를 잘 가공해서 제 값을 받고 팔

수 있는 마케팅과 유통방법을 고민하게 되었다.

2. 보이차 비즈니스와 함께 성장하는 신앙공동체

맛과 향기가 좋아지는 보이차 재배 성과가 나오자 그는 좀 더 나은 가공방법과 제품 디자인, 포장과 보관방법을 고민하여 상품화를 개선하는 단계에 이른다. 여기에는 가공과 마케팅, 판매를 개선할 하드웨어로서의 시설투자가 필요하였다. 가공공장과 판매회사를 설립하는 데는 재정이 필요하였다. 그는 판매된 보이차 수익을 가공과 판매에 투자하였다. 보이차 재배와 매출, 보이차 구입대금 지불 등을 초기에는 그가 아내와 담당하였다. 고용을 할 단계가 아니었다. 다만 보이차 대금을 안정적으로 지불함으로써 재배인들에게 판매 루트로서 역할을 해 주었다. 그러면서 그들과 쌓여진 관계와 신뢰를 기반으로 그는 거래 상대인 재배인들과의 만남을 늘려나갔다.

이러한 반복된 만남을 통하면서 Y 선교사는 차츰 그들에게 복음을 전하게 되었다. 그리고 이러한 사람들이 하나 둘씩 생겨남에 따라 현지 재배인들의 신앙 공동체가 생겨나게 되었다. 2007년 여름 친환경농법을 전했던 한 마을에서는 열아홉 가정이 예수 그리스도를 영접하였다. 그러면서 이러한 공동체는 자연스럽게 현지 교회로 발전하게 되었다. 보이차 재배인, 판매자 관계는 신앙 안에서 복음을 전하고 복음을 받아들이는 제자 양육관계로 발전하게 된 것이다. 처음에 재배인들은 판매자인 Y 대표가 선교사인 줄 몰랐다. 산상교회 지도자를 세우고 보이차 재배에서 한걸음 나아가 이들이 재

12. 가난한 소수민족이 눈에 밟혀 보이차 사업을 시작하다

배하는 한약재와 꿀을 판매 품목에 추가하게 되었다. 이러한 비즈니스 성장과 함께 복음 전파와 교회 설립도 자연스럽게 이루어져갔다.

3. 넘어가야 했던 고난의 산들

그러나 이러한 과정이 순조롭게만 된 것은 아니었다. 그 과정에는 어려운 시련의 사건들도 있었다. 판매회사를 설립하는 데 건물을 빌리고 인테리어를 하는 등에 소요되는 자금을 투자할 사람을 찾게 되었다. 이 때 초기 자금을 제공한 사람이 알고 지내던 어떤 장로님이었다. 그는 초기에 자금을 투입한 이후, 어느 정도 시간이 지난 후 개인적인 필요로 자금 상환을 요구하였다. 이 과정에서 자금 상환을 놓고 서로 간에 자금 성격에 대한 해석이 달라졌다. 그리고 이는 관계 갈등으로 이어지게 되었다.

이 과정에서 자금관리를 맡고 있었던 사모가 극심한 정신적 스트레스를 받게 되었다. 이러한 고통은 결국 사모에게 뇌졸중이라는 병을 불러오게 되었다. 갑자기 두통과 마비 증세를 겪은 사모는 곧 명 현지병원에서 뇌경색 진단을 받게 되었다. 어쩔 수 없이 Y 선교사 부부와 세 자녀로 구성된 가족은 치료를 위해 한국으로 돌아갈 수밖에 없게 되었다. 이때가 Y 선교사 사역에 있어서 가장 어렵고 고통스러운 시기였다고 한다. 그는 반신불수를 겪을 수도 있는 사모의 상태를 바라보면서 아예 현지 사역을 접고 한국으로 돌아가야 하지 않을까라는 생각을 가졌다. 그리고 이 문제를 놓고 하나님께

엎드리는 그야말로 절박한 기도를 드리게 된다.

그런데 사모가 한국에서의 병원치료를 받는 때 놀라운 기적을 체험하게 된다. 신경과 병원에서 뇌 촬영을 한 결과 상태가 문제되지 않을 상태로 좋아졌다는 것이다. 그러한 기적적 치유를 체험한 사모는 사역지로 다시 돌아가자는 담대한 제안을 하게 된다. 그리하여 유선교사 가족은 다시 곤명으로 돌아가 하던 사역을 계속하게 된다.

4. 전인적 총체적 선교

Y 선교사는 중국선교를 준비할 때 비즈니스맨으로서의 역할을 생각하지 않았다. 교회를 설립하는 것을 그의 주된 사역으로 생각한 전통적 사역 추구 선교사였다. BAM이란 교인들의 삶의 현실에 가장 가까이 다가갈 때 그들의 필요에 대한 응답에서 시작된다.

인간은 영적 정신적 물질적 존재이다. 미션의 영역이 영적인 것에 초점을 맞춘다면, 비즈니스의 영역은 인간의 육체적 필요에 초점을 맞추는 것이라 할 수 있다. 영적인 영역과 물질적인 영역이 서로 만나 상호보완적 역할을 하는 것이 BAM이다. 인간을 전인적 인격체로 볼 때 인간은 영적인 존재이다. 창조주이신 하나님과 연결되어 그 영이 살아날 때 삶의 목적이 깨달아지는 것이다.

한편으로 인간은 먹고 입고 자야하는 생존적 욕구를 해결해야 하는 존재이다. 주님은 인간의 물질적 필요를 누구보다 잘 아셨기에 오병이어의 기적을 행하셨다. 인간에게 있어야 할 빵의 필요를 누구보다 잘 아신 분이다. 요한복음에서도 주님이 최초의 기적을 행하신 것은 가나의 혼인잔치에서 물로 포도주를 만드신 것이다. 잔치에서 있어야 할 포도주가 없는 것을 보시고, 먹고 마시는 것에서 기적을 일으키신 것이다.

인간의 영과 혼, 몸은 서로 연결되어 있다. 영적인 것이 물질적인 것이고, 물질적인 것이 영적인 것이다. 영적인 것은 말씀과 기도로 이루어진다. 비즈니스 선교의 성서적 타당성을 보면 전인적 구원을 들 수 있다. 이는 복음과 함께 빵을 주어야 한다는 것이다. 복음과 함께 삶의 수준을 향상시켜야 하는 것이다. 성경은 '누가 이 세상의 재물을 가지고 형제의 궁핍함을 보고도 도와 줄 마음을 닫으면 하나님의 사랑이 어찌 그 속에 거하겠느냐. 자녀들아 우리가 말과 혀로만 사랑하지 말고 행함과 진실함으로 하자(요일3:16~17)'고 말한다. 나아가 '만일 형제나 자매가 헐벗고 일용할 양식이 없는데 너희 중에 누구든지 그에게 이르되 평안히 가라, 덥게 하라, 배부르게 하라 하며 그 몸에 쓸 것을 주지 아니하면 무슨 유익이 있으리요. 이와 같이 행함이 없는 믿음은 그 자체가 죽은 것이라(약2:15~17)'고 말한다.

혹자는 선교란 복음 제시와 영접, 교회 개척 차원으로만 머물러야 한다고 주장하기도 한다. 그러나 영과 육을 별개의 것으로 구분하려는 잘못된 이분법적 사고는 극복되어야 한다. 영적 건강과 육적 건강의 연계를 이루는 통전적 사고가 올바르다. 성경은 분명 '사랑하는 자여 네 영혼이 잘됨 같이 네가 범사에 잘되고 강건하기를 내가 간구하노라(요삼1:2)'고 말한다. BAM의 과제는 복음과 빵의 연결이다. 비즈니스와 미션을 어떻게 결합시킬 것인가가 핵심적 요인인 것이다.

5. 전통적 목회자의 한계 극복

전통적 목회자들은 교회 영역 안에서 자라나고 10대와 20대를 교회 내에서의 활동과 신학교 공부로 보낸 사람들이다. 이들은 신학교를 졸업하고 다시 전도사로 교회 내부에 들어가 일생의 대부분을 교회와 가정에서 지내온 사람들이다. 교인들과 어울려 지내지만 실제로는 세상에서 사람들이 어떻게 살아가는 지를 겪어보지 못한 사람들이 대부분이다. 10대의 어린 나이에 아침이슬 같이 순결한 영혼에서 하나님만을 위해 살겠다고 헌신한 이후, 그들의 삶은 세상이라는 곳과는 분리되어 살아온 사람들인 것이다. 세상 사람들이 어떻게 돈을 벌어먹고 사는지를 보고 듣고는 있지만, 정작 자신은 세상의 일터에서 돈 버는 것을 직접 체험하지는 못한 것이다.

비즈니스 선교에는 리더십이 어떠한가가 중요하다. 선교마인드를 가진 선교사는 험난한 과업들을 헤쳐 나갈 만큼 강인해야 한다. 비즈니스 선교에는 비즈니스 훈련 및 실전 경험이 필요하다. 왜냐하면 비즈니스 경험과 능력이 없는 사람은 실패할 가능성이 높기 때문이다. 그런데 선교사가 되기 이전에 비즈니스 경험이 없었던 유 선교사가 선교 현장에서 비즈니스를 해 나간 점을 보면 그의 역량이 탁월하다고 하지 않을 수 없다. 일반적으로 비즈니스 선교는 가능한 한 전문 비즈니스맨이 주도하는 것이 바람직하다고 한다. 목

12. 가난한 소수민족이 눈에 밟혀 보이차 사업을 시작하다

사들을 교육시켜서 비즈니스 하도록 하기 보다는 비즈니스 경험자를 교육시켜서 선교사 역할 하는 게 쉽기 때문이다. 그래서 비즈니스 경영은 전문 비즈니스맨이 하고, 선교는 전문선교사가 담당하는 것이 바람직하다고 한다. 한 사람이 비즈니스와 선교 두 가지를 다 하려는 것은 둘 다 실패할 가능성이 높기 때문이다. 그런데도 Y 목사가 비즈니스맨이자 목회자로서의 역할 두 가지를 다 잘 해내는 것은 목사가 주도하는 BAM의 성공적인 모델로서 제시할 수 있을 것이다.

6. B사의 경영원칙

Y 선교사는 비즈니스 선교를 성공시키는 요소로 세 가지를 제시한다. 첫째, 비즈니스 선교사의 정체성을 분명히 가지라고 말한다. 그는 예배자로서의 정체성을 강조한다. 비즈니스맨 이전에 예배자로서 자신을 세워야 한다는 것이다. 둘째는 선교와 사업에 있어서 전문성을 가져야 한다는 것이다. 전문성이 없으면 제대로 된 질 높은 성과를 만들 수 없기 때문에 당연하다 할 것이다. 셋째로 사업 투자 시 본인 재정을 꼭 넣어야 한다는 것이다. 이는 타인의 돈으로만 하지 않고, 자기 돈을 넣어야만 절박한 심정으로 비즈니스를 할 수 있다는 것이다. 그러면서도 현재 Y 선교사는 자신의 소득을 회사에서 가져가지 않고 있다. 즉 그는 회사에서 월급을 받지 않고 있다. 그의 가정 생활비는 선교사로서 한국에서 보내주는 후원금에 전적으로 의지하고 있다. 그는 회사 재정에서 그의 개인 휴대폰 비

용과 약간의 판공비 정도만을 쓰고 있다. 이 점이 B사가 적자를 보지 않고 있는 주된 이유이기도 하다.

회사 직원으로는 판매 담당을 하는 남자 1명과 매장 관리를 여자 1명이 있다. 이들에게는 곤명시내 서비스업체 정도에 맞는 대우를 해주고 있다. 지난해에는 매출액이 증가해 상여금까지 주었다. 근무시간도 오전 9시에서 6시까지이다. 그는 B사가 더 성장하여 안정된 단계에 들어서면 회사 경영을 현지 직원 중 적임자에게 물려줄 생각을 하고 있다. 즉 이 회사는 전혀 자기 개인 소유 회사가 아니라는 인식이 철저한 것이다.

7. 중국선교의 새로운 방향으로서의 BAM

중국교회는 그간 기독교 역사에서 폭발적인 크리스천 성장을 보인 나라가 되었다. 현재 중국의 크리스천은 1억 명을 넘어서고 있다고 본다. 이는 중국 정부의 종교업무 관할당국에서도 인정하고 있다. 그중 2/3가 가정교회, 1/3인 삼자교회에 속해 있다고 본다.

가정교회는 중앙이든 지방이든 중국정부에 교회로서 공식 등록되어 있지 않는 비공식 지하교회이다. 이들은 자발적, 비자발적으로 중국 정부의 공식 인정을 받으려하지 않는다. 불필요한 국가 통제를 받지 않으면서 순수한 종교적 색깔을 유지하고자 하는 바램을 가지고 있기도 하다.

반면에 자치(自治), 자전(自傳), 자양(自養)을 내세우는 삼자교회(三自教會)라고 해서 신앙적 색깔이 비복음적이라고 단정할 수는 없다.

12. 가난한 소수민족이 눈에 밟혀 보이차 사업을 시작하다

삼자교회 중에도 성령의 역사가 살아있고, 신앙적으로 뜨거운 열정이 넘치는 교회들이 수두룩하다.

이제 중국은 새로운 선교사 파송지로서 부각하고 있다. 몇 년 전만 해도 세계적으로 외국에 선교사를 파송하는 나라 중 1위는 미국이었고, 2위가 한국이었다. 그런데 이제는 최고로 많은 선교사 파송 국가가 중국이다. 중국은 이제 무슬림 지역을 중심으로 10만 명에 가까운 선교사를 파송하는 국가로 성장하였다. 무슬림은 그들의 정서상 백인 보다는 아시안들이 그들에게 접근하는 데 거부감을 덜 느낀다. 그리고 미국과 가까운 한국인을 선호하기 보다는 중국인을 통하여 복음을 받아들일 가능성이 높아진다고도 볼 수 있다.

최근의 중국선교는 새로운 차원으로 넘어가고 있다. 이제 중국은 더 이상 한국선교사들이 가서 적극적으로 선교 활동할 수 있는 피선교국이 아니다. 지난 몇 년간 중국은 한국 선교사들을 지속적으로 추방해 왔다. 중국 공안당국은 중국에 와서 거주하고 있는 한국 선교사들을 지속적으로 지켜보아왔다. 특히 거주 목적이 기독교 선교라고 추정되는 수천 명의 한국인들에 대해서는 각종 방법을 통하여 그들의 생활을 감시해왔다.

최근 사드 문제가 불거진 이후로 중국은 이러한 압박을 더욱 강화시키고 있다. 비자 갱신 문제에서 뿐만 아니라 문제가 될 만한 선교사들은 공안 당국에서 직접 불러 중국을 떠날 것을 지시 내지 위협하고 있다. 중국의 종교법상 중국인이 아닌 외국인이 중국교회에서 설교하거나 중국인들에게 신학 교육을 하는 것은 불법이다. 그래서 한국 선교사들의 중국사역은 직접 중국인 교회를 개척하거나 중국인들을 전도 양육하는 사역에서는 떠나는 추세이다. 대신 중국인 교회지도자들에게 신학교육을 시키면서 그들을 돕는 사역으로 옮겨져 가는 상황이다. 이는 선교사 마다 파송 교단이나 선교단체를 불문하고 공통적이라고 할 것이다. 반면에 한국인들로 구성된 한국인 교회 목회를 하면서 중국인교회와 협력하는 양상을 보이기도 한다.

중국인의 삶에 파고드는 비즈니스 선교는 중국 당국의 통제에서 벗어날 수 있는 장점이 여전하다. 중국 종교당국은 선교사 신분인 것을 알지만 현지에서 고용을 일으키고, 장애인들을 돕는 좋은 일을 하기 때문에 그들을 추방하려 하지 않는다. 비즈니스 선교는 중국에 있는 한국인 선교사들이 자신의 신분을 유지하면서 현지에 계속 머무를 수 있는 조건을 마련해주는 데 도움이 된다. 나아가 중국인 선교사들이 무슬림 지역에 가서 지속적인 선교활동을 하는 데도 도움을 준다. 중국인들은 타고난 비즈니스맨이라고 한다. 중국인 속에는 비단장사 왕서방의 피가 흐르고 있다. 중국인 선교사가 성장하고 있는 지금, 한족 및 소수민족 크리스천 제자들을 대상으로 한 비즈니스 선교의 교육과 적용은 여전히 필요할 것이다.

Y 선교사의 경우도 그가 양육한 한족, 묘족, 소수민족 제자들이 수십 명에 이른다. 그는 이들을 활용하여 교회개척을 돕고 있다. 보이차나 카페 사업 등의 비즈니스와 함께 교회 개척을 하게끔 하는 것이다. 양계장을 하는 교회도 지원하고 있다. 외국관광객들에게 보이차와 카페, 유기농 계란을 제공하는 현지 사업을 하면서 교회를 개척해 가는 것이다.

12. 가난한 소수민족이 눈에 밟혀 보이차 사업을 시작하다

8. 비즈니스 선교의 유형

비즈니스선교의 핵심은 사업(Business)과 선교(Mission)의 결합이다. 켄 엘드레드는 비즈니스 선교의 3대 핵심으로서 첫째 수익성과 안정성 창출, 둘째 현지인을 위한 일자리와 부의 창조, 셋째 현지 교회의 부흥을 제시하고 있다. BAM에는 비즈니스적 측면과 미션적 측면의 양자가 공존한다. 비즈니스적 측면을 추구하는 데는 생존과 성장, 경쟁력과 실적, 합리적 성과 보상, 효율적 프로세스가 따른다. 이를 위한 핵심과제로서 생산 효율성과 마케팅 차별성, 적절한 재무관리와 조직관리, 직원의 역량개발을 들 수 있다. 반면 미션 측면에서는 신앙공동체로서 사랑과 나눔, 섬김과 돌봄, 영적 생명 탄생을 추구한다. 이를 위한 핵심과제로서는 예배와 말씀, 기도생활을 통한 영적 양육, 적극적 전도와 주일 성수, 헌금 생활을 들 수 있다.

비즈니스적 요소와 미션적 요소는 상호 공존, 조화될 수 있지만, 양자 간에 충돌이 생길 수도 있다. 비즈니스적 요소를 추구하다보면 효율성을 위한 구조조정이 필요할 수도 있다. 이는 미션적 요소로서 약자를 보호하고, 공의와 배려를 중시하는 공동체적 요소와 부딪힐 수 있는 것이다. 비즈니스 선교에서 비즈니스적 요소와 미션적 요소를 어떻게 결합하느냐에 따라 형태를 구분할 수 있다. 비즈니스 요소를 우위에 두는 분리형, 비즈니스와 선교적 요소를 일원화시키는 일체형의 두 가지를 들 수 있다.

9. 분리형

분리형은 비즈니스와 선교 양자 간에 분리를 추구하는 유형이다. 이러한 원칙은 '비즈니스는 비즈니스이고, 선교는 선교다'라는 정신에서 한 조직 내에서 둘 다 추구할 수 없다는 입장에 근거한다. 사업 경영은 비즈니스 논리에 충실해야 하며, 이익을 내야하고 생존과 성장을 추구하려 한다. 윤리경영과 기독경영 정신을 추구하면서도 내부적으로는 탁월성을 추구하는 경영원리를 따르려 한다. 비즈니스 자체로는 대외적으로 기독교성을 표방하지 않으려는 성격이다. 개인적 차원에서 크리스천 임직원이 일터 안에서 전도나 신앙활동을 할 수 있다. 그리고 사업체 내에 신우회 활동도 있을 수 있다. 그러나 사업체가 공식적이고 직접적으로 주도하는 예배나 기독교 활동은 가지지 않으려고 한다. 선교 후원도 이익을 별도의 재단이나 후원법인 같은 조직이 주관하는 형태를 취한다. 선교사에 대한 기부나 현지교회 헌금 등도 임직원 개인 차원에서 이루어지는 경우가 많다.

분리형 선교의 대표적 사례로 이랜드를 들 수 있다. 이랜드는 기업경영에서는 철저하게 비즈니스 논리를 추구한다. 이러한 정책의 일환으로 최근 임직원에게 업계 최고 대우를 한다는 보상정책을 하고 있다. 국내에서는 기독교적 정체성을 표방하고 있으나 중국, 베트남 등에서는 기독교적 정체성을 드러내지 않는 편이다. 선교후원은 별도의 독립재단을 통해 하고 있다. 아시아미션을 통해 400여 선교사 및 50여 선교단체를 후원하고 있으며, 교회 보다 선교사와 선교단체를 위주로 하고 있다. 특히 베트남, 방글라데시, 말레이시아, 인도 등에 직원 출신 선교사 50여명을 직간접으로 후원하고 있다. 이랜드 복지재단, 이랜드 재단, 이랜드 의원을 통해서도 중국, 북한, 베트남 등 빈곤지역 아동과 결연하여 교육 및 의료서비스를 제공하는 국제협력에도 기여하고 있다.

10. 일체형

일체형은 사업 활동 자체에서 선교를 추구하며 사업 내에서 비즈니스와 선교를 일체화 시키는 형태이다. 사업이익은 선교를 위해 쓰며 국가적 제약이 없을 경우에는 기독교적 정체성을 표방한다. 이는 미션논리가 우선적으로 지배하기 때문이다. 일체형은 비즈니스 논리와의 충돌을 극소화하면서 선교지향적 정체성을 추구한다. 일체형을 추구하는 사업체들은 내부적으로 자영업 경영과 신앙공동체를 병행하려 한다. 유사한 사례로서 선교사가 주도하는 소규모 자영업체들을 들 수 있다. 업종은 여행업, 학원업(컴퓨터, 한국어 자격증), 커피숍, 음식점, 카페, 옷 가게, 휴대폰 가게, 자동차정비업, 농장(농업, 축산, 특용작물) 등으로 다양한 분야에 걸쳐있다.

역사적 사례로는 18세기 유럽의 모라비안 선교회와 바젤 선교회를 들 수 있다. 두 사례 모두 독일계 모라비안 교도의 경건주의와 19세기 스위스계 장로교인들의 신실한 신앙이 바탕이 되었다. 이들은 인도, 남아프리카, 북미, 중남미 등지에서 기술자, 무역인으로 일하면서 교회를 세우는 현지 선교사 역할을 하였다. 이익보다는 고용 창출과 복음 전파를 우선하였으며, 신실한 기독교인으로서 현지인들에게 모범적 영향을 끼쳤다. 또 다른 사례로서 퀘이커 공동체는 영국계 청교도들이 순수한 신앙을 유지하고자 신대륙으로 건너가 만든 신앙공동체이다. 이들은 펜실베니아에 농업생산 공동체로 자리 잡으면서 삶과 일, 일상과 교회, 생산과 배분을 신앙 안에서 일원화시켰다.

일체형에는 선교사 주도의 자영업 사례가 많다. B사도 일체형에 속한다고 볼 수 있다. 일체형 사업의 초기 투자 자금은 대부분 선교사 본인의 사금과 후원자들의 후원금으로 충당된다. 사업체에서는 고용된 종업원들과 예배를 드리며, 종업원은 대부분 선교사로부터 전도 받고 신앙을 가진 사람들이다. Y 선교사도 주일에는 현지에서 가정교회를 운영하고 있다. 종업원 가족 및 현지에서 전도한 현지인들이 교인들이다. 주일 설교는 본인이 하지만 젊은층을 키워서 사역을 분담하고 있다. 교회 사역에서 도움이 필요한 부분은 선교단체 현지 사역자들과 서로 도우며 사역을 해가고 있다.

11. 비즈니스 선교의 핵심 성공요인

비즈니스 선교를 성공시키려면 비즈니스 차원의 성공과 미션적 사명을 잘 결합하여야 한다. 그러나 이러한 성공에는 다양한 방법이 존재한다고 할 것이다. 비즈니스를 먼저 성공시키고 차후에 교회와 선교사를 후원할 것인지, 비즈니스와 선교 양자를 동시에 추구하여야 할 것인지는 정답이 분명하지 않다. 비즈니스와 미션이라는 양 요소 결합을 어떻게 추구할 것이지는 리더십 특성, 현지 사정

12. 가난한 소수민족이 눈에 밟혀 보이차 사업을 시작하다

에 따라 다양하다고 할 것이다.

분리형, 일체형은 나름대로의 장단점이 있다. 비즈니스와 미션을 분리하는 분리형은 선교사 한 사람이 두 가지의 역할을 동시에 하는 것이 어려우므로 비즈니스맨과 선교사가 분리되어 서로의 역할을 추구하는 장점이 있다. 그리고 비즈니스가 실패할지라도 교회나 신앙공동체에 미치는 부정적 영향을 최소화시키는 것이다. 대부분의 경우 비즈니스맨이 비즈니스를 수행하여 얻은 수익을 선교사가 주도하는 교회나 선교단체에 기부 내지 후원하는 방식으로 이루어진다. 선교지의 많은 자영업이나 기업들은 분리형의 형태를 가지는 경우가 많다. 이는 비즈니스의 성공은 비즈니스 원칙에 의거하려 하기 때문이다. 반면 선교사가 주도하는 일체형 기업은 기업이라기보다 신앙공동체로 봄이 바람직하다.

분리형이든 일체형이든 사업타당성 분석은 사업 시작 전에 필수적으로 밟아야 한다. 철저한 시장조사와 현지전문가로부터 자문이 필요하다. 사업 계획 시에는 리스크에 대한 예방책과 대책이 마련되어야 한다. 사업이 안 될 경우 어떻게 할 것인가에 대한 대안이 있어야 할 것이다. 초기 투자 결정시 지배구조 및 경영권 구성, 관계자간 의사결정 구조와 이익 배분 정책이 잘 세팅되어야 한다. 이러한 구조는 사업 성공에 지속적 영향을 미친다고 할 것이다. 타당한 비즈니스 모델 구축과 더불어 제품과 서비스의 경쟁력 향상, 지속적인 제품 및 서비스 업그레이드가 관건이다. 이를 통해 손익분기점의 조속한 달성을 이루어 내부자금 조달로 외부 후원을 줄이면서 자립을 도모해야 할 것이다. 현지 정부와의 관계에서는 세무, 통관, 노동 및 환경 관련한 규제를 잘 준수함으로 마찰을 일으키지 않아야 한다. 현지 정부는 선교적 성격이 있는 기업일수록 다른 법적 규제를 이유로 압박을 가할 것이기 때문이다. 현지인과의 신뢰 제고 및 현지인 리더십을 개발하고, 궁극적으로는 그들이 경영자로서 역할을 하도록 해야 한다. 이를 위해 현지 종업원의 역량 개발을 위한 교육훈련과 현지인에게 적극적인 권한 위양을 해야 할 것이다.

12. B사의 장기적 비전

최근 Y 선교사는 브랜드를 지역적으로 넓혀가려 하고 있다. 그는 20년 넘게 중국 현지 한족, 묘족들을 제자 양육하면서 관계를 맺어 왔다. 그리고 정기적으로 이들과의 연합 부흥집회를 가져오고 있다. 향후에는 현지 제자들이 주도하여 사업과 선교를 하게 될 것이다. 그들은 종업원과 고객에 대한 전도와 신앙 성장을 추구한다. 사업체 내부에서는 예배공동체를 형성한다. 그리고 예배 공동체가 교회로 이어지도록 할 것이다. 설립되는 교회는 별도의 현지인 목회자를 세울 것이다. 그러면서 이들 교회 간에 정기적으로 모이는 연합모임을 통해 지속적 네트워크를 구축하려 한다. 사업 마인드가 부재한 리더들에게는 기초적인 판매와 마케팅, 회계 교육도 실시하고 있다. 비즈니스 선교는 현지인을 크리스천으로 만들고 그들이 주도하여 비즈니스와 교회를 개척하고 성장시켜 가는 것이다. 그리고 그 사역을 선교사가 아닌 하나님이 하실 것이다.

13

거듭된 추방에도
결코 끝낼 수 없는 사랑의 수고

김 수 진

U국에서 다 빼앗기고 빈 몸으로 추방당할 때, 직원들이 이렇게 이야기 하더군요. "우리는 두 분과 함께 했던 시간들을 잊지 않겠습니다. 당신들의 수고와 사랑을 잊지 않겠습니다. 이제 하나님이 새롭게 보내시는 곳으로 가십시오. 이 땅에서 당신들이 했던 수고는 충분합니다. 염려하지 마시고 평안하게 하나님이 보내시는 곳으로 가십시오."

전통적 선교사 출신의 K 선교사 부부는 창의적 접근지역 선교의 한계에 직면하면서 BAM사역으로의 전환을 경험하였다. 초기에는 단순히 비즈니스를 선교의 도구로 여겼으나, BAM의 진정한 가치를 깨닫게 되면서 비즈니스 자체가 곧 선교임을 알게 되었다. 목표했던 지역에 들어가기 위해 인접한 2개국을 거쳐 진출했으나, 결국 신분 노출로 사역을 중단할 수밖에 없었다. 그는 이러한 지역에서는 비즈니스가 유일한 복음전파의 통로이자 수단임을 고백한다.

1. 선교사 준비를 거쳐 파송을 받다

K 선교사는 1990년 남편과 함께 선교한국대회 기간 중에 선교박람회에 방문한 것을 계기로 선교의 부르심을 확인하고 이후 선교사로 헌신하게 되었다. 그 곳에서 개척선교를 중점적으로 하는 어느 선교단의 부스에 나란히 이름을 남기고 돌아왔는데, 그 후 선교단체에서 자신과 같이 선교에 관심 있는 언어학 전공자들을 위한 모임을 만들어주며, 선교에 대해 구체적인 계획을 세울 수 있게 해주었다. 대학에서 영문학을 전공한 K 선교사는 그들과 함께 선교지역을 연구하는 모임을 통해 자연스럽게 중앙아시아의 T국을 마음에 품었고, 이후 신학을 공부하며 본격적으로 선교사로써 파송을 준비했다. 중간에 소속 선교단체를 옮기게 되면서 해외에서 1년 간 타문화권 선교훈련을 받게 되었고, 이후 1995년 중앙아시아 K국으로 파송을 받는다. 본래 마음에 두었던 선교지는 T국이었으나, 소속된 선교단체에서 T국은 이전에 파송한 경험이 없는 개척지역으로 분류

하여 허가를 내주지 않자, 할 수 없이 인접한 K국을 선택해 들어가게 되었다.

모든 것이 처음이었던 K 선교사 부부는 가장 잘 할 수 있는 것부터 시작하기로 마음먹고, 한국에서 해오던 대학생 사역의 경험을 살려 현지의 대학생, 청년들을 만나 관계를 맺고 복음을 전하기 시작했다. K국에서 사역을 하는 와중에도 여전히 T국에 대한 소원이 남아 있었는데, 마침 T국을 잘 아는 현지인을 사귀게 되면서 다시금 그 나라에 대한 뜨거운 마음을 확인할 수 있었다. 마침 비자를 연장해야 할 시기가 다가오면서 남편인 G 선교사는 이번이 T국에 갈 수 있는 좋은 기회라고 생각하고, 소속된 선교단체의 국제본부에 다음과 같이 이메일을 보냈다.

"T국은 이제 더 이상 개척지역이 아닙니다. 오랜 기간 그 땅을 품고 기도했습니다. 이제 들어가게 해주십시오."

T국을 향한 간절한 마음을 담은 이메일은 선교본부의 마음을 움직였고, 결국 입국 허가를 받아 2년간의 K국 사역을 정리하고 T국으로 이주하는 기회를 얻게 되었다.

2. 꿈에 그리던 T국에서의 선교

우여곡절 끝에 선교단체의 허락은 받았으나 T국에서의 비자발급은 만만치 않았다. T국은 이슬람 국가이자 독재정치가 이루어지고 있어 여러 가지로 선교에 어려움이 많은 나라였다. 거리 곳곳에는 대통령 사진이 걸려있고, 대통령이 방문하는 지역은 동네 주민들이 거리로 나와 레드카펫을 깔고 꽃을 던지며 환영식을 벌이는 나라이다. 대외적으로는 대통령제를 표방하고 있으나 사실상 1당 독재체제에 가까워 관료사회의 부정부패가 심각하다. 대학은 초중등 9년 과정을 마치고 정부기관에서 2년을 근무해야 진학할 수 있는 자격이 주어진다. 낮은 교육 수준과 열악한 인프라, 80%에 달하는 실업률 등으로 민주화 및 경제개발이 요구되지만, 아직까지 큰 변화가 일어나기 힘든 구조를 가지고 있는 나라였다.

T국은 2016년 기준, 기독교 박해 국가 상위 20위권 내에 들어있을 정도로 기독교에 대해 매우 적대적이다. 과거 한 선교단체가 공개적으로 복음을 전하며 사역을 하다가 추방되기도 하였다.

이러한 T국의 환경을 고려할 때 무작정 들어가기보다는 남편이 먼저 가서 가족의 비자문제를 알아본 후에 가족이 함께 이주하는 것이 낫겠다고 판단했다. 원래는 교수비자를 예상하고 추천서를 준비했는데, 막상 가서 보니 한국어 수업을 개설할 수 있는 상황이 아니라서 교수 비자 발급이 어렵게 되었다. 차선책으로 학생 비자로 전환하고자 했지만, 이마저도 발급이 까다로워 외무부에 찾아갈 때마다 다음에 오라며 거절당했다. 절박한 상황이었다. 그 와중에 믿고 맡겼던 여권까지 분실하면서 더 이상의 체류가 어려워지자, 선교보다는 우선 입국 허가를 안정적으로 받는 방법을 찾아보게 되었고, 사업 외에는 T국 비자발급이 불가하다는 결론을 냈다.

"저희 부부가 T국에 들어갈 수 있는 유일한 방법은 사업가로 입국하는 것이었습니다. 선교를 준비하는 과정에서 고려하지 못했던 분

야였지요. 저도 사업은 꿈도 안 꿔본 사람이었고, 남편 역시 대학 졸
업 후 군대를 마치고 선교단체 간사, 1년간의 직장인, 신학생으로 살
다가 선교지로 왔기에 그때까지 사업을 경험해본 적이 없었습니다.
저희 부부는 K국에서 2년간의 사역 후 갑작스레 사업이라는 것을
시작해야 했기에 준비할 시간도 충분치 않았지만 일단 뛰어들게 되
었습니다."

3. 전문성 없는 비즈니스, 한계에 봉착하다

사업을 시작하려고 보니 자금과 사업 아이템이 문제였다. 당시
부부는 선교지로 파송 받아 나오면서 가진 재산을 모두 선교단체에
헌납했기 때문에 사업 밑천이 될 만한 자금이 없는 상태였다. 다행
히 한국에 있는 가족을 통해 사업 초기자금으로 만 불을 마련할 수
있었고, 적은 자본으로도 할 수 있는 아이템을 찾기 시작했다.

그러던 중 T국의 농과대학 교수로부터 감자 농사를 제안 받게 된
다. 바로 현지 주식이 감자였는데, 사업 뿐 아니라 농사도 지어본
적이 없었지만 전문적인 기술이 필요한 것도 아니고, 주식이라 수
요는 늘 있을 것 아닌가. 더 고르고 망설일 시간도 없이 있는 자본
으로 러시아 유대인과 합작회사를 설립하고, 기존에 유통되고 있는
감자와 차별화를 두어 한국산 품종의 감자를 선보이기로 했다. 한
국에서 감자를 공수 받아 시험 삼아 한국산 2줄, T국산 2줄의 씨감
자를 심었다. T국의 국토는 90% 이상이 사막으로 경작이 가능한
농경지는 5%가 채 되지 않는다. 농지를 구해 조심스레 감자를 심고

서툰 실력으로 정성껏 가꾸었으나, 한국산 감자가 현지의 토질과 기후에 적응을 하지 못한 탓인지 문제가 생겨버렸다. 감자농사는 더 이상 진행하지 못하고 그만 접을 수밖에 없었다.

T국 입국을 목적으로 시작한 사업이지만, 이왕 하는 것이라면 제대로 해야 현지의 사역을 유지할 수 있겠다는 생각이 들었다. 주변에 도움을 구할 한국인 사업가라도 있으면 좋으련만, 이 열악한 환경에 몸담고 있는 한국 기업은 눈을 씻고 찾아봐도 보이지 않았다. 연습 없이 해보며 배워나가야 했기에 두려움도 있었다. 자신들의 역량에 비추어 볼 때 특별한 기술을 요구하는 분야보다는 현지에 없는 한국제품을 소개하는 무역이 적합할 것이라고 결론을 내리고, T국에 들여올 만한 아이템을 찾기 시작했다.

그러나 당시 사업에 대해 얼마나 무지했는가 하면, 한 예로 파트너가 MOU를 맺자고 하면 내일하자고 우선 돌려보내고, 집에 와서 MOU를 공부해가서 다음날 체결할 정도였다. 새로운 일이 있을 때마다 이러한 일이 반복되면서 사업에 대한 전문성에 한계를 느꼈다. 시간이 흐를수록 선교에 대한 열정은 더해갔지만, 상대적으로 사업은 힘겹고 어려워지기만 할 뿐이었다.

전문성이 없이 계속 사업을 하는 것은 하나님의 귀한 자본을 망치는 것이라는 생각이 들자, 남편은 2002년 안식년을 맞아 귀국하여 서울의 한 대학에서 국제경영 MBA 과정을 등록하였다. 이 과정에서 선교지의 사업을 잠시 동료선교사에게 위임하게 되었는데, 그역시 사업에 대한 경험이 없는 선교사인지라 사업의 규모를 축소하여 운영하게 되었고, 간신히 명맥만 유지하는 형태가 되었다.

T국에 거주하는 동안 K선교사 부부에게 새로운 사업 기회가 주어지기도 하였다. 국내의 한 대기업이 T국의 공사를 수주하여 진출하는 과정에서 현지 업무를 대행해줄 협력업체를 구하고 있었는데, 전 세계에 한국인이 없는 곳이 없다고 하지만 당시 T국은 외국인이 사업할만한 매력적인 나라는 아니어서 이곳에 거주하는 한국인은 찾아보기가 어려웠다. K 선교사 부부는 현지에 거주하며 현지사정을 잘 아는 유일무이한 한국인이었기에 해당 기업의 공사 기간 동안 사무실과 가구를 마련하는 일부터 식자재 구입, 수송, 공항 영접, 게스트 하우스 섭외 등 T국 현지의 제반 업무를 총괄하는 일을 담당하게 되었다.

 이후 비자만료 기간이 다가옴에 따라 연장 신청을 넣었으나, 프로젝트 종료 후 신분이 노출되고 매출실적이 부진하다는 이유로 비자 연장을 거부당했고, 할 수 없이 2005년 T국을 떠나게 되었다. 그곳에서 추방되었지만, 한국으로 돌아갈 마음은 조금도 없었다. 일단 가까운 U국으로 이주하여 다시 들어갈 수 있는 사업 아이템을 찾기로 했다.

 그동안 T국에서의 사업은 늘 계란으로 바위치기였다. 독재국가에서는 외국인이 작은 규모로 사업하는 것을 싫어하는 경향이 있다. 실제로 터키, 이란 등에서는 소규모 사업가를 문 닫게 하는 정책을 펴기도 한다. T국에서의 삶은 신분보장도 안 되고 사업에 우호적인 환경도 아니었지만, 그 땅에서 맡은 소명을 다하고 싶었다. 그 땅을 바라보며 재입국을 위해 알아본 사업 아이템은 자동차 정비업이었다. T국은 정비소를 신뢰하지 못해 수리할 자동차 부품을 개인이

13. 거듭된 추방에도 결코 끝낼 수 없는 사랑의 수고

직접 구해오는 시스템이어서 이 분야에 새로운 비즈니스 모델을 도입하면 경쟁력이 있겠다고 판단했다. 여러 번 수정한 영문 사업계획서를 가지고 다시 비자를 신청하였지만, 결과는 '입국 불가'로 거부당했다. 그동안 설립한 회사의 매출이 없었다는 것과, 모임을 위해 현지인 집에 방문했던 것이 종교 활동으로 의심되었기 때문이었다. 결국 임시로 머물렀던 U국에서 새롭게 사역을 준비하기로 결심한다.

4. U국에서 BFM(Business for Mission)을 BAM으로 새출발하다

그러나 U국에서도 비자가 문제였다. 남편인 G 선교사의 친구로부터 NGO 비자를 받을 수 있도록 도움을 청할 수 있었지만, 문제는 NGO 비자를 발급받는 경우 나중에 다른 비자로의 전환이 어렵다는 것이었다. 비자발급이 문제가 되어 임시로 K국에 거주하는 동안, 어느 목사님을 통해 고려인 사업가를 소개받아 그와 동업할 기회를 얻었다.

그로부터 6개월 후 U국으로 들어와 무역회사를 세웠다. 기업명은 '우리가 매일 하나님 말씀을 먹고 살아가는 것처럼 매일 하나님을 경험하며 살아가자'는 의미로 Daily Group Plus를 줄인 DGP라고 지었다. 직원은 한국인, 러시아인, 고려인, 우즈벡인, 타직말을 하는 우즈벡인 등으로 구성되어 있어 때로는 업무를 처리할 때 5개 국어로 소통해야 했다.

처음엔 의사소통에 어려움을 겪기도 했는데 회사를 뜻하는 company의 어원이 이탈리아어로 빵을 나누는 공동체라는 것을 떠올리며, 우리도 회사가 빵과 삶을 나누어줄 수 있는 공동체가 되기를 소망했다. 예수님을 믿는 직원들에게 이러한 비전을 공유하며 우리가 먼저 모슬렘을 품고 우리를 통해 모슬렘 직원들이 예수님을 알게 하자고 도움을 구했다. 뜻을 같이한 직원들이 헌신하기 시작하면서 회사의 분위기는 가족같이 따뜻하고 포근하게 변했다. 때때로 직원들, 혹은 그들의 가족들이 아픈 경우 식사 시간에 자연스럽게 기도해주며 복음을 나누기도 하였다. 그 중에는 예수님을 믿지 않는 직원들도 있었지만, 서로 고발하는 일은 없었다.

사업을 하면 할수록 과거 T국에서 사업을 바라보던 관점과 U국에서 사업을 바라보는 관점이 달라지고 있음을 느낄 수 있었다. 처음 T국에서의 비즈니스는 단지 선교를 위한 수단 'Business for Mission'에 불과했다. K 선교사는 비자를 발급받기 위해 수동적인 마음으로 사업을 시작했고, 남편인 G 선교사의 호칭이 연구원인 '김 선생님'에서 사장인 '미스터 김'으로 바뀐 것에 대해 마치 선교를 저버리는 것 같아 불편했다고 했다.

"T국에서는 사장이 직접 차를 운전하는 것을 이상하게 여기는 문화가 있어서 기업을 운영하는 대표라면 반드시 기사가 있어야 했습니다. 바이어와 미팅이라도 나가게 되면 차는 어떤 모델을 타고 다니는가, 기사를 대동했는가가 협상결과에 영향을 미칠 정도였지요. 사업을 위해서 어쩔 수 없이 기사를 고용했지만, 우리는 선교하러 왔는데 기사 딸린 차를 타도 되나 하는 불안한 마음이 들었던 것이 사실입니다. 사업을 처음 해보는 남편 G 선교사도 사장이라는 호칭을

13. 거듭된 추방에도 결코 끝낼 수 없는 사랑의 수고

마치 남의 옷을 얻어 입은 것처럼 불편해 했었습니다. 할 수만 있다면 사장이라는 자리에 이름만 올려놓고 사업은 다른 사람에게 넘기고 선교만 하고 싶었는데, 그 나라에 전문성을 가진 한국인 사업가는 오지를 않더군요."

남편인 G 선교사는 제자훈련을 잘하는 사람이었는데, T국에서 사업을 시작하고 나서는 월 수익이 얼마다, 지출이 얼마다 돈 이야기만 하기 시작하니, K 선교사는 그런 남편의 변한 모습이 불안하기도 했다. 당시 전형적인 BFM 관점으로 사업을 하던 두 선교사 부부를 보여주는 단적인 예가 있다. G 선교사가 한국에 와서 하는 선교보고에서 "저는 비자 때문에 사업을 하고 있지만, 제 아내는 기도한대로 소원대로 선교사가 마땅히 해야 하는 전도 양육, 복음의 문서화를 하고 있습니다."라고 보고하기도 하였다.

선교를 작정하면서 처음으로 뜨겁게 품게 된 T국은, BFM만 하다가 나와 지금까지 들어가지 못해 아쉬움이 크다. 그렇게 T국을 떠나와 정착하게 된 U국에서는 점차 비즈니스 선교사로써 관점의 변화를 경험했다고 한다.

K 선교사는 어느 날 문득 의료 선교사로 선교지에 가 있는 의사와 자신이 비교가 되었다. 만일 의사가 환자의 진료를 담당하면서 '이 진료는 빨리 끝내고 나가서 선교해야지'라고 생각한다면 매우 어리석은 태도를 가진 선교사일 것이다. 의사로써 현재 본인에게 주어진 일을 충실하게 감당하는 것이 곧 하나님을 기쁘시게 하는 것이고 선교인데, 왜 나는 비즈니스를 선교로 보지 않고 이분법적으로 생각했는가에 대한 큰 반성이 들었다. 그동안 남편이 사업이

야기, 돈 이야기 할 때 불안하고 두려워했던 것이 잘못되었음을 깨달았다.

비록 U국은 T국을 들어가지 못해 선택한 대안이었지만, 이곳에서는 BAM의 관점에서 자발적이고 능동적인 비즈니스 선교를 하기 시작했다. 복음을 전하려는 의도를 가지고 현지인을 만나는 것은 사역이고, 사업적으로 시간을 보내는 것은 불편해하던 이분법적 사고를 벗어나, 사업 파트너를 만나고 직원을 관리하는 것 역시 사역으로 여기게 되었다. 사업은 선교를 위한 도구, 방법이 아니라 사업의 현장이 하나님을 만나는 일터이자 우리의 삶이고 하나님이 일하시는 현장이다'라는 고백이 나왔다. 그러다 보니 집에 손님이 찾아와서 사업이야기를 하게 되면 보통 먼저 방에 들어가곤 했는데, 마음의 생각이 변화된 후로는 12시가 넘어도 같이 끝까지 들으며 기뻐하고 즐거워하게 되었다.

5. BAM사역의 즐거움

회사를 경영하는 8년 동안 하나님을 기쁘시게 하기 위해 전력했다. 지역사회로부터 직원들의 업무능력이 탁월하다고 칭찬받기 시작했다. 한 예로, 차를 대접하고 각종 심부름하는 일을 담당하는 한쪽 눈이 없는 직원이 있었다. 그가 맡겨진 일을 성실하게 실수 없이 잘 해내는 것을 보니 다른 업무를 맡겨도 잘 해낼 것이라는 믿음이 생겼다. 그는 나중에 직무 훈련을 받고 프로젝트 매니저가 되었다. 직원들 개개인이 일을 통해서 본인이 가지고 있는 가치와 은

13. 거듭된 추방에도 결코 끝낼 수 없는 사랑의 수고

사를 개발할 수 있도록 도와주었다. 생활이 어려워 공과금도 못 내던 직원들이 이제는 빚도 갚아 나가는 것을 보며 주변에서 K선교사에게 당시 한국에서 유행하던 드라마를 빗대어 '제빵왕 김탁구' 같다는 별명을 붙여주기도 하였다.

현지에 진출한 외국계 기업의 관리자들은 현지인들을 함부로 대하며 일방적으로 지시하고 무시하는 경우가 많았다. 하지만 K선교사 부부는 직원들을 하나님의 사람으로 여기고 사랑하기 위해 힘을 다했다. 주변에서 DGP의 직원들은 술, 담배, 욕을 안한다고 칭찬했다. 회사에서 존중받고 인정받으면서 직원들의 자존감이 회복되고 업무 역량이 향상되기 시작하였다. 직원들에게 무시하는 발언이나 폭언 등만 안해도 그들은 존중받고 있다고 느꼈던 것이다. K 선교사 부부는 사업을 통하여 하나님의 사랑을 전한다는 것이 무엇인지, 진짜 선교가 무엇인지 조금씩 알아갔다.

U국에서 비즈니스를 하며 위기 때마다 도우시는 하나님을 깊이 경험했다. 사업 초기 매출 문제로 고심하고 있을 때, 당시 한국의 지질전문가와 U국의 지질위원회가 규소 광산을 개발하려는 프로젝트를 진행한다는 반가운 소식을 접했다. 이전에 K국에서 해외지사의 업무를 대행하며 생긴 노하우를 토대로 U국에서 한국의 대기업, 중소기업을 상대로 법률자문 컨설팅, 법인 등록 및 설립 컨설팅 등을 전담하는 일을 맡을 수 있었다. 한 때는 직원이 13명까지 늘어나기도 했는데, 이후 프로젝트가 종료되고 후속 사업으로까지 이어지지는 않아 협력업체 일은 끝을 맞이하였다. 새로운 사업을 찾으려는 노력이 이어졌지만 번번이 난관에 부딪히면서 뚜렷한 매출을

올리지 못하는 어려움이 이어졌다. T국에서는 자동차 정비업을 해
보려고 했으나 비자 허가가 나지 않았고, U국에서는 노후된 건물의
리모델링 사업을 해보고자 했으나, 공식적 비즈니스로의 전환은 어
렵다는 통보를 받았다.

6. 신분노출로 인해 U국에서도 추방을 당하다

　최근 한국도 청년 실업이 심각한 사회 문제로 대두되고 있는데,
비즈니스가 발달하지 못한 U국에서도 청년들의 실업문제는 큰 골
칫거리였다. 한참 일할 나이의 청년들에게 주어지는 안정적 일자리
는 손에 꼽기 어려웠다. 현지 교회의 일자리 없는 청년들을 어떻게
도울까 고민하다가 문득 부동산 중개업이 떠올랐다. U국은 정식 부
동산이 있지만 실제 세금을 안내고 영업하는 부동산도 많다. 거기
에 U국을 떠나는 한국인들이 종종 있어 그들을 상대로 주택을 매매
해주면 좋겠다고 판단했다. 한 건, 두 건 거래가 늘면서 매매 규모
도 300달러에서 2,500달러까지 다양해졌다.
　사실 주택을 매매하기 전에 급하게 U국을 떠나는 사람들은 대개
선교사들인 경우가 많다. 당국에 선교활동이 발각되어 추방 명령이
떨어지면 보통은 3일에서 일주일 이내로 급히 나가야 한다. 그래서
주택 소유권에 대한 문제를 미처 해결하지 못하고 나가는 경우가
다반사였다. 선교사들의 거주지는 보통 성도들의 헌금으로 마련되
는 경우가 많았기에 남아있는 우리가 이에 대한 정리를 담당하면
좋겠다는 마음이 들었다. 현지인들의 일자리도 만들어주고, 선교사

13. 거듭된 추방에도 결코 끝낼 수 없는 사랑의 수고

님들의 사후 정리를 도울 수 있는 부동산 중개업은 여러모로 좋은 사역이었다. 현지 제자의 명의를 빌려 위임장을 작성하고 변호사에게 맡겨 매매하면, 해당 금액을 추방당한 선교사님에게 안전히 돌려주는 일을 회사의 일과 함께 시작했다.

특히 한국인 선교사의 주택 매매는 현지인 제자와 K선교사가 조심스럽고 신중하게 진행하곤 했는데, 그 중 평소 신임하던 현지 제자인 변호사 형제가 담당하고 있던 주택매매 3건을 개인소유로 속이며 임의로 소유권을 변경하는 일이 일어나고 말았다. 오랜 고민 끝에 성도들의 헌금으로 산 것이니 이 주택을 소송으로 되찾기로 결심하고 소송을 결심했다. 소송 역시 현지인 이름으로 해야 했는데, 이러한 상황을 잘 아는 회사의 직원이 자발적으로 나서면서 그의 이름으로 소송을 준비하게 되었다. 그러나 배신한 형제는 본인이 소송당하고 있다는 사실을 알고, 오히려 누구인지 역추적하면서 급기야 소송을 준비하던 회사의 직원을 경찰에 고발하고 만다.

경찰이 직원의 출근길에 나타나 길에서 그의 가방과 휴대폰을 압수했고, 가택도 압수수색 하면서 집문서, 설교문, 성경 프린트물 등을 압수해갔다. U국에서는 기독교를 금지하는 나라였기에 여러 장의 종교 유인물, 관련 서적도 2권 이상을 소지하는 경우에는 불온서적을 유포할 혐의가 있다고 판단한다. 앞서 매매를 준비하던 집문서는 세 장을 각기 다른 곳에 보관하고 있었는데, 경찰이 들이닥쳐 집문서 세 장이 어디에 있는지 정확히 찾아내는 것을 보고, 배신한 형제가 경찰에 고발했음을 확신하였다. K선교사 부부를 도우려던 회사 직원에게는 두 가지 죄목이 씌워졌다. 하나는 본국에서 추방탕한 외국인의 집 판매를 부정한 방법으로 돕고 송금까지 했다는 것과 또 다른 하나는 기독교 학생을 도왔다는 것이었다. 고발당한 직원은 평소 이웃관계가 좋아 이 사정을 들은 이웃들이 나서서 그를 변호해주고 탄원했지만, 결국 가방에서 나온 증거자료로 인해 재판에 회부되었다. 자기는 부동산을 하면서 집 판매를 돕고 있다고 해명했지만, 선교사를 도왔던 것으로 간주되어 소유한 집문서를 압수당하고 2천불의 벌금을 내게 되었다.

직원이 체포되던 날, 회사도 압수수색을 당했다. 오전 11시부터 오후 7시까지 잠언, 전도서 묵상 프린트, 기도제목 메모지 등이 발견되어 불온서적 소지, 불온문서 유포 등 선교혐의가 인정되었다. 회사 앞으로 벌금 3만 불을 포함해 직원들에게도 각자 벌금이 확정되어 그동안 벌었던 것을 모두 벌금으로 내야하는 처지가 되었다. 이후로도 계속 검찰에 소환당해 조사받는 일이 반복되었고, 사건 이후 8개월 만에 한국에 나왔다가 U국의 재입국이 거절되면서 다시는 들어가지 못하게 되었다.

7. 지난 BAM사역을 소회하며

K선교사는 한국에 돌아왔을 때만 해도 모든 것이 실패한 것 같았지만, 지나고 보니 회사를 열고 함께 했던 사람들, 같이 수고했던 직원들, 새로운 프로젝트를 통해 길을 열어주신 것들을 통해 그동안의 사역을 새롭게 바라보게 되었다고 한다. 회사가 어려움을 당할 때마다 안믿는 직원들이 선교사 부부를 격려하고 회사의 편이

13. 거듭된 추방에도 결코 끝낼 수 없는 사랑의 수고

되어 흩어지지 않고 하나 되는 경험을 했다. K선교사는 U국을 떠나오던 때를 떠올리며 이렇게 회상한다.

"비즈니스 선교사로써 좋은 선례를 보이고 싶었는데, U국을 떠날 때 다 빼앗기고 빈 몸으로 나올 수밖에 없었습니다. 마지막으로 짐을 정리하러 회사에 갔던 날, 직원들이 저희 부부에게 이렇게 이야기 하더군요.
'우리는 두 분과 함께 했던 시간들을 잊지 않겠습니다. 당신들의 수고와 사랑을 잊지 않겠습니다. 이제 하나님이 새롭게 보내시는 곳으로 가십시오. 이 땅에서 당신들이 했던 수고는 충분합니다. 염려하지 마시고 평안하게 하나님이 보내시는 곳으로 가십시오.'
저희가 BFM과 BAM의 과정을 겪으며 맺었던 선교의 결실, 실패의 경험, 이 모든 시간이 축복이었습니다. 지름길은 없습니다. 낯선 땅에서 낯선 환경을 맞닥뜨리는 과정가운데 하나님의 섬세하고 넉넉한 손길이 있었습니다."

현재 K 선교사는 선교단체의 본부사역을 담당하고 있고, 남편인 G 선교사는 비즈니스를 위해 가나에 가 있는 상태이다. 이들은 하나님이 부르시는 곳이 어디든 기쁨으로 그 곳을 향해 새롭게 떠날 준비를 하고 있다. 그동안의 값진 경험을 통해 성장한 BAM 선교사의 거룩한 사명을 가지고 말이다.

14

바울의 선교를 돕던 루디아처럼,
사회를 돕는 리디아알앤씨

박 철

루디아(Lydia)는 사도행전 16장14절에 나오는 바울의 선교를 돕던 자색옷감 장수
였다. 그녀는 고가의 자색옷감 판매를 통해 벌어들인 돈을 선교자금에 보태었다.
임 대표는 루디아의 비즈니스가 선교의 도구가 되었듯이 자신의 비즈니스가 바로
선교가 되는 기업을 꿈꾸었던 것이다.

1. 고아와 과부에 대한 열정, 임미숙 대표

침구류(배게, 이불)와 유기농면 소재 유아복 및 완구를 생산판매하는 ㈜리디아알앤씨는 한국 경기도 고양시 일산에 소재하는 기업이다. 이 기업의 임미숙 대표이사는 가난한 가정에서 태어나, 1985년 서울의 동구여상을 졸업하고 약 3년간 ㈜삼성물산에서 근무하였다. 삼성물산에서 근무 당시, 미수교국인 중국(당시 중공)에 3국간 거래를 통해 수출하는 것을 보고 무역에 눈을 떴다.

회사를 그만 둔 그녀는 중국시장에 진출하겠다는 비전을 품고, 1988년 한림대학교 중국학부에 입학하여 1991년에 졸업하였다. 대학재학 중 선교단체인 한국기독학생회(IVF)에 들어가 활동하면서 신앙과 선교에 대해 체계적으로 훈련 받았다. 현재 한국IVF 실행이사이기도 한 임 대표에게 IVF 인맥은 중요한 비즈니스 자산이 되어왔다. 대학 졸업 후 임 대표는 프리랜서 무역중개상(commission agent)으로 중국무역에 뛰어들었다. 이 과정에서 그녀는 중국어와 영어를 능통하게 구사하게 되었으며, 무역에 대한 전문지식을 쌓았다. 2000년 5월에는 개인사업자로 리디아무역이라는 상호를 출범시켰다.

주로 중국에서 섬유관련 제품을 소싱하여, 유럽시장으로 수출하는 이 사업은 그런대로 잘 되었다. 그런데 임 대표는 인생의 큰 환란을 맞게 된다. 그것은 바로 큰 아들이 백혈병이 발병한 후, 채 한 달 만에 사망한 것이었다. 충격이 너무 커서 대인기피증이 생기고 모든 사회생활을 중단하였다.

하나님을 원망할 힘도 없이 폐인처럼 지내던 그녀에게 손을 내민 사람이 있었다. 독일의 한 바이어였던 그는 유럽의 한 섬유공장의 구매부장이었다. 두문불출하고 외부와의 창을 닫고 지내던 어느 날, 남아 있는 둘째 아들과 가족을 보면서 더 이상 이렇게 살아서는 안 되겠다는 생각을 했고, 무슨 이유에서인지는 몰랐지만 예전에 거래했던 독일의 거래처 담당자에게 그동안 연락하지 못했던 자초지정을 설명하고, 다시 한 번 기회를 줄 것을 요청하는 팩스를 보냈다. 5분이 지나지 않아 그 담당자로부터 자신의 딸도 백혈병을 앓았으며, 기적적으로 크리스마스 이브에 살아났다는 이야기와 함께 조만간 한국 출장 예정인데 꼭 만나자고 연락이 왔다. 한국을 방문해서 그간의 자세한 이야기를 들은 그는 임 대표의 아픈 마음을 위로하는 한편, 다시 재기하라고 권고하면서 80만 불어치의 오더를 주었다. 이를 계기로 임 대표는 다시 일어서게 되었다. 정말 넘어져 견디기 힘들어 쓰러져 있을 때, 반드시 손을 잡아주는 사람이 나타난다는 것을 알게 되었다. 자신도 앞으로 이런 사람이 되어야겠다는 다짐을 하게 되었다.

이렇게 10년간 섬유와 무역부분에서 비즈니스 경험을 쌓은 뒤, 2002년에 드디어 ㈜스콜로스 헬렌스타인코리아로 법인기업을 설립하게 되었다. 2005년에는 리디아무역과 ㈜스콜로스 헬렌스타인코리아를 합병하여, ㈜리디아알앤씨를 설립하였다. 루디아(Lydia)는 사도행전 16장14절에 나오는 바울의 선교를 돕던 자색옷감 장수였다. 그녀는 고가의 자색옷감 판매를 통해 벌어들인 돈을 선교자금에 보태었다. 임 대표가 리디아알앤씨를 설립한 목적은 바로 거기에 있었다. 루디아의 비즈니스가 선교의 도구가 되었듯이 자신의 비즈니스가 바로 선교가 되는 기업을 꿈꾸었던 것이다.

14. 바울의 선교를 돕던 루디아처럼, 사회를 돕는 리디아알앤씨

또한 그녀가 대학시절부터 훈련 받았던 IVF의 정신을 따라 이 사회에서 빛과 소금의 역할을 하는 비즈니스를 하려고 했다. 특히 임 대표는 중국에 비전을 가지고 있었다. 중국으로 진출한 비즈니스를 통해 선교의 문을 열고 싶었다. 단지 돈을 벌어서 이를 선교에 후원하는 것이 아니라, 비즈니스 그 자체로 선교하는 기업을 하고 싶었다. 오랫동안 중국통으로써 경험을 쌓게 한 하나님께서 자신을 선택하였고, 이것이 자신의 소명임을 확신하고 있었다.

임미숙 대표는 고와와 과부를 위한 비즈니스를 소망하고 있었다. 성경전체를 관통하는 하나님의 명령, 바로 고아와 과부를 돌보라는 실천을 비즈니스를 통해서 하고 싶었던 것이다. 그녀는 현대의 과부를 바로 경력단절 여성으로, 고아를 실업상태의 청년들로 재해석하였다. 그들에게 삶의 보람을 느낄 수 있는 일자리를 제공하고, 인생의 목적을 찾을 수 있는 일꾼들로 성장시키는 비즈니스를 하고 싶었다.

2. 철저한 비즈니스 경험을 바탕으로 한 창업과정

리디아알앤씨는 베개와 이불 등 침구류를 중국공장에서 생산하여 주로 유럽시장으로 수출하는 기업으로 출발하였다. 이미 임 대표는 섬유와 무역에서 10년 이상 경험을 쌓았고, 누구보다 잘 아는 분야로 창업을 하였다. 중국어에 능통하고, 중국인맥이 막강했던 그녀는 중국에서 섬유관련 제품의 생산과 소싱에 강점이 있었다. 뿐만 아니라, 오랫동안 유럽지역의 바이어들에게 수출대행을 했기 때문에 그들과도 끈끈한 인맥이 형성되어 있었다.

비록 중국산 제품을 선진국에 수출하였지만, 'Made in China but Handle by Lydia'라는 슬로건으로 바이어들에게 신뢰감을 줄 수 있었다. 임 대표는 에이전트형 무역회사의 경쟁력은 외국어 능통이라고 생각하지 않았다. 그보다는, CEO를 비롯한 직원들의 현지문화에 깊은 이해와 강력한 현지인맥에서 나온다는 것을 잘 알고 있었다. 이런 점에서 리디아알앤씨는 초기부터 사업전개가 힘들지 않았다. 임 대표 자신이 무슨 선교사나 목회에 대한 대단한 비전을 가진 것이 아니라, 삶과 생활의 현장, 기업을 통한 전도와 선교에 관심이 많았다. 그녀는 철저히 기업가로 훈련받은 자였다.

리디아알앤씨는 주식회사 법인이며 자본금은 5억 원으로 출발하였다. 지금까지도 지분은 100% 임미숙 대표가 보유한 비상장회사이다. 창업자금은 주로 임 대표가 그동안 자신이 축적한 자본(개인재산)으로 조달하였다. 다른 외부지원이나 후원에 전혀 의존하지 않았기 때문에 자유롭게 기업을 운영할 수 있었다.

본사는 자신의 거주지와 섬기는 교회와 가까운 경기도 고양시 일산으로 하였다. 특별히 일산은 자신이 섬기고 싶어 했던 경력단절여성이 많은 곳이었다. 일산거주 경력단절여성으로 직원채용공고를 내자, 고학력의 우수한 여성인재들이 몰려와 직원채용에도 어려움이 없었다.

14. 바울의 선교를 돕던 루디아처럼, 사회를 돕는 리디아알앤씨

Lydia R&C

[그림 − 1] 리디아알앤씨의 로고

2002년 11월 회사법인을 설립하고, 곧바로 침구류 브랜드인 헬렌스타인을 런칭하였다. 헬렌스타인은 거래하던 독일 업체가 가지고 있던 브랜드였는데, 당시는 크게 유명하지 않았지만, 독일의 국가 이미지가 좋고, 앞으로 이 브랜드를 통해 사업을 확장할 기회가 있을 거라 생각해서 라이센스를 제안했고, 당시 바이어가 리디아와의 거래를 통해 회사가 크게 성장하고 많은 이익을 취하였기에 이를 리디아알앤씨가 무상으로 사용하게 해 주었다. 그 후 헬렌스타인은 '유럽형 프리미엄 호텔식침구 전문 브랜드'로 포지셔닝하였다. 원래 중국공장까지 합작으로 설립하여 생산기지를 가지고 있었지만, 지금은 공장을 모두 매각하였다. 결국은 브랜드 비즈니스를 해야 한다는 것을 깨달았다.

리디아알앤씨가 보유한 브랜드는 2가지이다. 헬렌스타인(Hellenstain)은 침구류 브랜드로 2002년 창립초기부터 출범하였고, 블레스네이처(Bless Nature)는 원래 2009년 오가닉숍에서 2015년 변경한 새로운 브랜드이다. 블레스네이처는 유기농면을 소재로 한 유아복과 인형을 주로 취급하고 있다.

비즈니스 미션_ 킹덤 비즈니스의 현장을 찾다

3. 탁월한 비즈니스 운영

1) 기업현황

현재 리디아알앤씨의 직원은 26명이다. 2015년 연 매출액은 약 105억원, 당기순이익(세후)은 2억 7천만 원이었다. 출범 초기인 2003년부터 독일의 수퍼체인인 리들(Lidl)과 홈쇼핑 QVC에 납품을 시작하였다. 초극세사인 마이크로화이바 침구를 북유럽과 해외 여러나라에 수출하고 있다. 국내에서는 CJ홈쇼핑, GS홈쇼핑, 현대홈쇼핑, 롯데홈쇼핑 등 국내의 메이저 쇼핑몰을 통한 온라인 판매를 하고 있다.

현재 침구류에서는 ㈜슬립앤슬립과 ㈜한스에 이어 국내 3위를 달리고 있으며, 온라인 매출로는 1위의 중소기업이다. 2014년에는 ㈜리디아알앤씨 상해법인을 설립하였고, 현재 중국 북경, 장자강, 예청, 항주, 성도, 우시, 짱인, 남경, 우한 등 12개 매장을 오픈하여 임 대표의 오랜 숙원이었던 중국에 진출하게 되었다.

2) 사람을 키우는 인력관리

리디아알앤씨의 현재 직원 수는 32명이다. 채용 시에 지원자의 학력, 성별, 나이, 스펙을 보지 않는다. 기독교인은 특별히 우대하지도 않으며, 사내 기독교인 비율은 50%가 채 되지 않는다. 채용시는 교인 여부보다는 철저히 직무전문성과 기업적합성을 따진다. 임 대표는 오히려 비기독교인이 입사하게 되면 전도의 기회를 만들 수 있어 좋다고 한다.

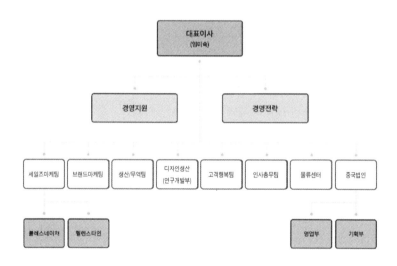

[그림 - 3] 리디아알앤씨의 조직도

신입 및 경력사원은 3개월의 수습기간을 거쳐 정식직원이 된다. 3개월 수습기간중 OJT(On the Job Training)교육을 하는데, 이 때 본인과

비즈니스 미션_ 킹덤 비즈니스의 현장을 찾다

상사의 평가뿐 아니라, 전직원이 투표로 평가한다. 무경력 신입사원의 연봉수준은 약 3000만 원 정도이다. 신규 사원 입사 시 빠른 적응을 위해 팀내에서 정해진 선임(기존입사자)이 여러 가지 도움을 주는 엠버서더(Ambassador) 제도를 운영하고 있다. 점심식사를 같이 하고, 오후에 티타임을 가지면서 업무 뿐 아니라 소소한 개인안부도 묻는 멘토링제도이다.

리디아알앤씨의 조직은 매우 수평적이다. 모든 직원이 직무는 있으나 직위는 없다. 즉, 직급이 아닌 업무중심의 수평적 문화이다. 모두가 영어이름을 가지고 있어서 영어이름으로 부른다(예: Jenny, Sam, Lydia). 대외적인 직급은 팀장, 부팀장 밖에 없다. 임 대표는 모든 직원을 경영자로 생각한다. 그래서 크게 지시하는 일도 없다. 자기의 고유한 업무영역이 있고, 그 일을 열심히 해서 연말에 성과평가를 받는 것뿐이다.

현대판 고아와 과부를 사장으로 성장하게 하는 것이 임대표의 인력관리의 목표이다. 그래서 중소기업임에도 불구하고 많은 교육이 있다. 신입 및 경력사원 입문과정, NSC아카데미, 북세미나(JP교육), 팀장코칭, 미니 MBA, 해외견학프로그램 등 연중 수시로 교육의 기회가 주어진다. 이를 통해 직무역량을 키우고 기업의 핵심가치를 내재화한다.

3) 저비용 고효율의 영업마케팅

리디아알앤씨는 전형적인 B2C 영업을 하고 있다. 베개, 이불 등 침구류와 유기농면 소재 유아복 및 인형을 통해 리디아알앤씨는

2014년 85억6천만 원, 2015년 104억9천만 원, 2016년 120억 원의 매출액을 달성했으며, 2017는에는 약 170억 원의 매출액을 예상하고 있다. 해외는 주로 유럽과 미국에 현지 유통업체(예: Lidl, QVC)에 수출하고 있고, 국내에서는 주로 홈쇼핑, 인터넷쇼핑몰, 오픈마켓을 통해 온라인판매 위주로 하고 있다. 수출비중은 전체매출액의 약 10~20%정도이다.

리디아알앤씨의 초기 비즈니스모델은 유럽과 미주 등지에서 섬유 관련 제품 오더를 받아 중국공장에서 생산된 제품을 수술하는 중개상이었다. 그러나 이러한 비즈니스는 영원하지 못하다는 생각이 든 임 대표는 브랜드 비즈니스를 하기로 결심하였다. 그래서 헬렌스타인이라는 침구류 브랜드와 블레스네이처라는 유기농 유아복 브랜드를 런칭하고 마케팅을 전개하였다.

[그림 - 4] 헬렌스타인의 베개와 침구

하지만 이러한 신생브랜드는 인지도가 매우 낮았고, 판로를 개척하기 쉽지 않았다. 오프라인 판매거점을 구축하는 것은 많은 자본과 인력이 필요했다. 그래서 과감하게 개척한 것이 바로 온라인 채

널이었다. 2003년에 거래하던 바이어의 소개로 독일의 홈쇼핑 QVC
에 헬렌스타인을 납품을 시작하여 2005년에 누적매출 6천만유로를
기록하였다. 이 기세를 몰아 2006년에 우리나라의 GS홈쇼핑을 통
해 판매를 시작하였고, 롯데닷컴, CJ몰, 이베이, G마켓 등으로 온라
인 채널을 넓혀갔다.

특히 타겟고객층인 젊은 여성들이 주로 온라인을 통해 침구류를
구매하면서 가성비가 좋은 제품은 금방 입소문이 났다. 헬렌스타인
의 다운필 베개는 2개에 2만5천 원으로 저렴하면서도 수면베개라는
별칭을 얻을 정도로 인기가 높았다. 뿐 만 아니라, 유럽풍의 호텔식
침구라는 브랜드 컨셉을 타겟고객층에게 어필한 것은 적중하여, 고
급스러우면서도 가성비 좋은 침구브랜드로 자리잡게 되었다. 온라
인이라는 저비용 고효율의 유통채널을 효과적으로 활용한 것이 리
디아알앤씨 성장의 비결이었다.

[그림 ― 5] 블레스네이처의 유기농 애착인형과 유아복

블레스네이처는 유기농면으로 만든 유아복 브랜드로 시작하여 출
산용품, 이불, 인형 등으로 품목을 확장하였다. 아가들이 물고 빨아

257

도 안전한 유기농 면에 염색을 하여 약간 고가로 출시했는데, 실적은 빨리 오르지는 않았다. 그런데 의외로 유기농 소재로 된 인형은 소위 애착인형이라고 해서 그런대로 히트를 쳤다. 2014년에 상해법인을 설립하고, 현재 중국 북경, 장자강, 예청, 항주, 성도, 우시, 짱인 등 11개 매장을 오픈하였다. 중국에서의 유기농 유아복에 대한 반응은 뜨거웠다. 블레스네이처 중국 오프라인 매장을 통해 임대표는 중국에서의 BAM을 꿈꾸고 있다.

[그림 6] 블레스네이처의 중국 항주 인롱점

4. 사업을 통한 열매

리디아알앤씨는 임미숙 대표가 혼자 시작하여 현재 32명의 직원을 채용하여 일자리를 창출했다고 할 수 있다. 특히 현대판 고아와 과부로 재해석한 경력단절여성과 청년들을 채용하고 있고, 대학생뿐 아니라, 중고교생 인턴도 받아 일에 대한 경험을 쌓게 하고 있다.

NICE 평가정보 기술평가 우수기업 인증, 경영혁신형 중소기업 Main—Biz 인증획득, 한국산업기술진흥협회 오가닉디자인 연구개발 부서 인정 등 침구류에서 제품과 가격의 혁신을 이루었다. 또 온라인채널이라는 타겟고객에 적합한 마케팅과 영업을 통해 저비용 고효율의 마케팅을 실현하였다. 이를 통해 연 매출액 20%이상 성장, 매출이익율 10%이상을 달성하였다. 리디아알앤씨는 2015년 중소기업진흥공단 고성장기업 수출역량 강화사업 기업에 선정되었고, 2016년 이베이코리아 Best Partner사 선정, 2016년 CJ오쇼핑 Partners Club Member 선정, 롯데닷컴 20주년 기념 우수기업 등에 선정되었다.

뿐만 아니라, ICR 인증원 환경 경영시스템(ISO 14001) 인증, 경기가족친화 일하기 좋은기업 인증(2015), 한국산업인력공단 일학습병행제 기업 선정(2016), 2016년 경기도 여성고용 우수기업 선정, 2017년 경기도 유망 중소기업 등 법적, 사회적 책임을 다하는 기업이 되었다. 리디아알앤씨는 나눔의 실천을 조용히, 그리고 효과적으로 실천하는 기업이기도 하다. NGO단체인 러빙핸즈를 통해 청소년 멘토링 지원을 하고 있다. 이는 어려운 1명의 아동을 끝까지 1:1로 돌보는 프로그램인데, 보건복지부 장관상을 수상하기도 했다.

직면해 있는 어려움을 혼자 버티기 힘든 아동, 청소년들에게 더 나은 삶을 영위 할 수 있도록 지속적이며 전문적인 1:1 멘토링관계를 제공하는 NGO

[그림 — 7] 리디아알앤씨가 후원하는 러빙핸즈

14. 바울의 선교를 돕던 루디아처럼, 사회를 돕는 리디아알앤씨

무엇보다 리디아알앤씨는 정직한 세금보고, 경영보고, 실적보고를 통해 신뢰를 쌓아가고 있다. 또한 임 대표는 직원의 불만은 시스템 구축의 원동력이라고 보고 적극적으로 소통하고 있다. 온라인 거래의 속성상 모든 거래데이터, 고객의 소리가 숨김없이 드러나기 때문에 투명한 경영을 할 수밖에 없다. 또한 모든 직원들과 같이 직접 경영계획을 수립하고 성과를 체크하기 때문에 기업의 수익과 손실의 통로(또는 책임소재)가 투명하게 드러나기도 한다. 원칙에 의한 경영을 통해 임 대표의 일관성 있는 리더십도 직원들에게 신뢰를 얻는 요인이다.

리디아알앤씨는 무조건 일만 하는 기업은 아니다. 15회 연차부여, 육아휴직(출산장려 100만 원 상품지급), 탄력근무제, 직원전용 카페테리아, 우수사원 해외견학지원을 통한 안식이 있는 기업이다. 시무식, 종무식, 송년회의 파티문화가 있고, 가족 같은 점심시간과 티타임의 시간이 있다. 이 시간을 통해 서로를 이해하고 소통하며, 서로간의 관계를 누리고 있다.

[그림 8] 파티문화와 점심식탁 나눔

5. 진정한 Business as Mission

임미숙 대표의 리더십은 리디아알앤씨 성공의 핵심 중 하나이다. 그녀는 일단 솔선수범한다. 주문이 많이 들어와 물류센터의 일손이 부족하면 임 대표도 직접 나가 포장작업을 한다. 각자 직무에 독립성을 부여하고 간섭하지 않는 자율경영을 하고 있다. 이것이 가능한 이유는 한번 정한 원칙은 끝까지 관철하고 직원들과 신뢰관계를 형성하기 때문이다. 임 대표는 가능하면 직원들의 언어로 소통하고, 최고경영자로서 강한 요구사항은 직접적으로 하기 보다는 전문가의 입을 빌어 간접적으로 전달하여 설득력을 높인다. 자신 뿐 아니라, 직원들도 지속적으로 배우고 새로운 것을 습득하게 하는 학습조직을 운영하고 있다.

리디아알앤씨는 대내외적으로 기독교기업을 표방하지 않는다. 회사내에서 기독교인이 되라는 강요나 노골적인 전도를 하지 않는다. 사내 예배도 없으며, 성경공부, QT모임도 없다. 회사의 수익을 선교사역이나 교회를 개척하는데 지원하지 않는다. 하지만 리디아알앤씨의 구성원들의 영혼은 풍요롭다. 늘 공동체에 감사와 기쁨이 넘치고, 서로를 배려하는 분위기가 정착되어 있다. 이러한 분위기는 전도의 자양분이 된다. 비신자 직원들은 임 대표를 비롯한 기독교인 직원들부터 선한 영향을 받고, 진지하게 기독교에 대해서 배우기를 원한다.

임 대표는 많은 기독교인들이 죽을 각오로 해외선교지에 가는 심정으로 기업에 와서 일하면 그것이 선교라고 주장한다. 기업경영을 한다는 것은 온 몸으로 자신을 보여주는 일이기 때문에 모든 말과

14. 바울의 선교를 돕던 루디아처럼, 사회를 돕는 리디아알앤씨

행실에서 진실되고 최선을 다하고 있다. 임 대표는 사장의 거룩함을 항상 생각한다. 레위기 19:13의 "너는 네 이웃을 억압하지 말며, 착취하지 말며, 품꾼의 삯을 아침까지 밤새도록 네게 두지 말며"의 말씀을 명심하고 있다. 사장은 직원들의 생계적 책임을 지고 있기 때문에 월급날 오전 8시 이전에 반드시 임금을 지불하고 있다고 한다.

리디아알앤씨는 이제 막 비즈니스를 본궤도에 올렸고, 숙원이었던 중국시장에 진출하였다. 중국시장은 2017년 현재 우리나라의 사드배치로 얼어붙고 있다. 과연 12개의 매장을 오픈한 중국시장에서 리디아알앤씨는 이 파고를 넘을 수 있을지 좀 더 두고 봐야 한다. 또한 기업이 급성장하면서 규모가 커질 때도 지금과 같은 분위기와 문화를 유지할 수 있을지도 지켜봐야 한다.

15

이주민 노동자들에게
새 생명을!

박 상 규

태국으로의 귀국은 곧 가나안 정복전쟁이었다. 젖과 꿀이 흐르는 그 땅은 그냥 우리에게 주어지지 않는다. 거룩한 전쟁을 치루어야 했다. 이것은 영적, 육적 생존 전쟁이다. 그러므로 우리는 전신갑주를 입어야했고 무엇보다 말씀으로 충만해야 했다.

안산에 있는 태국인 이주민 노동자들을 위한 새생명 교회 담임목사인 홍광교 선교사는 본국으로 다시 돌아가야만 하는 태국인 성도들의 신앙생활을 유지하고 경제적 자립을 돕기 위해 프랜차이즈 카페사업을 하고 있다. 본인의 전문성과 경험을 바탕으로 현실적인 대안(현지에 15평 기준으로 1,200만 원으로 자신의 카페를 오픈)을 마련하였고, 태국으로 들어간 그의 제자들은 카페 창업(15호점)을 기반으로 교회들을 개척하며, 지역사회에 선한 영향력을 끼치고 있다.

1. 문화예술과 비즈니스 현장에서 준비된 사역

홍광표 선교사는 평안북도 영변에서 시작된 할아버지와 할머니, 그리고 아버지와 어머니에 이어 신앙의 3대를 이어가고 있다. 평신도 사역자이셨던 부모님을 가장 중요한 신앙의 모범으로, 또한 가장 존경하는 사역자로 손꼽으며, 기도와 말씀 그리고 그 삶으로 보여주신 가르침을 선교 사역에 가장 큰 도전으로 간직하고 있다. 그는 11살 때 순복음교회에서 리더십훈련을 받으면서 오산리 금식기도원에서 첫 금식기도를 통해 선교에 헌신하기로 서원기도를 하게 되었고, 성령을 체험하면서, 인격적인 주님과의 교제를 시작하게 되었다.

이후 문화예술사역에 대한 비전을 받아 1987년부터 드라마사역을 시작하였고, 카페를 비롯한 다양한 경험을 얻은 후, 인생의 커다란 시험을 거쳐 2001년에 아세아연합신학대학교에 입학하여 선교학을 전공하게 되고, 아랍어를 공부하면서 무슬림 프로젝트 사역을 경험하였다. 2002년 예장 통합 양무리교회에서 청년부 전도사와 2005년 뉴라이프교회에서 태국인 예배사역 및 청소년부 사역을 하게 되는데, 이 과정에서 '선교한국'에 참여하고 또한 신혼여행을 통해 태국에 헌신하기로 결심을 하게 된다.

홍 선교사는 연극배우와 커피전문가라는 독특한 이력을 소유한 전문사역자이다. 그리고 이 전문성과 경험이 태국 현지 신앙공동체들에 의해 설립된 카페들의 성공요인으로 손꼽히고 있다.

그는 1991년에 '극단현대앙상블(대표: 최불암, 설립자: 현대 정주영회장)'에서 정단원으로 연극배우의 삶을 시작하였고, 당시 하나님의 특별한 인도하심으로 한국에 '자마이카'라는 카페에서 첫 원두커피를 접하게 되어 틈틈이 커피에 관해 배우기 시작하였다. 당시 '자마이카'는 정식 프렌차이즈는 아니었지만, 커피 마니아들이 동일한 간판을 사용하며 여러 곳에 점포들을 운영하며 교류하고 있었다. 그 후 본격적으로 커피에 발을 내딛게 된 곳은 1995년에 건국대학교 주변 상권지역에 있던 '클러리'라고 하는 카페인데, 이곳 지하에는 커피 전용 바가 있었다. 홍 선교사는 이곳에서 직접 메뉴 컨설팅을 하고 메니저로 일하였으며, 당시 오너분께서 많은 투자를 해주어 지하 커피 전용 바에서 하루에 13시간씩 커피를 연구하였다.

그러던 중 1996년 말에 미국 유명 커피회사 '맥널티'의 대학로 지점 매니저 요청이 있어서, 이것을 받아 들여 대학로 지점 메니저로 일하였고, 후에 한국 최초로 고노드립커피를 다루던 '샤갈의 눈 내리는 마을(강남 본사)'의 여의도지점, 신촌지점 오픈과 대학로 지점 관리도 하게 된다. 1997년 말에는 경기도 이천으로 내려가서 120평

15. 이주민 노동자들에게 새 생명을!

카페를 경영하다가 불이 나서 개인적으로 인생의 첫 부도를 경험하였고, 다시 1998년에 건국대학교 주변 상권지에 '피플'이라는 카페를 오픈하여 4년 동안 경영하던 중 거부할 수 없는 부르심으로 인해 2001년 아세아연합신학대학교에 입학하여 선교학을 전공하면서 동시에 평생교육사 라이센스도 취득하여 사역에 대한 기본 준비를 마치게 된다.

2002년 11월에 결혼한 홍 선교사는 신학을 공부하면서 동시에 장인어른에게서 무역을 배웠다. 이것이 2004년 '큐앤큐엔터프라이즈' 법인회사의 대표이사직을 수행하는 계기가 되어 러시아 블라디보스톡, 하바로브스키, 노보시비르스키에 건축자재를 수출하는 등의 성장의 과정을 거쳤다. 또한 2006년에 의욕적으로 '아텃코리아'라는 음향회사를 개인적으로 설립하여 독일을 왕래하면서 당시 세계스피커대회 1위를 한 카덴바흐 어쿠스틱사의 제품에 대한 판권을 받아 국내에 음향 렌탈 및 시공 사업을 하였지만, 주요 고객이었던 교회들과 상황이 여의치 못해 2011년에 후배에게 물려주게 된다.

홍 선교사에게 2006년은 한국에서 '새생명 태국인교회'가 개척된 중요한 해였는데, 2008년 태국 방콕 선교센터 및 신앙공동체를 설립, 2009년 ART Korea 문화예술전문인선교회를 설립하여 문화 사역에 지평을 여는 다양한 활동이 이루어지는 등 '새생명 태국인교회' 개척이 직접적인 동기가 되어 사역이 많이 활성화 되었다. 동시에 동역자들도 많이 늘어나 역할마다 일을 맡아줄 리더들이 세워져 함께 의논하고 소통하고 공유하고 기도하며 하나 되어 지금은 다양한 사역을 충분히 감당하고 있다.

2. 안산의 새생명 태국인 교회와 태국 킹덤 비즈니스

2006년 화성에서 개척한 '새생명 태국인교회'는 이후 안산으로 옮겨져 지금까지 담임목사로 섬기고 있다. 이미 11살때부터 선교에 헌신하기로 기도하였지만, 하나님은 홍 선교사를 문화사역자로 먼저 사용하시며 다양한 비즈니스를 경험하게 하셨고, 아세아연합신학대학(ACTS)과 선교한국 등에서 선교학, 외국어, 그리고 선교프로젝트를 훈련시키셨다.

2008년에는 ART(All Nation's Revival Transformation) Korea 문화예술전문인선교회를 조직하여 문화예술선교를 병행하여 왔다. 2010년에는 드디어 방콕에 '새생명 비전센터'를 세웠으며, 국내 태국인 성도를 사역자로 훈련시켜 파송을 통한 태국 로컬 사역을 시작하게 되었다. 그 준비과정을 거쳐 2014년에는 킹덤 비즈니스(Kingdom Business)로 태국에 법인회사 설립 및 카페프렌차이즈 사역을 준비하여 현재 15개 지점을 열었고, 2015년에는 태국 코랏 춤푸앙 지역에 '새생명 만나 춤푸앙교회'를 개척하였다. 이 모든 것이 정말 기적 같은 하나님 은혜인데, 홍 선교사는 2013년 대학원에 입학하면서부터는 방학이 되기 전에는 태국에 들어갈 수 없는 자유롭지 않은 상황이었음에도 불구하고 하나님께서 태국으로 귀국한 태국인 성도 리더들을 통해서 과정을 순조롭게 이 모든 일들을 이루어주셨던 것이다.

홍 선교사는 한국에서 한국적 교회를 하지 않았다고 단언한다. 그는 철저하게 사도행전적 교회, 즉 유기적 공동체로서의 교회를 세웠고 철저하게 'Family—ship'을 성경적으로 적용하려고 부단히 노력한 결과 하나님께서 응답하셨고 이루셨다고 고백한다. 그 과정에서 홍 선교사는 집을 정리하였고, 공동체를 세워 그들과 함께 살았다. '새생명 교회'가 하나님으로부터 받은 가장 큰 은혜가 바로 유기적 교회공동체로서의 패밀리십(Family−ship)이다. 성도들의 귀환정착프로그램이 상당한 효과를 나타내고 있어 그 부분에 대해서 '어떻게 그런 프로그램을 찾아내게 되었는가?', '어떤 선교전략을 참고했는지?'에 관한 질문을 듣곤 한다. 그러나 그 답변은 늘 한결같다.

"그 어떤 선교전략에서 찾아낸 것이 아닙니다! 우리는 의도하지 않았고 단지 우리는 하나님 안에서 유기적 교회공동체로서 패밀리십을 받았고, 따라서 우리는 가족이 되었던 것입니다."

가족이 되다보니 경제활동은 공동체의 가장 중요한 이슈였고, 그것은 곧 공동체의 생존문제였다. 공동체가 이 영적, 육적 생존문제를 놓고 함께 기도하는 동안에 하나님은 다음과 같은 말씀을 주셨다.

"유월절 전에 예수께서 자기가 세상을 떠나 아버지께로 돌아가실 때가 이른 줄 아시고 세상에 있는 자기 사람들을 사랑하시되 끝까지 사랑하시니라"[19)

이 말씀은 홍 선교사로 하여금 성도들과 진짜 가족이 되게 하였고, 가족의 일원으로서, 그리고 그 가족의 리더로서 분명한 역할이 주어졌고, 그 역할을 공동체에 '생명'을 불어넣는 일, 그것을 감당해

---

19) 요한복음 13장 1절

야 했다. 금년까지 14년간 재한태국인근로자 선교를 하면서 참으로 귀한 선교의 열매도 많이 있었지만, 뼈저리게 가슴 아픈 경험도 있었다. 그래도 홍 선교사는 먼 훗날들을 내다보았고, 중요한 결론을 얻게 된다.

'새생명 교회'는 유기적 교회공동체로서 하나님으로부터 패밀리십을 받은 가족이다. '사랑하되 끝까지 사랑하자. 그것이 예수 그리스도께서 보여주신 사랑이고, 우리에게 당부하시는 사랑이다.' 그래서 '새생명 교회'는 보내는 교회가 아니라 함께 가는 교회가 되었다. 그것은 진짜 가족이라는 생각과 사랑의 정신이 있기에 가능했다. 성도들은 육적 생존을 위해서 가족을 두고 이 먼 타국에 와서 노동을 하지만, 이제 영적 가족이 된 공동체는 영적 생존을 위해서 함께 가서, 함께 싸워 승리를 얻고자 했다.

"이제 그 땅에 함께 가서 영적으로 육적으로 생육하고 번성하여 그 땅에 충만하기로 하자. 그리고 지경을 넓히시는 하나님께서 국경을 넘어서 아시아 10개국으로, 그리고 더 나아가 세계열방으로 계속해서 생육하고 번성하여 충만하게 하실 것을 믿고 나아가자. 이 비전을 온 교회 공동체가 품고 함께 기도하며 함께 싸워나가자."

이와 같은 결론을 내렸고 함께 싸우기 시작했을 때 놀라운 역사들이 나타나기 시작했다.

15. 이주민 노동자들에게 새 생명을!

3. 만만치 않는 태국 현지의 상황

대표적인 불교국가 태국은 선교하기 어려운 나라이다. 정치사회적으로 태국은 서구화된 민주 체제를 채택하고 있으나, 전통적인 것과 근대적인 것이 혼합된 독특한 정치 문화를 보이고 있다. 수코타이와 아유타야 시대 때 발달한 전제 군주제와 엄격한 신분 계급 의식 때문에 일반 국민들 사이에 정치란 특별한 사람이 하는 일이며, 백성은 그들을 따라야 한다는 이원론적 의식이 바탕에 깔려 있어 의식 변화가 어려운 실정이다.

경제적으로는 이전부터 팽창한 경상수지 적자와 밧화(貨) 하락으로 1997년 7월 경제위기가 발생하여 1998년에는 경제성장률 - 8.0%, 물가상승률 8.1%를 기록하였으나, 이후 경제개혁을 실시하여 1999년부터 경제가 점차 회복되고 있다. 그 와중에 쓰나미로 인한 관광산업의 타격과, 15년 만에 일어난 군부 쿠데타 등의 여파로 2006년에는 기존의 8%대에서 급감한 4%대의 경제성장률을 보이다가 최근에는 완만한 상승세이다.

한국에서 처음 예수그리스도를 만난 태국인 성도들이 고국으로 귀국하였을 때, 그들의 삶속에서 2가지 큰 충격을 경험하게 된다. 첫 번째는 종교 신앙적 충격이다. 한국에서의 믿음이 종교와 사회가 일치되어 있는 그들의 삶속에서 아무런 능력을 나타내지 못하는 경우가 대부분이다. 그러므로 성도들이 태국으로 귀국한 초기에 영적으로 돌봐줄 수 있는 현지 기독교 공동체가 반드시 필요하다. 그러나 그것은 단순히 태국현지의 지역교회로의 연계사역을 통해서 가능한 것이 결코 아니었다. 그래서 공동체성이 유지될 수 있는 태국 현지에서의 신앙공동체 필요성이 대두되었다.

두 번째 충격은 바로 경제적 충격이다. 성도들이 태국으로 귀국하였을 때 그들의 은행잔고는 결코 그들에게 희망을 주지 못한다. 심지어 먼저 있던 빚도 여전히 남아있는 경우가 있었다. 혹 한국에서 열심히 일해서 좋은 집을 건축하였을지는 모르지만, 중요한 것은 여전히 그들은 가난하다는 것이다. 왜냐하면 그들의 월 수익은 한국에 일하러 가기 전, 바로 예전과 다르지 않기 때문이다. 한국에서의 수년에 걸친 노동의 경험이 성도들로 하여금 한국에서의 수익에 버금가는 직업을 얻지 못하는 회의감으로 돌아온다. 사실 아무런 도움이 되지 않는다. 가족 경제는 여전히 어렵다. 결국 성도들은 결단을 해야 한다. 또 다른 나라로 나가서 일할 것인가? 아니면 그냥 가난을 수용할 것인가? 때론 태국으로 돌아간 성도들을 기다리는 가족에게 일어난 어떤 사건들은 정말 모든 소망을 잃게 만들기도 한다. 그들을 기다리는 건 굶주린 자녀들과 노부모뿐. 아내는 이미 다른 남자와 바람이 나서 도망가 버렸다. 또 어떤 가정에서는 자녀들이 부모가 힘겹게 한국에서 일해서 보내준 돈으로 마약을 하다 구속되어 있기도 하다.

이렇게 여러 경제적인 이유들로 가정이 풍지 박살난 경우도 종종 있어왔다. 오랜 시간 부재한 탓으로 인해 부모와의 갈등, 자녀와의 갈등 등 정말 다양한 갈등으로 인해 내 나라, 내 고향, 내 가족임에도 적응하기가 힘들어 하였다. 가족들의 기대는 결코 함께 태국에서 오순도순 살아보는 그런 그림이 아니다. 오히려 아버지가, 또는 어머니가 다시 또 다른 나라로 나가서 더 많은 돈을 가져다주기를

15. 이주민 노동자들에게 새 생명을!

바란다. 그들의 눈빛은 오히려 그것을 더 기대한다. 낙심에 낙심이 찾아오고 또 찾아온다. 신앙적 위기가 온다. 집안 경제는 여전히 어렵다. 곧 무너지기 시작하고 그것은 계속 반복되었다.

4. 현실적 어려움을 철저한 신앙공동체성으로 극복

'새생명 교회'를 한국에 개척하고 2년이 지난 2008년에 방콕에 '새생명 비전센터'를 세웠다. 당시 오승희 선교사가 자원하여 방콕비전센터는 열릴 수 있었고, 그 분의 수고와 헌신과 희생으로 방콕에도 동일하게 공동체로 출범할 수 있었다.

태국으로 귀국한 성도들 중에서 리더십으로 있던 아난 형제, 안찬 자매. 그리고 짜런 형제, 쑤차다 자매. 그리고 맴 자매와 낫 형제. 그리고 쏨밧 형제와 그의 자녀들. 그리고 니란 형제. 이렇게 다섯 가정과 함께 방콕 '새생명 비전센터'에서 공동체 사역을 시작하게 되었다. 그러나 2년이 지날 무렵 방콕 '새생명 비전센터'를 방콕의 새로운 장소로 옮기던 중에 위기가 찾아 왔고, 오승희 선교사가 하차하게 되었다.

2010년부터는 한국인 스텝이 단 한명도 없이 쏨밧 형제를 중심으로 꾸려나가야 했는데, 태국 방콕에서 꾸려진 1세대 공동체 리더들은 처절한 광야의 시간을 견뎌야 했다. 하나님께서 부여하신 명확한 비전을 붙들고 하루하루 견디는 시간은 참으로 지독한 고난의 시간이었다. 태국 현지에서는 한국에서 이상한 사이비종교에 빠진 사람 취급했다. 그도 그럴 것이 초기 공동체 식구들은 직업도 없이 그저 말씀과 기도에 전념하고 있었기 때문이다. 때론 배고픔을 견뎌야 했다. 자녀들을 먹이고 나면 부모인 성도들은 먹을 것이 없어 눈물을 대신 먹어야 했던 날도 참으로 많았다.

그렇게 3년을 견뎌야 했다. 그 광야의 시간을 통과한 이후 하나님은 법인 회사를 설립할 수 있게 하셨고, 설립 후 또다시 1년을 기다리게 하셨다. 총 4년의 광야의 시간을 거치고 나서 법인 회사는 활력을 찾기 시작했고, 이후 3년간 15개의 카페 프렌차이즈 가맹점들을 만들어 낼 수 있었으며, 또한 코랏도 춤푸앙군에 '새생명 춤푸앙 교회'를 시작으로, 싸꼰나컨도 싸왕덴딘군에 '새생명 싸왕덴딘교회'를, 그리고 넝카이도 싸크라이군에 '새생명 싸크라이교회'를 개척하게 되었다. 더불어 1세대 방콕 공동체 리더들의 고향 가족들이 집단 회심을 일으키는 등 정말 말로다 다 표현할 수 없는 한량없는 은혜의 기적들이 일어나기 시작했다.

홍 선교사와 공동체는 지난 시간들의 과정과 경험을 통해서 비로소 깨닫게 되었다. 재한외국인근로자들을 향한 한국에서의 선교가 아무리 좋은 열매를 맺는다고 하여도 그들이 자신의 나라로 돌아가 경제적 정착에 실패하였을 때, 즉 귀환정착에서의 실패를 겪게 되었을 때 모든 것을 잃게 된다는 것을……. 왜냐하면 이주민 성도들이 귀국한 이후 경제적 자립이 되지 않으면, 영적 열매의 재생산이 되지 않을 뿐만 아니라, 한 세대가 다 지나기도 전에 열매들이 모두 사라질 수 있기 때문이다. 이러한 점을 알고, 다시 점검하고 시작한 것이 〈귀환정착 프로그램〉이다. 사역의 본질적인 부분부터 고민하였는데 우리의 부르심은 무엇이며, 우리를 교회로 세우신 하나님의

15. 이주민 노동자들에게 새 생명을!

목적은 무엇인가? 그리고 성경적 교회와 사역은 과연 무엇인가?

그 결론은 프로그램이 먼저가 아니었고 더군다나 비즈니스에 우선순위가 있는 것이 아니었다. 한국에서도 자비량 사역으로 교회를 개척하였고, 태국에서도 마찬가지로 후원에 의존하지 않았다. 새생명 공동체는 모이면 찬송하고, 기도하며 말씀에 전념했다. 단 한 번도 비즈니스를 통해 무엇인가를 하겠다는 생각을 먼저 한 적이 없다. 온전히 예배공동체가 이루지고 나서, 즉 유기적 교회공동체로 세워지고 나서 그 패밀리십 안에서 생존 전쟁을 벌였고, 견디어 냈고, 승리하였다. 그리고 이제 하나님께서 부여하신 구체적인 비전에 도전하였는데, 그것 역시 우리가 살아온 시간을 통해 배운 하나님의 교훈에 근거하고, 성경에 근거[20]한 유기적 교회공동체를 새로운 지역에 만들어가는 것이었다.

5. BAM보다 BIM(Business is Mission)을 주장하는 이유

오늘날 많은 선교사들이나 단체—교회를 포함한—들이, 심지어 국내에서 한인 목회를 위해 새롭게 개척하려고 준비하시는 분들 중에도, 가끔은 우리 교회를 찾아오셔서 상담을 원하시는 분들이 있는데, 그들의 관심사는 대부분 우리 교회의 비즈니스 사역의 전략

---

20) "그러므로 형제들아 우리가 빚진 자로되 육신에게 져서 육신대로 살 것이 아니니라 너희가 육신대로 살면 반드시 죽을 것이로되 영으로써 몸의 행실을 죽이면 살리니 무릇 하나님의 영으로 인도함을 받는 사람은 곧 하나님의 아들이라" (로마서 8장 12절~14절)

과 방법에 치우쳐져 있음을 본다. 사실 우리는 특별히 전략과 방법을 가지고 있지 않는데, 그들은 있지도 않은 것에 관심을 갖는다.

누군가 굳이 전략과 방법을 말하라고 한다면, 나는 우리가 견뎌온 과정 가운데 일어난 당위성을 말하고 싶을 뿐이다. 다시 말해서 우리 교회 사역에서 나타나고 있는 'Business is Mission—비지니스는 우리가 반드시 감당해야할 과업' 차원의 〈귀환정착 프로그램〉은 사실 전략적 프로그램이 아니라 유기적 관계의 공동체가 살아내기 위해서 처절한 생존싸움을 하던 중에 하나님의 은혜로 말미암아 이루어낸 결과물이라고 하는 것이 맞다. 그래서 우리는 'Business as Mission'이라고 말하지 않는다. 우리는 'Business is Mission'[21]이라고 말한다.

그런 사역을 준비하는 분들에게 질문하고 싶은 것은 "지금 당신은 함께 살아갈 믿음의 가족을 이루셨고, 그 가족들과 생존 전쟁을 위한 비즈니스를 준비하고 계십니까? 아니면 이제 비즈니스를 통해 그러한 가족을 만들려고 하십니까?"라는 질문이다. 만약 그들의 답이 후자에 초점이 맞추어져 있다면 처음부터 다시 생각하기를 권하고 싶다. 비즈니스로 유기적 교회공동체를 만들 수 없다. 다시 말해서 비즈니스로 온전한 예수그리스도의 제자를 만들 수 없기 때문이다.[22]

---

21) BIM 사역이 목표하는 3대 지령 ① 자립 소명! 하나님의 기업을 경영하라! ② 현지 목회사역자의 Two—Job을 막아라! ③ 다음세대를 일으키라!
BIM 사역의 실제 ① Vision : 기업정신, 경영철학 ② Consulting : 무엇을 할 것인가? ③ Operation by Self : 경영하게 하다!

15. 이주민 노동자들에게 새 생명을!

홍광표 선교사의 선교사역의 핵심은 위의 인터뷰 내용에 잘 나와 있다. 2003년도부터 2017년까지 14년간의 재한태국인근로자 선교를 하면서 귀한 선교의 열매도 많이 있었지만, 잃어버린 열매도 많았던 귀하지만 아픈 경험이다. 그렇게 세워지고 만들어진 결과물이 태국 현지의 〈귀환정착 프로그램〉이기에 더 소중하고 애착이 가는 것은 당연한 일일 것이다. 한국에 와있는 태국인 외국인 노동자들을 위해 교회를 개척했어도 한국적으로 목회하지 않고 철저하게 성경적 교회, 즉 유기적 공동체성 교회로 패밀리십을 도전했고 함께 먹고 자고 생활하며, 철저히 말씀과 기도가 중심이 된 제자훈련을 병행하여 그리스도의 군사로 훈련시켜 나갔다. 시간이 지남에 따라 태국인 성도들의 귀환정착 문제는 공동체의 가장 중요한 이슈였고, 그것은 곧 모두의 생존 문제이자 영적 전쟁이었다.

유기적 교회 공동체의 'Business is Mission'은 거룩한 전쟁이다. 그래서 공동체는 '여호수아 가나안 정복전쟁[23]'을 선포하였다. 공동체는 광야를 살아냈다. 그리고 태국으로의 귀국은 곧 가나안 정복전쟁이었다. 젖과 꿀이 흐르는 그 땅은 그냥 우리에게 주어지지 않는다. 거룩한 전쟁을 치루어야 했다. 이것은 영적, 육적 생존전쟁이다. 그러므로 우리는 전신갑주를 입어야했고 무엇보다 말씀으로 충만해야 했다. 거룩한 전쟁은 전적으로 하나님의 말씀이 가르치시는

---

22) BAM 사례 인터뷰 체크리스트에 보내온 홍광표 선교사의 답변 中 (17. 10. 15)
23) !reje(2764, 헤렘)ー 저주(받은, 받은것), 바친 것, 진멸되어야 될 것들, 완전히 멸하기(로 정해진): 헤렘은 아주 없애서 깨끗하게 하여야 한다는 뜻

전쟁방법으로만 싸워야했다. 즉 말씀이 유일한 무기였던 것이다. 그러면 승리가 보장되고 그 승리는 완벽하여 하나님의 백성은 손톱만큼도 상하지 않는 전쟁이 될 수 있었다.

'새생명 교회' 성도들은 매일 새벽예배를 드렸고, 예배 후 청소하고, 밥을 먹고 다시 2시간 말씀 통독과, 말씀 교제의 시간을 나누었다. 수요일과 금요일은 저녁예배를 드렸다. 토요일과 주일은 정말 온전히 온종일을 교회에서 말씀으로 보냈다. 하루 기본 4시간, 수요일과 금요일은 6시간, 그리고 주말은 온종일. 이것이 교회공동체의 전통이 되었다. 지금까지 태국에 개척된 4개의 교회는 오히려 이보다 더 많은 시간을 말씀과 기도로 채우고 있다.

홍 선교사는 〈귀환정착 프로그램〉이라고 하는 것은 결코 '전략'이니 '프로그램'이니 하는 것들이 아니라 '생존싸움'이었다는 것을 다시 한 번 더 강조한다. 그리고 공동체의 사역은 우리가 하고 있는 일의 어떤 외적인 모습을 보여주는 것이 중요한 것이 아니다. 사역의 미래가 보이지 않는다면 공동체 사역은 사역자 '자신의 의'를 위한 사역에 불과할 수밖에 없다.

예를 들어 우리 교회에 얼마나 많은 이주민들이 와서 예배를 드리고 있는가? 얼마나 많은 민족이 와서 예배를 드리고 있는가? 이런 문제는 그리 중요한 것이 아니다. 그러한 한국에서의 외적인 모습은 공동체가 수단과 방법을 가리지 않고 도전한다면 그리 어렵지 않게 이루어낼 수 있을 법한 것들이다. 그런데 그것이 그들의 나라 본토에 어떤 복음의 영향력을 끼칠지는 전혀 무관한 일이 될 수 있다. 그리고 이렇게 무관한 것이 된다면 그건 역시 사역자 '자신의

의'를 위한 일을 한 것이지, 결코 선교를 한 것이 아니라고 본다.

공동체의 복음사역은 예수 그리스도의 제자를 만드는 것으로서, 마태복음 28장 19절에서 20절까지의 말씀에 근거하여 "1)그러므로 너희는 가서 모든 족속으로 제자를 삼아, 2)아버지와 아들과 성령의 이름으로 세례를 베풀고, 3)내가 너희에게 분부한 모든 것을 가르쳐 지키게 하라." 여기까지를 감당해낼 때 비로소 그 가치를 다하는 것이라 하겠다. 예수 그리스도의 제자는 다시 말해 전도자이며 또 다른 이들을 예수 그리스도의 제자로 만드는 사람이다. 아버지와 아들과 성령의 이름으로 세례를 받고[24] 성령의 충만함을 입어 권능을 받고 예루살렘과 온 유대와 사마리아와 땅 끝까지 이르러 하나님의 증인이 되어[25] 증거하고, 그 복음으로 살아내는 사람이다.

지금까지 전반적인 상황을 돌아보았을 때 'Business as Mission'은 전반적으로 선교사가 컨트롤하는 전략으로 제시되고 있었으나 우리가 받은 'Business is Mission'은 교회공동체의 과업으로서 성도들 가운데 즉 경제영역에 대한 선교 부르심을 입은 성도들이 그리스도인들로 하여금 그들의 삶의 현장이 곧 예배가 되게 하고, 동시에 선교가 이루어지는 개념으로 이해한다. 다시 말해 이것은 단순히 한 선교사가 쥐고 가는 선교전략으로서가 아니라, 현지 그리스도인들로 하여금 그들의 삶의 영역을 선교로서 풀어감에 있어서 주도적으로 할 수 있도록 도전하고, 실제적인 일을 제시하며, 교육하

---

24) 마태복음 28장 18절~20절.
25) 사도행전 1장 8절.

비즈니스 미션_ 킹덤 비즈니스의 현장을 찾다

고, 직접 뛰어들게 하는 것이다. 그들의 노동력과 그들의 자본이, 즉 그들의 삶의 모든 영역이 주님의 선교를 위해 드려지도록 하는 것이기에 의미가 있다.

6. 본질에 충실한 비전공동체로 성장

한국에서 주님을 만난 성도들이 태국에 귀국하였을 때 부딪히는 첫 번째 문화충격은 바로 직업에 관한 것이다. 그들이 한국에서 일하는 동안 그들의 땅은 변하고 있었던 것이다.

예를 들어 안산 '새생명 태국인교회'의 니란 형제, 뼁 형제, 뻐야 형제는 모두 20살이 갓 넘어서 한국에 들어왔다. 그들은 그들의 나라에서 단 한 번도 직업을 가져보지 않았다. 그러한 상황에서 무작정 한국으로 돈을 벌기위해 온 것이다. 그들이 성년이 되어서 처음 갖게 된 직장은 태국의 어느 직장이 아니었다. 먼 타향의 한국에 어느 직장이 그들의 생해 첫 직장이었고, 직업이었으며, 사회의 첫 발걸음이었다. 한국에 많은 외국인근로자들도 그들과 비슷한 상황이다. 그리고 그들은 어느 순간 고국으로 돌아간다. 그리고 새로운 직장을 그들의 나라에서 얻게 된다. 전혀 낯선 환경, 크게 비교되는 급여, 그들의 언어권이라는 것 외에는 좋은 점이 없고 아무것도 익숙한 것이 없다. 겨우 음식정도와 그들의 언어를 사용하는 직장상 사정도……. 그러나 오히려 그것이 그들의 마음을 더 상하게 한다.

그리고 그들이 수용하기 가장 어려운 문제는 급여문제이다. 한국에서 열심히 신앙생활을 해 왔지만 그들이 받는 급여로는 살아가기

15. 이주민 노동자들에게 새 생명을!

가 너무 힘든 것이다. 꿈을 펼쳐볼 기회가 주어질 것 같지 않은 것이다. 그들이 몸으로 느끼는 가난은 그들의 자식에게 다시 세습될 것이 불을 보듯 당연한 것이다. 그들의 나라 경제구조는 결코 가난한 자들을 위한 배려가 많지 않다.

한국에서의 신앙훈련이 이것을 극복하기에는 충분하지 않다. 물론 신앙훈련 프로그램의 어떠함을 논하고자 하는 것이 아니다. 중요한 것은 그들의 마음의 토로를 진실하게 들어주고, 격려하며, 기도해 줄 영적 돌봄이 더 이상 제공되지 않는 것을 지적하고 싶은 것이다. 그들은 고민하기 시작한다. 또 다른 나라를 찾기 시작한다. 그들의 땅은 복음에 척박한 땅이다. 그 땅은 그들을 수용하려 들지 않는다. 복음에 척박한 그들의 땅은 그들을 내몰고 있다.

결국 여기 한국에서의 이주근로자들을 향한 복음사역의 열매들은 어느 순간 다 바람에 날려 흩어져 없어지고 만다. 우리는 우리의 복음사역을 보다 책임 있는 복음사역으로 만들어가야 한다. 그것은 하나님 대신 우리가 책임지겠다는 교만함이 아니라, 사랑하되 끝까지 사랑하시는 아버지 하나님을 본받겠다는 의지이며, 순종이며, 진정한 예수그리스도의 심장을 가진 사역이다. 여기에서부터 우리 '새생명 태국인교회'의 BIM—Business is Mission—사역은 시작된다. 그리고 그것은 그들에게 〈귀환정착 프로그램〉으로 제시된다.

여기서 정착이라고 하는 것은 단순히 그냥 얻어지는 것이 아니다. 그것은 신대륙을 발견한 개척자들이 목숨을 건 생존투쟁에서 이겨낸 그 처절한 싸움에서의 승리를 의미하는 것이다. 진짜 전쟁터인 그들의 땅에서 영육간에 강건한 '마하나님'—하나님의 군사—으로서 당당하게 서게 하는 것이다.

　많은 재한 외국인 근로자들은 그들의 땅으로 돌아가는 것을 두려워한다. 그것은 그렇게 낭만적인 고향으로의 방문길이 아니기 때문이다. 그들을 기다리는 것은 생존을 위한 처절한 전투라는 것을 그들은 알고 있다. 그러므로 공동체의 이 '귀환정착 프로그램'을 그냥 그렇게 고상하게 받아들여서는 곤란하다. 이것은 영적, 육적 처절한 전투에서 싸워 이겨내어, 복음으로 생존해내는 것을 다루는 프로그램이라는 것을 인식해야 한다. 그리고 이것은 이스라엘백성들이 광야의 처절한 훈련을 거쳐 가나안 땅에 들어가 또다시 치열한 정복전쟁을 마치고 나서 비로소 하나님으로부터 기업을 유업으로 받는 것과 같은 것이다.

　복음으로 말씀으로 성령으로 믿음으로 하나된 공동체, 즉 예배공동체, 비전공동체가 만들어지지 않는 한 적어도 태국에서의 비즈니스는 결국 선교의 본질을 잃어버리고 그저 사업만 남게 될 것이다. 그리고 정치권력으로 휘두르던 제국주의식 선교와 마찬가지로 돈의 권력으로 휘두르는 제2의 제국주의식 선교가 될 위험성도 많다. 비즈니스는 결코 선교의 본질이 될 수 없고 과정이어야 하며, 도구이어야 한다. 그러면서도 필연적으로 돌파해야할 영역이기도 하지만 결코 우리 선교의 본질이 될 수 없음을 명심해야 할 것이다. 영적인 열매, 즉 구원받는 사람이 날마다 더하는지를 볼 수 있어야하는데 이것을 위한 진지한 고민이 필요하다.

15. 이주민 노동자들에게 새 생명을!

7. 미래 전략 7대 사역 비전선포

모든 하나님의 백성들은 각기 은사를 받고, 다른 직분을 받으며, 다른 사명으로, 다른 부르심을 받는다. 어떤 사람에게는 성령으로 말미암아 지혜의 말씀을, 어떤 사람에게는 같은 성령을 따라 지식의 말씀을, 다른 사람에게는 같은 성령으로 믿음을, 어떤 사람에게는 한 성령으로 병 고치는 은사를, 어떤 사람에게는 능력 행함을, 어떤 사람에게는 예언함을, 어떤 사람에게는 영들 분별함을, 다른 사람에게는 각종 방언 말함을, 어떤 사람에게는 방언들 통역함을 주신다. 그리고 거기에 맞는 각기 다른 직분을 주신다.[26] 이러한 다양성 속에서 우리가 알아야 할 것은 하나님은 이 모든 것을 다 한 성령을 통해 주신다는 것이다. 그러므로 은사를 따른 직분은 결코 수직관계에서의 신분이 아니며, 수평관계에서의 질서이다.

질서는 조화를 요구한다. 온전한 연합 속에 하모니를 추구해야 한다. 그리고 우리가 각기 하나님으로부터 받은 은사와 달란트를 가지고 하나님이 허락하신 하나님의 기업을 온전히 하나님의 뜻과, 그분의 방법과, 그분의 일하심으로 경영해 나갈 때 모든 나라와 모든 민족가운데 하나님의 나라가 세워지고, 결국 하나님의 선교는 완성될 것이다. 이와 같은 목적과 계획을 갖고 2016년부터 10년간 미래 전략 7대 사역[27]을 선포하고 기도 중에 있다.

---

26) "하나님이 교회 중에 몇을 세우셨으니 첫째는 사도요 둘째는 선지자요 셋째는 교사요 그 다음은 능력을 행하는 자요 그 다음은 병 고치는 은사와 서로 돕는 것과 다스리는 것과 각종 방언을 말하는 것이라."(고전 12: 28)

27) New Life World Mission Network Center, New Life 신학교, New Life MRD센터,

비즈니스 미션_ 킹덤 비즈니스의 현장을 찾다

8. 선교적 교회론 관점에서 신앙공동체형 사역의 가능성

국내적으로는 한 번도 겪어 보지 못한 초고령화 사회와 인구절벽이 국제적으로는 힘의 논리를 바탕으로 한 무한경쟁 속에서 오늘날 세상은 급변하고 있다.

전쟁과 평화, 기후변화에 따른 천재지변, 종교간 갈등 및 대형난민 발생 등의 어려움이 눈앞에 있다. 게다가 소위 인공지능을 필두로 한 4차 산업혁명이 이 세상을 어떻게 변화시켜 나갈지 기대와 염려가 공존하고 있다. 분명한 사실은 이러한 미래 변화를 예측하고 준비하지 못한 국가, 기업, 단체 등은 빠르게 쇠퇴하고 역사의

New Life 기독교 장례문화원, New Life 수도원(기도원), New Life 직업기술대학, New Life 교육문화아트센터

한 페이지로 사라질 것이다. 교회와 선교기관들도 이러한 변화에 예외일 수는 없다. 그렇다면 한국교회와 선교기관들은 과연 얼마나 대비하고 준비하고 있는가?

결론적으로 너무 절망하거나 낙관할 필요는 없다. 돌이켜 보면 교회 공동체는 언제나 변화의 선봉에 있었기 때문이다. 본질적으로 교회가 꿈꾸는 하나님 나라의 비전은 세상을 변혁하고 이끌던 원동력이었다. 4차 산업혁명이 강조하고 있는 자기 파괴와 혁신, 영역 파괴와 새로운 융합은 본래 기독교의 본질 속에 있다. 우리가 믿는 하나님은 하늘의 영역을 고집하지 않으시고, 스스로 영역을 파괴해서 인간이 되시고, 하늘과 땅의 융합을 이루신 분이다. 오순절 성령과의 융합을 체험한 초대교회는 유대인과 이방인이, 남자와 여자가, 주인과 종이 하나가 되는 세상에 없던 천국 공동체를 이뤄냈다.

처음 한국에 들어온 교회도 서양과 한국, 양반과 상민, 남자와 여자, 배운 자와 그렇지 않은 자의 담을 헐고 한국에 없던 대안 공동체를 형성했었다. 그렇다면 21세기 새로운 세상에서 교회는 어떤 존재가 될 것인가? 변화에 밀려서 역사에서 사라지는 조직이 될 것인가? 아니면 시대를 이끄는 새로운 대안 공동체가 될 것인가?

중요한 것은 이러한 때일수록 하나님 나라의 비전을 분명히 하고, 현실에 안주하지 않으며, 세상에 하나님 나라를 이뤄가려고 노력해야 한다는 것이다.[28] 그리고 이는 최근 선교학의 주요 이슈인 선교적 교회론(Missional Church)[29]으로 연결되어 진다.

---

28) 장성배 외 10인, 『우리가 교회다 시즌3』 (서울: 새로운 길, 2017), 30.

필자가 선교적 교회론 관점에서 바라본 홍광표 선교사의 '새생명 태국인교회'와 각 사역의 성공요인은 다음과 같다. 첫째는 전문성을 바탕으로 한 풍부한 경험이다. 사역을 시작하기 전부터 문화사역과 카페, 그리고 무역의 현장 경험을 통해 국내가 아닌 태국에서 카페 비즈니스를 성공적으로 이어갈 수 있는 실질적 동력이 되었다.

둘째는 철저한 예배와 제자훈련으로 세워진 신앙공동체이다. 앞서 여러 번 강조한 〈귀환정책 프로그램〉이 단순한 프로그램이 아닌 신앙공동체의 본질로 여기고 정착시킬 수 있었던 실질적 이유가 바로 철저하게 지켜진 예배와 엄격한 제자훈련에 있는 것이다.

셋째는 확실한 비전 제시와 끊임없는 도전 정신이다. 미래전략 7대 사역에서 보이듯 명확한 비전과 새로운 사역에 대한 끊임없는 도전은 자칫 정체될 수 있는 공동체에 활력을 불어 넣을 뿐 아니라, 새로운 변화의 파고에 직면해서도 능히 넘어설 수 있는 공동체의 동력이 되었다.

앞으로는 잘 준비된 네트워크를 바탕으로 카페 비즈니스 외에 새로운 아이템이 보완되어지고 태국 현지를 넘어 아세안 다른 국가들의 다양한 BAM사례 공유와 실질 교류협력이 이루어져, 홍 선교사와 신앙공동체가 교회 본질에 타협하지 않으면서도 선교적 교회 사

---

29) 선교적 교회는 교회의 사역의 한 부분으로, 선교를 강조하는 것이 아니라, 교회의 본질과 속성이 하나님께 부여 받은 사명임을 선포한다. 그 사명의 중심요소는 오늘도 세상을 향해서 구속의 사역을 행하시는 하나님의 손과 발이 되어, 예수 그리스도의 남겨주신 사역을 감당함으로, 우리가 하나님의 자녀임을 증거 한다. 불확실성과 절대 진리에 대한 거부를 표하는 이 시대에, 교회의 본질과 본래적 속성을 회복하는 것이, 교회 성장과 교회를 통한 하나님의 영광을 나타내는 일이다.

역의 열매를 많이 맺기를 기원한다. 마지막으로 아래의 고백은 예수 그리스도를 중심으로 새생명을 추구하는 그의 사역의 핵심이 잘 나타나 있어 소개한다.

"예수 그리스도는 어제나 오늘이나 영원토록 변함없으신 참으로 신실하신 분이십니다. 사랑하되 끝까지 사랑하시는 분이시며, 한 영혼을 천하보다 귀하게 여기시는 분이십니다. 정말 저의 삶은 저의 삶이 아닌 것이지요. 이제는 내가 사는 것 아니요 내 안에 사신 예수 그리스도를 믿는 믿음으로 사는 것이지요. 그 예수 그리스도를 보내주신 우리 하나님 아버지는 영원한 내 삶의 주인이십니다!"

16

민통선 지역에서
통일 한국을 준비하다

천 상 만

민통선에서의 BAM 목적은 분단과 통일 문제를 놓고 예배와 기도, 교육과 봉사를
통해 우리 자신이 통일을 위한 준비를 하도록 변화되는 능력을 기르는데 있다.
선교적 측면에서는 통일을 준비하면서 북한주민들에게 복음을 전하고 북한교회를
회복시키는 것으로 이어질 수밖에 없다.

파주연천 지역은 경기도 북서부에 자리 잡은 휴전선을 끼고 있는 한국의 최북단 지역이다. 파주시는 연 면적이 672km²로 서울시 면적의 1.2배에 이르는 넓은 지역이다. 이곳은 과거 접경지역이라는 인식으로 한국 국민들에게는 다소 멀게 느껴지는 지역이었다. 그러나 LG디스플레이가 문산읍에서 가까운 산업단지에 계열협력사들과 입주하고, 운정·교하지구가 신도시로 개발된 이후, 파주시 인구는 50만 명에 가깝게 성장하고 있다. 특히 경의중앙선, 자유로, 제2자유로, 익산─문산 고속도로 등 교통인프라가 계속적으로 좋아짐에 따라 여의도에서 문산읍까지 50분 정도 밖에 걸리지 않는 서울에서 가까운 지역이 되었다. 경의중앙선도 10분에 한 대 정도로 이어져서 문산역은 용산역에서 1시간이면 갈 수 있는 거리이다. 연천은 파주시와 인접한 군으로서 면적이 676km²로 파주시와 비슷하지만 인구는 5만여 명 선이다. 연천군의 로고가 '통일한국 심장'인데다 통일부의 한반도통일미래센터가 소재하고 있어 연천도 파주와 더불어 향후 통일의 주된 역할을 할 지역으로 인식되고 있다.

1. 파주연천 민통선 지역의 전략적 위치

파주는 서울에서 개성 평양으로 이어지는 국도 1번이 지나는 남북 연결의 중추적 지역이다. 휴전선 155마일의 서쪽 끝이다. 파주시에는 임진각과 통일대교, 판문점과 남북출입사무소, 개성공단 배후지역으로서 통일의 중심 지역으로 자리 잡아왔다. 역대 정부에서 남북평화 구상이 제시될 때 한반도평화국제도시, 제2 개성공단 등의 후보지로 거론되어온 곳이다. 향후 하나님이 언제 어떻게 통일을 주실지 알 수 없지만 통일이 이루어질 경우 파주연천지역은 북한에 대한 배후지원 기지로서, 그리고 북한난민들에 대한 정착지 등으로 큰 변화와 영향을 미치는 곳이 될 것이다.

민통선 지역이란 1953년 정전협정에서 정해진 군사분계선(MDL, Military Demarcation Line)에서 남쪽 2km까지 설정된 남방한계선으로부터 5~10km 거리에 소재한 남쪽 지역이다. 철조망이 쳐져 있어 민간인은 검문소를 통하지 않고는 들어갈 수 없다. 민통선 지역은 과거 접경지역으로 인식되어 군사적으로 규제가 심했던 지역이다. 민간인 출입도 특별한 경우에 허가받지 않으면 출입이 어려웠다. 그러나 김대중 정부 이후 여러 가지 규제가 완화되어 지금은 부동산 거래와 이곳으로의 이주도 허가만 받으면 가능하게 되어 있다. 다만 민통선 지역은 외부인의 경우 일몰 시간 이전에 나와야 하고, 거주민의 경우에도 자유로운 이동은 제약을 받고 있다. 그런 규제가 있는 만큼 이 곳은 때가 묻지 않은 청정지역의 모습을 그대로 가지고 있다. 흙과 물, 공기와 풀, 두루미와 고라니, 멧돼지 등 야생 동물들이 곳곳에 널려있는 생태 보고와도 같은 곳이다.

민통선 지역 주변에는 분단의 상징이 된 곳이 곳곳에 산재해 있다. 우선 민통선 바로 밖에 임진각이 있다. 이곳에 와서 '자유의 다리'를 보고 폐허가 되어서 장단역에 버려진 경의선 증기기관차 앞에 서면 이 기차를 타고 북으로 달리고 싶다는 느낌을 가지게 된다. 평화누리공원에서 시원하게 불어오는 바람을 타고 힘차게 돌아가는 바람개비를 보면 통일을 향한 열망을 느끼게 된다. 이어서 임진강

16. 민통선 지역에서 통일한국을 준비하다

을 가로지르는 통일대교를 건너게 된다. 서울과 평양을 잇는 1번국
도 상에서 북을 향하는 사람과 물자가 필히 건너야 하는 다리이다.
1998년에 세워진 이래 정주영 회장의 고향방문 소떼도 이 다리를
지나 북으로 갔다. 그리고 개성공단 출입과 남북회담을 위해 남북
으로 오갔던 많은 사람들도 모두 이 다리를 통과하였다. 이곳의 검
문소에서 민통선 안으로 들어가는 사람들은 1사단 전진부대 헌병의
검문을 받게 된다. 민통선 내부 지역은 출입증이 발급된 사람만 들
어갈 수 있다. 그 외의 사람은 출입증 발급자의 출입보증을 받아야
만 들어갈 수 있다. 방문자들은 신분증을 맡기고 나올 때 찾아가야
한다.

2. 선교적 사명과 역할—북한과 통일을 놓고 기도하는 자리

통일대교는 서울에서 50km밖에 떨어져 있지 않다. 문산역에서
통일대교까지는 차로 5분 거리이다. 통일대교를 지나 민통선 내부
를 여행하면 국군의 대북방송이나 북한군의 대남방송을 듣게 된다.
그러면 분단 상황이 온 몸으로 전해진다. 현재 파주의 민통선 안에
는 통일촌과 대성동마을, 해마루촌의 세 군데 마을이 있다. 통일촌
에 있는 통일촌교회와 해마루촌에 있는 대광교회에는 북한과 통일
을 놓고 기도하는 사람들이 정기적으로 모여 예배와 기도회를 가지
고 있다. 이곳을 방문하는 사람들은 크리스천의 여부를 떠나 내국
인 및 외국인 모두 북한과 통일을 놓고 생각하거나 나아가 기도하
게끔 만든다.

최근 북한의 핵과 미사일 사태는 온 나라와 전 세계에 극심한 갈등과 긴장을 불러일으키고 있다. 북한은 중동이나 아프리카 국가와 같은 일반적인 선교대상 국가가 아니다. 북한은 민족적 뿌리를 같이 하는 우리 형제들이 사는 국가이다. 그리고 북한 문제는 지금 한국민의 일상에 가장 큰 스트레스를 주고 있다. 북한과 통일은 지금 대한민국이 가장 고민하는 문제이다. 한반도의 분단과 상호적대적 현실은 남한에서도 보수와 진보, 좌우간의 분열 대립이라는 해결되지 않는 과제를 지속시키고 있다. 그래서 민통선에서의 BAM 목적은 분단과 통일 문제를 놓고 예배와 기도, 교육과 봉사를 통해 우리 자신이 통일을 위한 준비를 하도록 변화되는 능력을 기르는데 있다. 선교적 측면에서는 통일을 준비하면서 북한주민들에게 복음을 전하고 북한교회를 회복시키는 것으로 이어질 수밖에 없다. 통일이 되기까지는 이곳을 방문하는 사람들에게 북한과 통일을 놓고 기도와 예배, 교육과 봉사로 이어지게 하는 사역인 것이다.

많은 한국민들은 통일문제에 대해 별로 관심이 없다. 언제 어떻게 통일이 될 것인지, 남북관계가 어떻게 풀려질지는 현재로선 아무도 모른다. 하나님만이 아신다. 그러나 분명 통일은 하나님께서 우리에게 주시는 축복으로 받아들여야 한다. 정치적, 경제적, 사회적, 민족적으로 통일이 주는 긍정적 효과가 크기 때문이다. 그러나 통일 이후 겪게 될 경제적 사회적 제반 비용과 향후 발생할 남북민 상호간의 갈등과 마찰에 대해서도 냉철한 인식을 가져야 한다.

독일 통일이 이루어진 지 25년이 지났지만 동서독 간에는 아직도 정서적으로 하나 되지 못하는 점들이 남아있다. 경제적으로도 동독

291

주민들의 소득 수준은 서독에 비해 평균적으로 70% 수준이라고 한다. 한반도에도 갑작스런 통일이 더 위험할 수 있다. 난민들이 몰려오고 남한 사회가 부담하기 어려운 경제적 사회적 비용이 발생할 경우 오히려 통일 이전이 좋았다는 얘기가 나올 수도 있다. 또한 지금의 젊은 세대들은 통일 비용 부담을 지지 않으려 한다. 통일에 대해 무관심하고 부정적인 생각을 가지고 있다. 같은 뿌리와 언어, 문화를 가진 형제에게 대해 이런 태도를 가지는 것은 이기적이라고 말할 수밖에 없다.

통일 문제를 낭만적이고 감정적으로 접근해서는 안 될 것이다. 핵과 미사일로 위협하면서 세계를 인질로 잡으려는 김정은 체제가 문제이지만, 포스트 김정은 시대가 어떻게 될 것인지를 고민하지 않으면 안 된다. 통일은 우리 민족 내부가 합의한다고 해서 되는 문제도 아니다. 미국, 중국, 일본, 러시아라는 주변 4대강국의 이해관계가 맞아져야 하고, 그들이 적어도 통일을 방해하지는 말아야 한다.

북한은 중국으로부터의 원유, 식량 공급이 절대적이어서 북중무역이 끊어진다면 물리적으로 생존하기 어려운 국가이다. 즉 이는 북한이 아무리 자력갱생을 외쳐도 중국의 권력자가 의지만 가진다면 북한을 고사시킬 수도 있다는 것이다.

한편 중국은 미국의 지원을 받는 남한이 정치적 군사적으로 주도하는 통일을 원하지 않는다. 그들은 주한미군이 한반도에 존재하면서 한국군이 중국인민 해방군과 현재의 조중국경에서 대치하는 것을 허용하지 않으려 할 것이다. 그래서 조미평화협정을 논의하기

이전에 강대국 미국과 중국이 먼저 큰 그림에서 합의를 해야 한다
는 얘기가 나오는 것이다. 현실적으로 미중이 합의한다면 김정은을
제거하고 핵을 폐기시키는 것이 가능할 수 있을 것이다. 나아가 김
정은이 존재하지 않는 상태에서의 새로운 권력 구조에 대해 미중이
모종의 합의를 할 수도 있을 것이다. 지금 키신저 안이라고 나오는
것이 김정은과 핵을 없애는 대가로 주한미군이 한반도에서 철수한
다는 주고받기가 이루어질 수도 있을 것이다.

3. 통일을 준비하는 북한선교 비전

지금 북한 주민의 생존을 지켜주는 경제적 근간은 전국에 400여
개로 성장한 장마당이다. 노동당 보다 더 실질적인 영향력을 행사
하는 곳이 장마당이란 얘기가 나온다. 이미 사회주의 국가에서의
배급경제가 무너진 것이다. 최근 두 명의 영국 기자가 펴낸 '조선자
본주의공화국' 책을 보면 북한 사회 내부의 자본주의화 동향을 잘
볼 수 있다. 평양의 부자들이 사는 '평해튼(평양+맨해튼)' 지역에는 20
만 달러가 넘는 아파트가 있으며, 이미 천만 달러에 이르는 자산을
가진 자본가가 생겨났다고 한다. 장마당 시장 활동을 통해 축적한
자본인 것이다. 물론 이러한 부자가 나오기까지는 북한의 권력기구
로부터의 보호와 뇌물이 있었을 것이다.

현재 북한경제에서는 달러와 위안화가 경제를 끌어가는 화폐로서
주된 역할을 하고 있다. 평양에서는 유럽제 명품과 고급 소비재 및
고급 레스토랑을 쉽게 볼 수 있다. 그러나 북한의 경제를 지탱해주

는 소비경제 근간은 중국의 경제지원이다. 북한의 원유, 식량, 소비재 원조와 북중간 무역이 존재하기 때문에 북한의 생필품 경제가 유지되고 있는 것이다.

최근 인민들에게 배급되는 배급경제는 평양을 제외한 지역의 경우 대부분이 중단되었다. 북한 주민들은 스스로 알아서 먹고 살 수밖에 없는 상황이 된 것이다. 시장환율로 1달러도 안 되는 3천~5천원의 월급을 받는 인민보안부 등의 체제유지 관리들은 일반 주민들로부터 뇌물을 받지 않고는 살 수 없는 지경이다. 그래서 북한 경제를 지탱하는 두 축이 장마당과 뇌물이라고 하는 것이다. 그러니 이런 억압적 상황이 계속 지속되기는 어렵다고 볼 수밖에 없을 것이다. 언젠가는 내부적인 정치적 변화가 일어날 것이라는 자연스런 전망이 나오는 것이다.

그러나 중국으로 파견되어 외화벌이에 나선 북한노동자에게 설문조사를 한 최근의 결과는 한반도 통일에 대해 어두운 전망을 보여준다. 설문의 내용은 "다음 외국 국가 중 친밀감을 느끼는 나라를 선택해보라?"고 하였더니 응답자 127여명 중 67%가 중국이라고 답변하였다. 그리고 남한이라고 답변한 사람은 30%에 불과하였다. 이는 만약 북한에 급변사태가 발생하면 김정은 차후에' 어떤 권력자가 선호될 것이냐는 문제에 대한 답으로 이어질 수 있는 것이다. 이는 실제로 북한주민이 친한파 인물보다 친중파 인물을 선호할 수 있다는 것이다. 유엔이 주도하는 주민 선거가 이루어진다 해도 북한 주민들은 어느 나라를 더 친근하게 생각하느냐가 어떤 지도자를 선택할 것인가와 직결될 것이다. 바닥의 풀뿌리 북한주민들의 생각이 어떠하느냐가 김정은 이후의 북한을 결정할 것이라고 보아야 한다. 중국의 속셈은 김정은 이후에 친중파 인물을 지원함으로써 북한에 대해 동북4성 수준으로까지 영향을 미치려 할 것이다. 이제 통일의 문제는 김정은 체제의 북한을 넘어서 5천년 한반도 역사에서 우리 민족에게 굴욕과 아픔을 주어왔던 중국을 어떻게 넘어설 것인가이다.

4. 탈북민들에게 일자리와 직업교육 제공

민통선 지역에서의 비즈니스 사역은 처음에는 탈북민들에게 일자리를 제공하려는 취지에서 시작되었다. 탈북민들의 국내 정착에 가장 중요한 요소가 안정적인 일자리 갖기라는 점은 탈북민 사역을 해온 관계자들의 공통된 의견이다. 그들이 교회에 출석하여 신앙적으로 성장하는 것은 중요하다. 그들이 영적 정신적으로 치유되고 회복되어 통일 후 자기 고향으로 돌아가서 복음전파자이자 북한 교회 회복에 기여하도록 도와야 한다.

그러나 이들이 한국에서 직업적으로 정착하는 것도 이에 못지않게 중요하다. 기초수급생활대상자로 통일부와 소속 지자체, 교회 등에서 여러 지원을 받고 있지만 이들은 여전히 돈벌이에 최고의 관심을 가지고 있다. 북한에 있는 가족이나 친척 등에 송금을 해야 하고, 필요할 경우 이들의 탈북을 도울 자금을 비축해야 하기 때문이다.

그런데 이들이 한국사회에 와서 직업적으로 경제적으로 정착하는 데는 여러 가지 어려움이 있다. 20~30대의 경우 나름대로 자기 앞 가림을 잘 해나가는 청년들도 있다. 그러나 20~40대 여성의 경우 식당일이나 요양보호사 등의 일을 하는 사람도 많으나, 향락산업에 빠져드는 바람직하지 못한 경우도 많은 실정이다. 직장을 알선해 주어도 적응을 잘 못하고 몇 달 만에 퇴직하는 등 탈북민의 직장 적응과 직업 능력 배양에는 현재로서는 거의 실패하고 있다고 보아도 과언이 아닌 실정이다.

이들의 직업 능력을 키우는 데는 이들을 도울 한국민 공동체와 함께 일을 하도록 할 필요가 있다. 본인은 북한이 현재 안고 있는 가장 큰 문제가 식량난인 만큼 탈북민들에게 제대로 된 농업 경험과 교육이 필요하다고 보았다. 이러한 취지에서 이들을 농장에서 일자리를 갖도록 생각한 것이 탈북민 대상 BAM의 출발점이었다.

그러나 탈북민을 대상으로 하는 농업 비즈니스는 현재로는 여러 제약이 많은 실정이다. 이들의 인건비를 마련해주려면 매출 규모가 어느 정도 확보되어야 한다. 소수의 인원 채용이나 바쁠 때 일손을 도울 아르바이트 방식으로 몇 명을 고용할 수는 있을 것이다. 그러나 일반적인 탈북민들은 북한 협동농장에서의 경험상 농업노동자는 제대로 대접을 못 받는 하층민이라는 인식을 가지고 있다. 그리고 농업 노동이 힘든 만큼 돈벌이하는 데 별 도움이 되지 않는다는 생각을 가지고 있다. 또한 탈북과정에서 몸과 마음이 지쳐 있는 이들에게 강도 높은 육체적 노동을 요구하는 데는 여러 한계가 있다.

결국 이들의 생각을 돌리려는 데는 시간이 필요하고 이들의 고용을 우선하기 보다는 의욕을 가지고 일할 수 있는 여건을 만드는 것이 우선적으로 필요할 수밖에 없었다. 나아가 탈북민들의 일하는 목적을 돈에만 머무르게 하지 않고 남한 사람들과 어울러 치유되면서 공동체적 사랑을 맛보도록 하는 것이 중요하다. 현재 어떤 직장에서든 탈북민과 남한 사람이 하나로 어울리는 데는 여러 어려움이 있는 것이 현실이다. 문화적, 정서적, 경제적 차이가 있는 만큼 무리하게 공동체를 만들 경우 부작용도 생기게 된다. 탈북민이 한국사회에 와서 잘 정착하지 못하는 것은 앞으로 우리가 걸어나야 할 통일의 길이 얼마나 어려운 길인지를 잘 보여주는 것이라 할 수 있다.

5. 민통선 관광여행 비즈니스의 가능성

민통선 지역에서 비즈니스 사역으로 시도하고 있는 또 다른 아이템이 관광여행이다. 민통선 지역은 이곳을 방문하는 사람들에게 통일과 분단, 생태체험을 통한 힐링을 제공하는 데 좋은 조건을 갖추고 있다. 일반적으로 사람들은 여행하는 것을 좋아한다. 글로벌한 지구촌 시대에 들어서면서 해외관광이 급속하게 늘어나고 있다. 해외로 나가는 한국인과 함께 국내로 들어오는 외국인들도 늘어나, 이제 매년 천만 명이 넘는 외국인 관광객 시대를 맞고 있다.

외국인 관광객들은 일반적으로 서울이나 제주, 부산, 설악산을 가보지만 이들 중에는 한국하면 떠오르는 휴전선 DMZ지역을 가보고 싶어 하는 사람들도 많다. 미국인, 중국인, 일본인, 러시아인, 유럽인들에게 단순한 안보관광이 아니라 한국민의 분단 아픔을 보고 느끼게 하는 것은 좋은 접근이다. 반면에 해외로 관광을 떠나는 수많

16. 민통선 지역에서 통일한국을 준비하다

은 한국인들이 있지만, 한국인들 중에 민통선 내부지역을 여행 다녀본 사람들은 소수이다. 민통선 내부를 들어가보지 못한 한국 크리스천들에게도 기독교적으로 차별화된 여행상품을 만들어 내는 것은 북한선교 차원에서 의미가 있다 할 것이다.

감동 있는 여행에는 볼거리, 들을 거리, 체험거리, 놀거리, 먹을거리의 5대 요소가 잘 갖추어져야 한다. 민통선 주변 곳곳에는 역사 이야기가 널려있다. 차별화된 여행 상품을 만드는데 가장 중요한 요소가 가이드이다. 가이드가 어떤 사람이고 어떻게 이야기를 풀어가느냐가 여행의 감동과 품질을 만들어내는 핵심요소이다. 이스라엘을 비롯한 성지순례 여행을 갈 때에도 어떤 가이드가 안내하는가에 따라 감동이 달라진다. 성서 현장에서 성서 본문을 얘기하면서 지리적, 역사적, 성서 인물적 배경을 과거와 현재를 연결지어 엮어낼 수 있느냐가 탁월한 가이드의 실력이다.

민통선 지역여행도 한국 역사의 살아있는 소재로서 전쟁과 분단, 북한과 통일 이야기를 하나님께 대한 기도로 연결시키는 것이 필요하다. 지금 필자를 비롯한 몇몇 사람들은 이곳을 방문하는 사람들에게 민통선 지역을 감동적으로 경험할 수 있도록 다양한 방문지와 체험거리, 먹거리를 개발하고 있다. 일일 여행에서 나아가 1박2일, 2박3일 등 기간에 따라서도 다양한 상품을 준비하고 있다. 이곳이 생태 보고 지역인 만큼 이곳의 청정 자연 속에서 쉼과 휴식을 제공하고 이를 통한 힐링을 맛보게 하려 한다.

여행객들은 발길이 닿는 곳마다 과거 그곳에서 일어났던 이야기들을 재미있게 듣게 된다. 파주연천 지역은 한국 역사에서 중심 되는 지역이었다. 삼국시대, 고려시대, 조선시대, 일제강점기, 해방 후 분단과 전쟁의 역사에서 한민족의 희노애락을 그대로 간직한 지역이다. 삼국시대에는 고구려, 백제, 신라가 임진강을 사이에 두고 서로가 대치하였다. 임진강을 놓고 5세기 고구려 장수왕 시절에는 고구려가 남쪽으로 더 내려간 반면, 6세기 신라 진흥왕 시절에는 북쪽으로 더 올라갔었다.

한편, 고려 때 이곳은 수도인 송악(개성)의 관문 역할을 하던 곳이었다. 태조 왕건이 개성에 도읍을 정하기 전에 성을 쌓았던 곳이 지금의 장단면 읍내리 지역이라고 한다. 연천군 백학면에 위치한 숭의전지는 고려시대 왕들과 충신들의 위패를 모셔 놓은 곳이다. 파주시 파평면 율곡리는 조선 중기에 율곡 이이가 은퇴 후 후학들을 길렀던 곳이다. 문산읍 주변의 반구정은 조선 초기의 황희 정승이 머물렀던 곳이다. 동의보감을 쓴 조선시대 명의 허준의 묘도 이곳에 있다. 이처럼 한국 역사의 유명한 인물들 이야기가 서려 있는 곳이 민통선 주변 지역이다.

6. 체험여행의 베이스 캠프

민통선 여행의 베이스캠프 역할을 하는 곳이 현재 연천군 장남면 원당리에 소재한 원당교회이다. 문산역에서 차로 25분 거리에 위치한 전형적인 농촌 전원교회이다. 담임목사인 김광철 목사는 31년간 이곳에서 농촌 목회에 헌신하신 분이다. 그리고 지난 20년간 단동을 비롯한 조중국경 지역에서 중국인 제자들을 키우고 북한 주민을 돕는 등 북한과 중국선교의 최일선을 감당해왔다. 주일이면 25사단 고랑포 대대 부대 교회의 예배도 주관하고 있다. 나아가 이곳에 위치한 승전OP의 가이드 역할도 겸하고 있다. 승전 관측소(OP, Observation Post)는 남방한계선, 군사분계선, 북방한계선과 북한군 초소를 관찰할 수 있는 곳이다.

이곳 주변에 위치한 경순왕릉은 신라 천년 역사를 끝낸 마지막 56대 경순왕의 무덤이다. 경순왕은 통일신라가 후백제의 공격과 내부 부패로 마지막에 달한 시점에 더 이상의 전쟁으로 백성들이 죽임을 당하는 것을 원하지 않았다. 그리하여 935년에 태봉국의 궁예를 이은 왕건에게 신라를 갖다 바쳤다. 그리고 왕건의 신하로서 이 지역에서 살다가 죽음을 맞자 신라도읍 경주로 돌아가지 못하고 이곳에 무덤을 정하게 된 것이다.

연천군 장남면에 위치한 호로고루 성은 연천 당포성, 덕진산성과 아울러 임진강변의 고구려 유적지이다. 고랑포라 불리우는 이곳은 한국전쟁 때 인민군 탱크가 넘어온 곳이다. 임진강 유역에서 수심이 얕아 1968년 1·21사태 때 김신조를 비롯한 북한 특수군 부대 31명이 강을 건넌 곳이기도 하다.

호로고루성에는 광개토대왕의 업적을 기리는 광개토대왕비가 있다. 이 비는 2002년 김대중 정부 시절 남북협력사업의 일환으로 북측에서 만들어 남쪽에 제공해 준 것이다. 남과 북이 협력하여 중국의 동북공정에 공동 대응하자는 취지에서였다. 중국은 동북공정에서 고구려를 수나라와 당나라 때 만주 쪽에 있었던 지방 정도로 고구려 역사를 기록하고 있다. 광개토대왕 시절 고구려 수도였던 국내성은 현재 중국 길림성 집안에 위치하고 있는데 이곳을 방문하는 한국인들이 광개토대왕이 한국인의 선조라고 여기는 것을 거부하고 있는 것이다. 조중국경 상의 압록강, 두만강 유역은 북쪽에서 남쪽을 향해 북한을 바라보며 기도하는 지역이다. 반면에 임진강 유역은 남쪽에서 북쪽을 향해 기도하는 지역인 것이다.

7. 농업선교의 가능성

민통선 내부지역은 농업에 여러 가지 좋은 조건을 가지고 있다. 우선 저렴한 토지가격이 장점이다. 최근 몇 년간 경기개발공사는 민통선 내부의 임야와 밭 등 국유지를 8차에 걸쳐 매각하였다. 임야의 경우는 3.3㎡당 5만 원 수준이고, 밭의 경우는 10~15만 원선이다. 이처럼 저렴한 토지가격으로 향후 통일시대를 전망하며 이곳 땅에 투자를 한 사람들이 많다. 이곳은 농업지역으로 규제를 받는 만큼 토지를 산 사람들은 농지로서 활용을 해야 한다. 그런 만큼 농사를 짓지 않는 부재지주들은 이곳의 땅을 농지로 임대해 주는 경우가 많다. 이러한 전답을 임차하여 저렴한 토지비용으로 농사를 지을 수 있다. 생업으로서의 농사 또는 취미와 건강을 위한 농사를 짓기 원하는 서울 사람들에게는 최적지라고도 할 수 있다.

민통선 지역은 청정지역이다. 민간인 출입이 통제된 만큼 그만큼 오염되지 않는 지역이다. 최근 지구 온난화로 더불어 이곳은 경상도 전라도 쪽에서 잘 재배되던 과수들의 최적 재배지로도 부상되고 있다. 특히 민통선 지역은 일교차가 크고 물이 좋으며 깨끗한 공기를 가진 곳으로서 사과, 배, 포도가 잘 재배되고 있다. 파주시도 이

16. 민통선 지역에서 통일한국을 준비하다

곳에 과수원을 하려는 귀농자들에게 여러 가지 지원정책을 하고 있다. 이곳에서 생산된 농산물들은 청정 이미지와 아울러 좋은 마케팅적 요소를 가지고 있다. 현재 파주의 3대 명품 농산품은 장단콩, 개성인삼, 파주쌀이다. 이들 농산물은 파주시가 DMZ 브랜드로 홍보하고 있다. 매년 가을이면 임진각에서는 개성인삼, 장단콩 축제가 열린다.

8. 소망의 농장 현재와 과제

현재 이곳에서 북한과 농업선교의 사명을 가지고 사역하는 곳이 파주시 진동면 동파리에 소재한 소망의 농장이다. 농장 대표인 김덕인 선교사는 북한선교의 비전을 가지고 2014년부터 이곳에 자리를 잡았다. 부인 박경순 권사와 더불어 북한선교와 농업선교를 연결 짓는 귀농 사례를 가꾸고 있다.

이들 부부는 사랑의 교회에서 90년대부터 북한선교부를 이끌어온 평신도 리더이기도 하다. 전문인선교단체에서 훈련을 받은 전문인 선교사로서 중국 및 러시아 내 한국인 선교사들과 협력 네트워크를 가지고 있다.

소망의 농장은 해마루촌 주변에 위치하여 민통선 내 원주민 및 타 농장주들과도 협력 관계를 맺고 있다. 이곳은 천여 평의 농장으로서 김 선교사 외 몇 분들이 북한선교에 뜻을 두고 돈을 모아 이전에 과수원이던 곳을 인수하였다.

이외에도 읍내리와 동파리에 4군데 땅을 임대하여 현재 김선교사가 관리하고 있는 농장은 네 군데로서 전부 5천여 평에 이른다. 그리고 개별 농장의 이름을 소망의 농장, 자유의 농장, 평화의 농장, 통일의 농장이라고 이름 지었다.

이곳에서 재배하는 작물은 아로니아와 블루베리, 오미자 등이다. 아로니아와 블루베리는 다년생 과실나무로서 베리류 중에서도 안토시아닌 등 항산화 성분이 높아 '신이 내린 열매'로 불리운다. 특히 블루베리는 타임지가 선정한 몸에 좋은 10대 식물로 꼽힌다. 과수로서 손이 덜 가는 장점이 있으며, 매년 초여름에서 초가을에 걸쳐 수확이 이루어진다. 소망의 농장은 2017년에 아로니아와 블루베리 첫 수확을 가졌는데, 정성을 다한 재배와 고품질을 선별한 후 소비자들에게 공급한 결과 좋은 평판을 받고 있다. 다만 2017년 수확량은 500k 정도의 소량으로 주문량에 미치지 못해 수입 면에서는 기대한 만큼 결과를 얻지 못하였다.

소망의 농장은 '자닮농법'으로 농사를 짓고 있다. 자닮농법이란 자연을 닮은 자연농법의 약자로서 친환경유기농법이다. 화학비료와 화학농약을 쓰지 않는 원칙을 지킨다. 가축분뇨로 만들어지는 퇴비보다 쇠비름과 음식물 찌꺼기, 여러 무기물질들을 함께 발효시켜 희석한 액비를 주된 영양제로 활용한다. 그리고 유황, 오일, 돼지감자, 은행 열매 등을 사용한 친환경 농약을 가지고 해충과 벌레를 퇴치한다. 그러다 보니 노동 일이 많아지는 어려움이 있다. 그러나 관수점적 시스템을 통하여 물과 비료, 천연농약을 주는 방식으로 효율화를 기하고 있다. 이러한 자연농법의 결과로 나온 열매들이 일반적인 관행농법 농장들보다 더 좋은 품질의 열매를 낸다는 것이 2017년 수확에서 입증되었다. 앞으로는 민통선 내에서 아로니아,

16. 민통선 지역에서 통일한국을 준비하다

블루베리, 사과, 포도 재배를 다른 농장들과 연계하여 공동판매를 하고, 체험농장화도 시도하는 등 보다 다양한 방법의 마케팅을 추구하려 한다.

9. 왜 농업인가?

농업은 21세기 한국을 먹여 살릴 수 있는 가능성 있는 산업이다. 한국 주변의 동북아시아에는 중국, 일본, 한국이라는 15억에 이르는 인구가 살고 있다. 인간이 살아가는 데 가장 중요한 생필품인 먹거리를 제공하는 산업이 바로 농축산어업이다. 정부에서도 중국이라는 국가적 경쟁자가 성장하여 우리 산업의 발목을 잡고 있는 상황에서 제조업 경쟁력을 대신해 서비스업 성장을 강조하고 있다. 그리고 서비스 산업과 더불어 농업을 차세대 산업으로 키워가려 하고 있다.

최근에는 취업난에 접한 청년들이 농수산대학으로 진학하는 비율이 높아지고 입학경쟁도 치열해지고 있다. 중국에서 밀려오는 저가 농산물이 한국산 농산물의 가격경쟁력을 낮추고 있지만, 품질만 좋으면 이제는 높은 가격이라도 지불할 용의가 있는 소비자들이 늘어가고 있다. 그야말로 명품 농산물 시장이 성장하고 있는 것이다. 명품 농산물이란, 친환경 유기농으로서 맛이 있으면서 화학농약을 쓰지 않아 몸에 좋고 깨끗하여 신뢰할만한 먹거리이다.

농업이야말로 공동체를 살릴 수 있는 산업이다. 1인가구가 늘어가면서 한국사회는 급격히 공동체가 무너지는 사회가 되고 있다. 현재 전체 가구 수의 30%가 1인 가구이다. 혼밥, 혼술 등 홀로 사는 것이 보편화되면서 낱알로서 솔로문화가 지배하고 있다. 젊은 세대일수록 남의 일에 신경 쓰지 않으려 하고, 자기 혼자만의 삶을 추구하려는 성향이 강하다. 가정과 교회, 지역사회 모두에서 이기주의적 개인주의 행태가 심해지고 있다. 앞으로 인공지능과 로봇사회가 되면 이러한 낱알 사회에서의 인간성 파괴는 심각해질 것이다. 그러면서도 베이비부머 세대는 외로움을 느끼고 사람들과 어울려 살고 싶어 한다. 자연 속에서 숲과 흙을 느끼며 살고 싶어 한다. 요양원에 들어가더라도 빌리지 형태로 가까운 사람들과 소통하면서 어울려 살고 싶어 한다. 이런 추세에서 농업은 사람들을 공동체로 연결시키는 데 좋은 대안이 된다. 일로서 농업은 생산과 판매를 혼자 감당하기 어렵다. 마을을 이루어 같이 살면서 협업하고 도와야 한다.

10. 농업의 리스크와 제약요인

반면 농업에는 리스크와 제약요인도 많은 실정이다. 우선 농업은 기후와 날씨에 영향을 많이 받는다. 최근 한국의 기후는 아열대 기후로 넘어가는 경향을 보인다. 동남아 국가와 같이 건기와 우기가 일정하게 나타나는 것이다. 2017년의 경우 봄에는 비가 오지 않는 가뭄이 심각하게 나타났다가, 여름에는 하루 걸러 비가 오는 장마 양상을 보였다. 태풍이나 홍수, 가뭄으로 인한 농작물 피해가 큰 반면 시장 가격도 이런 천재적 요인 때문에 등락이 심하다. 따라서 제조업이나 서비스업에 비해 외부요인으로 인한 통제 불가능성이

16. 민통선 지역에서 통일한국을 준비하다

농업 경영에 위험을 가져온다. 날씨가 잘 받쳐주어 풍작이 오면 시장 가격은 폭락하여 풍작 배추를 밭에서 갈아 엎어야하는 상황이 발생한다. 또한 생산을 아무리 잘해도 판매가 여전한 애로요인으로 작용한다. 안정적인 판매처를 확보하지 못하면 재고를 가져가기 어려운 점 때문에 생산을 잘해도 농가소득에는 도움을 주지 못한다.

그리고 한국농업의 경제적 문제는 생산단위로서의 농가가 영세소농 규모라는 점이다. 농가당 평균적인 농지 규모는 1.5헥타르로서 약 4천 평 규모이다. 농업에도 규모의 경제가 적용된다. 아무리 고생해서 농사를 지어봐야 소규모 농업 생산 규모로는 인건비 뽑기가 어려운 것이다. 지대, 농자재대, 전력용수 등의 경비, 인건비, 유통물류비 등 대부분의 생산비는 고정비 성격을 가지고 있다. 수확물 단위당 생산비는 생산량이 많을수록 내려간다. 반면에 소규모 생산으로는 단위당 생산단가가 올라갈 수밖에 없고 작은 규모의 매출로는 고정비 보전도 어려운 실정이 되는 것이다. 그래서 소규모 영농으로는 수익 올리기가 어려운 것이다. 이러한 수익 구조를 어떻게 개선할 것인가가 과제라고 할 것이다.

11. 6차 산업으로서의 농업 지향

한국농업의 살길은 농업을 6차 산업화하는 것이다. 전통적인 1차 산업에서 나아가 가공, 보관 저장, 포장에서 2차 산업적 요소를 더하고, 배송과 물류, 마케팅과 유통, 홍보의 3차 서비스 산업을 효과적으로 결합시켜야만 소득 창출과 아울러 수익을 낼 수 있다.

최근에는 서비스업으로서 농축산업을 체험농장화 하는 방향으로 가고 있다. 즉 소비자들을 농장에 직접 방문하게 하여 수확, 선별 등을 직접 소비자가 자기 손으로 체험하게 하는 것이다. 이러한 체험을 통해 농업노동은 힘든 일이라는 인식에서 벗어나 자연 속에서 가족친지들과 함께 하루를 재미있게 보내는 놀이로서 제공하는 것이다. 특히 수확 시점에 농장으로 초빙하여 점심과 간식을 먹으면서 현장에서 열매를 직접 따서 맛보며, 자기가 가져가고 싶은 만큼 가져가게 하는 것이다.

최근의 체험농장은 모내기 시즌에 30대 부모와 아이들을 함께 오게 하여 벼 모종을 재미로 하게 한다. 그리고 논에 미꾸라지를 풀어 미꾸라지를 잡으면서 아이들과 하루를 놀게 하는 것이다. 딸기 농장에서는 입장료 만원에 플라스틱 팩을 주면서 하루 동안 따먹고 싶은 만큼 따먹고 팩에 담아가도록 하는 것이다.

이러한 체험 행사를 통하여 흙과 햇빛, 깨끗한 공기와 바람, 개구리와 각종 벌레들을 만지면서 하는 생태 체험은 현대를 살아가는 스트레스에 지친 도시민들에게 힐링을 선물하는 시간이 되는 것이다. 이러한 교육적, 힐링적 요소를 가미한 농장을 에듀힐링 팜(Edu Healing Farm)이라고 부른다. 이러한 체험적 6차 산업의 농장이야말로 새로운 가능성을 보여주는 대안이다.

12. 민통선 지역에서의 농업 비전

소망의 농장은 에듀힐링 팜을 지향하려 한다. 50~60대의 장년

16. 민통선 지역에서 통일한국을 준비하다

노년에게는 취미 또는 생업으로서 주말농장 텃밭을 포함한 농사의 장을 제공하려 한다. 10~20대에게는 주변의 민통선 방문지에서 통일 교육과 어울려 체험 농장에서 즐겁게 노는 장을 제공하려 한다. 20~30대의 청년층에게는 농부학교 등의 교육 프로그램을 제공하면서 농업을 배울 수 있도록 하려한다. 동시에 민통선 지역에서 생산되는 각종 농산물의 온·오프라인 판매와 가공, 유통, 마케팅을 할 수 있는 창업의 장을 제공하려 한다.

농업은 한국의 베이비부머들에게 새로운 가능성을 제시해주는 분야이다. 농사를 지으면서 흙을 만지고, 햇빛과 바람 속에서 자연의 숨길을 느끼다 보면 마음속에 힐링이 일어난다. 지금 귀농귀촌을 꿈꾸고 농촌으로 갔으나 정착하지 못하고 귀농 전의 도시로 돌아가는 사람들이 많다. 귀농귀촌이 어려운 이유는 무엇인가? 여러 가지가 있겠지만 그들에게 제대로 된 준비가 부족하기 때문이다. 향후 파주시 일원에 적정한 장소를 마련하여 농부학교와 북한선교학교라는 교육의 장과 북한선교 및 통일관련 세미나 등을 열려는 꿈을 가지고 있다.

나아가 선교사들의 은퇴 하우스로 발전시키려는 비전도 가지고 있다. 해외에서 선교사역을 마치고 은퇴한 선교사들은 국내에 머무를 곳이 없는 경우가 많다. 선교사들이 은퇴 후 머무르면서 농사와 여행 가이드로 봉사하면서 선교지의 복음화를 위해 계속 기도할 수 있을 것이다. 현재 민통선 지역에서의 여행과 농업 선교 사역은 아직은 걸음마 단계이다. 장기적인 비전을 바라보고 꾸준히 추진해가려 한다.

▌저자 소개 ▌

• **한정화**

한양대학교 경영대학 교수(현), 기독경영연구원 원장, 13대 중소기업
청장, 중소기업학회 회장, 인사조직학회 회장, 전략경영학회 회장,
University of Georgia 경영학 박사

• **조 샘**

인터서브의 대표(현), Center for BAM(현), 북한 평양과기대 설립프로
젝트 코디네이터, IBA 초대총무, 로잔 BAM 커미티 한국위원, 경영학
박사, 목회학 석사

• **송동호**

로잔 글로벌 씽크탱크 한국대표(현), IBA(International Business Alliance)
초대 사무총장(현), 총신대학교 신학대학원, Jerusalem University
College이스라엘 역사 전공, London Institute of Contemporary Christianity
현대기독교 전공, BAM 전문단체 NOW Mission 설립 및 대표

• **신이철**

평택대학교 교수, 국제처장, 평생교육원장(현), 글로벌창업네트워크
대표(현), 한국크라운재정사역 대표(현), 경영학 박사

• **박철**

고려대학교 글로벌 경영학과 교수(현), 기독경영연구원 원장(현), 한국
중소기업학회 부회장(현), 중앙자활센터 이사(현), 서울대 경영학 박사

- **박의범**

  강원대학교 국제무역학과 명예교수(현), 남북하나로드림(강원) 이사장(현), 몽골국제대학교 교학부총장, 행정대학원장 역임, 고려대 경영학 박사

- **박상규**

  (주)아카데미라운지 대표(현), 감리교W협동조합 사무총장(현), 연대 MEDICI 사회적경제협의회 대표(현), (복)선한목자재단 이사(현), (사)코리아투게더 이사(현), 연대 문리대학 사학, 감신대학원 문화선교 전공

- **천상만**

  중앙성결교회 목사(현), 기독경영연구원 운영위원(현), 엔사랑선교회 리더(현), 한국생산성본부 전임교수 및 대우경제연구소 연구위원

- **김수진**

  새종대학교, 한양대학교 강사, 한양대 경영학 박사(전략경영전공)